U0949043

社會中的法理

（第12卷）

西南政法大学法社会学与法人类学研究中心　主办
张永和　主编

总　序

法理学试图要解决的终极问题是"法律是什么"。不过,这始终应该是当下问题,因为脱离了当下的讨论,就不能触摸到这个问题的本质。唯此,法理学才可能找到自己真正的问题。所以说,任何一个传世的经典法理学问题都是大师们对那个时代法律的思考。

"法律是什么"同样是每个时代都需要回答的问题,每一个时代都有每个时代自己的法律问题。所以,如果仅简单地问"法律是什么",这可能还是一个大而化之的问题。因为,如果"法律是什么"的问题在不同社会、不同时代被提出,答案可能不一样。所以,当我们提出"法律是什么"时,是否确定,我们究竟是在问古希腊、中国先秦还是今天中国"法律是什么"这一问题。

当然,问题还不仅仅如此,对于这一发问,其实还包含具体的"法律是什么"和"为什么法律是这样"的价值分析。这可能是两个不同范畴的问题,显然,我们的问题属于前一个问题,即法律具体是什么,或者说,法律究竟是什么。

那么,如何发问,也不简单。只有将其放到法律人的全部活动中,放到法律赖以生存的社会中,我们才会发现这是不能简单回答的问题,因为这不是一个简单的理论性问题,而是一个非常复杂的实践性问题。

法律作为一种文化积淀,存在于社会中,根植于共同体的观念认知、推理方式与价值取向中。传统的法学研究方法在我们把握繁杂的社会现象与个体行为多样性以及二者之间内在的机理关系方面已显得苍白,无法使我们透过法律窥视社会的真实和文化的民族特质,也无法厘清和说明我们的生活世界到底经历着怎样的改换与变迁的路径。

所以,必须下大力气对社会现实做深度研究,必须知道法律是如何对社会以及人们的生活产生影响,我们才可能找到问题的答案。笔者相信,大量的数据和田野调查一定会告诉我们"法律是什么"。同时,只要你亲历实证调研,并审视那些鲜活的素材,或许你会有属于自己的问题和思想,尽管这些经验看上去并不那么优雅。不过,我们并不应排斥大家们深邃的思想并从中得到理性启迪。

《大学》中有“格物致知”之说,朱熹认为:“所谓致知在格物者,言欲致吾之知,在即物而穷其理也。”用今天的话来讲就是:要获得知识,必须考察事物,以求认识事物的理。近年来,法理学界的研究似乎在悄悄变化,正在朝研究社会现实问题的方向转变。许多学者通过法社会学和法人类学的数据统计和田野调查对这个问题进行交叉研究,对中国现阶段的法治状况进行有意识的盘点,并生产出了许多成果,其中不乏上品。这是相当可喜的。但是,由于受问题意识、叙述方式及篇幅的影响,能够刊载这些成果的刊物不多。为使这些成果得以问世,经与法律出版社商量,决定出版《社会中的法理》。通过这种形式,试图让大家看到今天中国的“法律是什么”。

本出版物接受法社会学与法人类学的译介、现实问题的研究,以及法社会学与法人类学的研究报告。字数可在5万字以内。

这是一项长期的事业,我们真诚地期望得到海内外有志于该研究的学者同仁的支持,不断地对“法律是什么”追问和盘点,为我们的法治事业尽绵薄之力。

来稿请惠寄:shzdfl@163.com。

張永和*

---

* 西南政法大学教授、博士生导师,人权研究院执行院长,法社会学与法人类学研究中心主任,人类学博士。

目　录

Contents

◎ 专题研究

◎ 实证研究

◎ 理论探讨

◎专题研究

网络社会的微观权力分析

陈 熙*

引 言

1994 年,中国科学院的项目中关村地区教育与科研示范网络(National Computing and Networking Facility of China ,NCFC)与美国国家科学基金会(National Science Fund Network ,NSFNET)建立的超级计算机中心实现直接互联,标志着中国进入了崭新的互联网时代。在发展初期,互联网的使用主要集中在科研领域。经过 20 多年的发展,移动和宽带逐渐成为普通民众的生活必需品并改变了生活方式,互联网已经成为社会生活的一个平台。

随着互联网普及度的不断提高,我国网民数量高速增长,[1]互联网作为人类社会生活新的场域,形成了新的群体,发展出了独特的网络文化和网络语言。在互联网中,人们通过各种类型的社交媒介进行交流,可以在网络上与他人沟通、了解新闻、表达自己的情感与观点、获得群体归属感,乃至创造经济利益。在互联网中同时也存在对立与冲突,包括国家机关与网民的对立、网民之间的对立、媒体之间的对立和国内外的对立等,网民在交流与冲突的交往过程中形成了紧密的、相互依存的社会关系。网络社会并非现代社会的"法外之地",相反,在技术水平高度发展的时代背景下,人们在互联网中的行为将更容易得到规制,权力的规训相比福柯时代有过之而无不及。

在网络社会的关系网中,权力的发出与接收是悄无声息、潜移默化的,人们不自觉地接受其影响,同时也作为权力发出者影响他人。规训权是隐蔽的,它制造出一种看不见的权力空间,我们只能找到规训权的"影子",却

---

* 广东天行健律师事务所实习律师。

[1] 中国互联网络信息中心 2017 年发布的第 40 次《中国互联网络发展状况统计报告》显示,截至 2017 年 6 月,中国网民规模达到 7.51 亿,占全球网民总数的 1/5。

找不到规训权本身。当福柯笔下的规训权全方位辐射到信息时代的网络社会时,国家机关如何化解紧张关系、治理网络社会是个难题,人在盘根错节、错综复杂的权力旋涡中如何追求自由更是一个难题。

一、网络社会中的权力:福柯理论的当代阐释

(一)现代社会的空间延伸

1.两种版本的现代社会图景

近代以来,工商业的发展瓦解了封建等级制度,依靠土地制度建立起来的人的依附逐渐减弱,商品交换确立了人与人之间的平等关系;宗教革命与新教的建立使教会失去了往日的垄断地位,人逐渐摆脱了对教会的依附,成为独立的个体;随着科学技术水平的不断发展,人类对自然的认识不断提高,自然被降格为自然界,人类对自然的依附也逐渐降低。伴随世界的祛魅,社会机体实现了从封建社会向现代社会的进步性迈进,人逐渐挣脱了对他人、教会和自然的依附,以自洽的、理性的面貌进入现代社会,成为真理的认知主体。走向现代社会的人不再依附于其他私人,但实际上必须接受一个代表主权国家的政府的治理,即人们不得不直接服从于一个强大的国家机器,这意味着,到了现代社会,基本矛盾存在于国家和个人之间。[1]

福柯版本的现代社会则是另一番情景。在对精神病学的批判中,福柯深刻揭露了现代社会利用科学论述对整个社会进行“正常”与“不正常”的区分之策略,并对群体间对立和矛盾的历史进程进行深入分析,社会统治阶级正是利用这种区分,通过指认社会中不正常的现象与不正常的人,以达到对社会成员肉体与精神的全面控制。在现代知识论的批判中,福柯着重揭露了现代监狱制度的理性化、规训技术及其高效率,监狱作为一种生产性的规训机器,是规训技术的集大成者。

对福柯来讲,启蒙运动是现代社会的历史温床,因此,要弄清现代社会的状况,必须回溯到启蒙运动。首先,现代科学技术及在此基础上建立的科学技术合理性正是由启蒙运动的理性精神所推动;其次,纵观欧洲现代的革命史,导向独裁专制政权的革命运动通常将自身理念与启蒙运动高举的科学理性主义捆绑在一起,福柯在这里指出,由启蒙运动所鼓吹的科学精神,随着现代社会的发展和演变,实际上已经变成统治阶级权力斗争的工具;最

---

〔1〕 参见陆幸福:《论法治与现代社会之契合》,载《思想战线》2013年第6期。

后,从16世纪以来,西方殖民者征服世界时,正是诉诸启蒙所倡导的"理性"与"进步",将"愚昧"与"落后"的罪名加于被征服的民族,强制其接受西方主流社会的政治和文化。福柯基于以上三点的讨论,对启蒙运动进行了深刻的反思和批判,他直截了当地指出,由启蒙所推广的理性,在实际上就是独裁专制的智慧。

2. 互联网诞生的现代性背景

在对启蒙的批判中,福柯引出了现代性问题,福柯尤其重视现代性文学创始者夏尔·皮埃尔·波德莱尔(Charles Pierre Baudelaire,1821 ~ 1867)的观点。波德莱尔反对传统历史观对于永恒的看法,强调一切都基于瞬间,他认为,现代性将时间浓缩,使当下的点滴时间成为最可靠的历史见证。现代性对当下瞬间的重视,展示了现代社会急剧变化的特性及不断变革的可能性,把瞬间当成各种可能性出现的场域。〔1〕

在中世纪社会,受基督教"创世—沉沦—救赎"的世界观和历史观的影响,人们普遍重视时间的单向线型结构及其循环性,空间附属于时间,它不过是时间的外在表现形式。福柯认为,传统社会优先重视时间,将时间视为生命的基本存在形式,因资本主义的发展开辟了广阔的人类活动空间,进入现代社会后,空间的地位得到提高,人们重视空间的扩张。现代社会就是一种靠场地的扩大而不断实现空间的分割和排除的社会,空间不仅是个体自由生存的基础,更是权力的舞台。

在空间升格和珍视当下的时空结构与历史态度下,始于启蒙运动的理性精神与科学技术为人类社会制造了另一个行动空间——互联网,人们在互联网空间中寻找和享受当下瞬间的各种可能性,不再迷恋永恒。互联网空间同样展示了理性的自信与疯癫的沉默、话语的秩序与知识的生产、权力的规训与主体的迷失。在全球化背景下,互联网技术经过20多年的发展,网民的数量呈爆炸式增长,国家公权力机关、各类社会组织与普通公民等角色纷纷入驻这个全新的空间,互联网空间逐渐成为人类生活中重要的行动场地。互联网空间是现代社会空间的扩张,它为人类活动提供了新的平台,同时,互联网的某些特征为权力提供了更广阔的展现空间,遍布于"毛细血管"中的权力在互联网中也获得了更强的生命力。

---

〔1〕 参见[美]劳伦斯·傅利曼:《二十世纪美国法律史》,吴懿婷译,台北,商周出版社2005年版,第322页。

(二)权力问题:现代社会的核心问题

权力是一个关系概念,在权力关系中,至少有两个术语可以引用:“A对B有权力。”“A”也许是个人,“B”也许是一个无生命物,但在理解对政治有重要意义的权力时,“A”和“B”均指人、阶级、社会、民族、国家,等等。[1]如前所述,网络社会作为现实社会中不可分割的一部分,人类群体在此发生着社会关系,在以人和关系为基本结构的网络社会中,权力自然不可避免地存在。权力问题被福柯视为现代社会乃至人类社会的核心问题,在人类发展历史中,权力的运作和力量竞争贯穿始终,权力游戏的真正目的在于争夺、巩固和扩大某个特定个人或社会团体的权力。在互联网对社会产生巨大影响的今日,“网络权力”“网络话语权”“政府网络治理权力”“信息权力”等关于权力的表述披上了信息时代的外衣并被广泛运用,公权力机关与私权力主体广泛地使用权力进入社会公共议题。在进行相关探讨之前有必要先厘清权力的概念与特征,并对权力理论的历史脉络进行简要的梳理,以确定网络社会中权力的本质。

1. 权力问题的一般进路

在西方近代政治思想史上,托马斯·霍布斯(Thomas Hobbes, 1588~1679)可以说是近代权力理论的奠基者,他根据社会的变化,总结和发展了马基雅维利的权力观,发表了著作《利维坦》。霍布斯以机械论的观点将社会视为众多个人的机械聚合的总体,国家依靠强制性力量与规则将这些个人凝聚成一个共同体,“主权”就是这种凝聚性力量的灵魂。霍布斯权力理论的出发点预设了国家拥有至高无上的主权,从而将分散的个体凝聚起来,并依据各种规范组成社会,因此,在霍布斯这里,主权和主权的代表者是社会和国家的基础。英国政治思想家洛克认为,统治者的权力源于民众的同意,最终源自民众的天赋人权。为防止权力滥用,应将统治权、立法权、行政权和外交权交由不同的人执掌。在此基础上,孟德斯鸠进一步发展了分权理论,认为立法权、行政权和司法权应当由3个不同的机关分别掌握和行使,[2]以形成权力互相牵制的局面,防止权力的绝对化。

马克思以结构性视角对权力进行了更深刻的分析。马克思认为:“法

---

〔1〕 参见[英]杰弗里·托马斯:《政治哲学导论》,顾肃、刘雪梅译,中国人民大学出版社2006年版,第78页。

〔2〕 参见周尚君:《权力概念的法理重释》,载《政法论丛》2012年第5期。

的关系如同国家的形式,既不能从它们本身来理解,也不能从人类精神的一般发展来理解,相反,它们根源于物质的生活关系,这种物质的生活关系总和,黑格尔按照18世纪的英国人和法国人的先例,概括为'市民社会',而对市民社会的解剖应该到政治经济学中去寻找。"[1]在马克思看来,人类历史是围绕物质利益展开斗争的历史,物质财富的占有与权力的获得之间是一种循环关系:一个人拥有的物质资源越多,他越能控制他人;越能控制他人,所获得的物质财富就越多。[2] 因此,权力总是掌握在经济上占主导地位的统治阶级手中,并成为统治阶级的统治工具,资产阶级正是利用对生产资料的垄断,从而对无产阶级进行剥削和压迫。在马克思的权力理论中,权力是附属性的,它产生于经济力量的对比并随之变化,这也为无权阶级通过阶级斗争和暴力革命获取权力提供了理论上的可能性。

韦伯认为,权力并非经济的附生现象,而是社会的基础性概念。韦伯的权力观有支配[3]和强制两个层面,他划分了三种合法化支配类型:传统型支配、卡里斯玛型支配和法理型支配。在这三种支配型中,统治者的权力分别凭借传统世袭、个人魅力和理性法律获得合法地位,从而得到被统治者的服从。在具体关系层面,韦伯特别强调社会行动者之间压迫事实的存在。韦伯认为,权力是迫使他人按照权力拥有者意愿行事的能力,被迫者在其他情况下并不会如此行事。[4] 依据韦伯关于权力的定义,权力关系中的权力拥有者往往为了实现自身目标而对他人进行压迫,使无权者依其意愿行事。

帕森斯认为,韦伯关于权力的定义过于强调其中强制和压迫的事实。帕森斯强调权力关系中的共识,认为权力是一种保证履行有约束力的责任之能力,[5]权力能够保障有权者和无权者实现"双赢"。帕森斯将权力视为合法与共识,实际上把权力研究者需要解决的问题给事先排除了。吉登斯认为:"帕森斯预设权力必然具备合法性,并且假定有权者和无权者之间存在某种共识,实际上忽视了,并且是有意识地、别有用心地忽视了权力的

---

[1] 《马克思恩格斯全集》(第1卷),人民出版社1998年版,第412页。

[2] 参见李红勃:《认真地对待权力——权力的法理学分析导论》,载《甘肃政法学院学报》2003年第6期。

[3] 韦伯认为,支配即一个有特定内容的命令被给定的一群人遵从的可能性。

[4] 参见[美]理查德·拉克曼:《国家与权力》,郦青等译,上海世纪出版集团2013年版,序言。

[5] See T. Parsons, *On the Concept of Political Power*, Proceedings of American Philosophical Society 107, p. 237(1990).

等级特征,以及随之带来的利益分化。"[1]

2. 权力问题的福柯进路

与其他学者不同,福柯对权力的关注主要集中于日常生活与社会边缘。他指出,无论是人与人之间的言语交往关系、恋爱关系、性关系,还是在制度或经济关系中,人总是想方设法地对他人进行操控,因而权力作为一种策略游戏始终在场。

福柯认为,马克思主义的经济学模式和法理主义的法权模式是近代权力理论的两种主要模型。马克思主义的经济学模式将权力视为维护生产关系的工具,认为权力扮演着与生产关系相关的统治阶级的角色,权力的功能是维护一定的生产关系,目的是为经济服务。法理主义的法权模式与商品模式相似,权力被视为可以占有、流转、放弃和取消的,如在社会契约论中,由个人占有权力通过契约转让给某种组织,国家权力因此而产生。[2] 马克思主义的经济学模式和法权主义的法理模式都无法摆脱从经济推导权力的理论模型,然而,经济主义无法真正说明权力的本质,因此,福柯认为需要对权力作非经济的解释。

20世纪对权力的非经济解释主要有两种:"一个说权力的机制是压抑,为了简单起见,我们将它称为赖希命题。另一个认为权力关系的基础是势力的敌对行动,我们把它称为尼采命题。"[3]赖希认为,权力机制源于压抑,权力作为一种力量,对自然、个人本能、阶级等都能形成压抑。尼采则从力量关系上分析权力,将权力的争夺视作战争双方的斗争,当一方战胜另外一方就形成了一种力量对另一种力量的压制。福柯将赖希命题和尼采命题评价为"支配—压抑"模式。福柯的权力观在很大程度上受到了尼采的权力意志论的影响,他对权力的分析更多采用了"支配—压抑"模式,用福柯的话说,他是开始于尼采但并不止于尼采。[4] 福柯对权力本质的探索并非一种整体的、宏观的描述,将权力归结于经济或是压抑在福柯看来都过于简单。

福柯主要从以下几种视角来解释权力。首先,福柯批判将权力视为物

---

[1] A. Giddens, *Power in the Recent Writting of Talccot Parsons*, Sociology 2(3), p. 264 (1968).

[2] 参见[法]米歇尔·福柯:《权力的眼睛》,严锋译,上海人民出版社1997年版,第224页。

[3] [法]米歇尔·福柯:《权力的眼睛》,严锋译,上海人民出版社1997年版,第226页。

[4] 参见陈炳辉:《福柯的权力观》,载《厦门大学学报》(哲学社会科学版)2002年第4期。

的统治权理论,他将权力视为一种流动的关系。“权力从未确定位置,它不在某些人手中,从不像财富或财产那样被据为己有。权力运转着。”[1]因此,福柯的权力理论重心不在于权力在谁手里的问题,因为权力是流动的、不确定的、多形态的关系,权力在谁手里的问题无从把握。其次,权力不是自上而下或是自下而上的单向线型关系,而是一个相互交错的网络。“权力以网络的形式运作在这个网上,个人不仅流动着,而且他们总是既处于服从的地位又同时运用权力。”[2]在权力的网络中,个人具有双重角色:既是权力的发出者又是权力的接收者,因此不存在一个确定的“统治—被统治”关系。再次,主体是权力的产物,人受到权力话语的操控,受制于特定时代的知识型。在权力关系网中,每个人仅仅是一个点,权力游戏的主角是永远在场的权力,人只是权力运作的工具。最后,福柯批判传统权力理论将国家机构视为权力的中心,认为这种理解无法体现权力的复杂性。权力是非中心化的。福柯主张:“不要在中心,在可能是它们普遍机制或整体效力的地方分析权力的规则和合法形式,相反,重要的是在权力的极限,在它的最后一条线上抓住权力,变成毛细血管的状态;即在权力最局部的形式和制度中抓住它并对它进行研究。”[3]

福柯的权力理论区别于以国家与法律为中心的传统权力理论,着手于监狱、精神病院、军队、修道院等边缘的权力关系。福柯从微观层面详细而深刻地揭示权力的性质和运作机制,并结合具体的实践方式对知识论和权力等问题进行批判,他通过精神病学、监狱制度、性的论述等方面,深入历史的每一个角落,探索权力的空间。福柯认为,对于权力的批判应该去到它的边缘地带,因为正是在那里,权力运作以最肮脏、最厚颜无耻的方式进行。[4]权力的微观结构及其运作如同毛细血管对于维系生命般重要,它们直接、具体、深入地控制着权力网络,福柯将这些局部的权力运作称为权力的微观机制,将他在各个领域的批判称为权力的微观批判。

(三)网络社会:权力安身的新场景

1. 互联网何以成为社会

我们通常将人类通过狩猎生存的时代称为狩猎社会,将人类通过采集

---

〔1〕[法]米歇尔·福柯:《必须保卫社会》,钱翰译,上海人民出版社1999年版,第27页。

〔2〕同上书,第28页。

〔3〕同上书,第26页。

〔4〕参见高宣扬:《福柯的生存美学》,中国人民大学出版社2005年版,第199页。

食物生存的社会称为采集社会,将人类通过耕种活动生存的社会称为农耕社会,当机器生产普遍化后,我们说人类社会进入了工业化社会。在这个层面,当今信息与人类生存联系紧密,我们可以称当下是信息社会。卡斯特认为,我们通过对横越人类诸活动与经验领域而浮现的社会结构的探索,得出了一个综合性的结论:作为一种历史趋势,信息时代的支配性功能与过程日益以网络组织起来,网络建构了我们社会的新社会形态,我们可以称这个社会为网络社会。〔1〕"网络社会"这一概念由卡斯特率先提出,他在《网络社会的崛起》中认为,信息时代的特征表现为网络社会动摇了以固定空间领域为基础的国家形式,在全球化与信息技术的冲击下,人类社会发生了翻天覆地的变化,国家界限逐渐模糊,知识与信息通过网络传递开来。吉登斯认为,卡斯特准确分析了网络社会这一新型社会结构,并在此基础上指出,脱胎于封建社会、崛起于工业秩序的现代社会在信息技术、网络组织、网络社会高速发展的今日,将步入新的时代。〔2〕

社会学中"社会"的概念在广义上通常被界定为生存于特定环境下的同种生物群体,在狭义上则指的是在特定环境下存在和发生社会行为和社会关系的人类群体。〔3〕人们在互联网中,利用IT硬件架构的网络进行人际交往,形成较稳定的社会联系方式,并按照一定的规则进行行动以达到可预期的目的,从而形成人类社会中的一个子系统,这个子系统可以称为网络社会。由此可见,现实社会与网络社会并非相对立,它们应当是包含与被包含的关系。一台台独立的电脑、手机、服务器在人的操作下以某种程序串联起来,经过操作者之间的互动,网络社会便悄然形成,这种形式不仅仅是站点的集合,它更使人们通过互联网形成一个可以沟通感情、传递信息的社会活动空间。在这个空间内,最大特色在于,不同于传统社会的通信系统由中央流向四周的沟通模式,网络社会中"最底层"和"最边缘"的人都与网络社会中其他人一样,享有同等的机会表达自己的声音。〔4〕网络社会中的交流方式是去中心化的,因此,人们在网络中的交往呈现一种全新的开放式组织

---

〔1〕参见[美]曼纽尔·卡斯特:《网络社会的崛起》,夏铸九等译,社会科学文献出版社2001年版,第1页。

〔2〕参见[英]安东尼·吉格斯:《社会学》,李康译,北京大学出版社2009年版,第38~42页。

〔3〕参见郭玉锦、王欢:《网络社会学》,中国人民大学出版社2005年版,第41页。

〔4〕同上书,第46页。

模式。

网络社会在本质上是虚拟社会,还是现实社会?有学者持网络社会是现实社会的观点,他们否定网络社会是一种独立存在的社会状态,认为网络社会只是现实社会在网络空间的衍生。童星等学者从网络社会中行动者之间的关系出发,认为尽管互联网没有看得见的实体物质要素,但网络社会是人进行互动的结果,因此是现实的。〔1〕这种观点强调现实社会对网络社会的决定性作用,将网络社会视为现实生活的映射。另一种观点则相反,他们认为网络社会是由计算机、互联网搭建起来的虚拟社交平台。戚攻认为:"网络社会之所以发生的情境——它是由虚拟技术建构的,且认为网络社会是一个虚拟的社会场域。"〔2〕持网络社会是虚拟社会观点的学者认为,网络社会存在于虚拟空间内,网络社会主体的存在方式与交流模式都是虚拟的、不现实的。

上述第一种观点认为网络社会是现实社会在网络空间中的投影,第二种观点则认为网络社会独立于现实社会。丹·希勒曾精辟地指出网络社会的实质:"互联网绝不是一个脱离现实世界之外而构建的全新王国;相反,互联网空间是现实社会不可分割的一部分;互联网实质上是政治、经济全球化最美妙的工具,互联网的发展完全是由强大的政治经济力量所推动,而不是人类新建的一个更自由、更美化、更民主的另类天地。"〔3〕笔者出于以下几个方面考虑,认为将网络社会视为现实社会的子系统更合适。首先,作为一个完整意义上的人,我们无法将网络社会中的人与现实社会中的人割裂,网络空间是科学技术水平发展到一定阶段所产生的全新人类活动场域,个体在网络社会中的生存心态、交往模式、社交喜好等可能会与现实生活中的存在差异,但行为主体终究是现代社会中的人,网络社会的基础是现实社会。其次,认为网络社会是虚拟社会没有认识到网络社会的普遍性和现实性,网络社会的主体在网络上以虚拟化的形态存在和交流,但归根结底其背后是一个个现实的、具体的个人。最后,将网络社会视为虚拟社会并独立于现实社会这种二元论的观点把现代社会割裂成两部分,人类现实社会的基

〔1〕 参见童星、罗军:《网络社会:一种新的、现实的社会存在方式》,载《江苏社会科学》2001年第5期。

〔2〕 戚攻:《网络社会的本质:一种数字化的社会结构》,载《重庆大学学报》(社会科学版)2003年第1期。

〔3〕 [美]丹·希勒:《数字资本主义》,杨立平译,江西人民出版社2001年版,第289页。

本法则能否适用于网络社会将存在疑问。综上所述,笔者认为,网络社会是现实社会的一部分,对网络社会的分析和描述无法脱离现实社会进行。在此基础上,本文运用福柯的批判性理论对网络社会进行微观权力视角的分析。

2. 网络权力

美国传媒理论家马克·波斯特将人类信息传播方式划分为三个阶段,即面对面的口头传播、印刷媒介传播和电子媒介传播。〔1〕在口头传播阶段和印刷媒介传播阶段,由于信息传播的效率、影响范围有限,信息传播效应大打折扣。如果我们把"个人或组织通过信息的有效传递形成社会舆论,从而对他人和社会产生影响力"称为"信息权力",〔2〕那么,信息传播方式的彻底改变和互联网技术在全世界范围的广泛运用使信息权力的影响力日益彰显。在信息社会,爆炸式的、分散的信息通过开放、即时、交互的网络平台不断发酵,正如约瑟夫·奈所说,"丰富的信息"已经成为一种新兴的关键性权力资源,从而改变了传统的权力格局。〔3〕在这个层面上,我们将网络权力称为信息权力,但其内涵要小于信息权力。尽管如此,网络权力却比历史上任何时代的信息权力影响都要广泛和深远。〔4〕

网络权力之所以比口口相传的口头传播时代和见字如面的印刷时代影响力更深远,是因为它具备以下几个特征:首先,在网络社会中,信息不是被占有的,而是处于一种传播的流动关系中,微信、QQ、微博、贴吧、论坛等网络社交平台和网络信息发布平台打破了传统媒体的种种"瓶颈",众多网民的声音汇集起来,网络公共话语往往能够迸发出惊人的威力。其次,在网络生活中存在不同类型的参与者,包括国家公权力机关、网络运营商、新闻媒体、知名用户和普通用户等,形成了一个多元分散的局面,在复杂的网络权力关系中,我们很难找到一个权力的中心。最后,在网络社会中,权力并非自上而下的单纯控制,而是一种复杂的、相互交错的网状关系,权力的主体和权力的对象是可以颠倒的,网络生活的主体都处于这个关系网之中。

---

〔1〕参见[美]马克·波斯特:《信息方式:后结构主义与社会语境》,范静哗译,商务印书馆2000年版,第13页。

〔2〕参见王冬梅:《信息权力:形塑社会秩序的重要力量》,载《天津社会科学》2010年第4期。

〔3〕参见[美]约瑟夫·奈:《硬权力与软权力》,门洪华译,北京大学出版社2005年版,第105页。

〔4〕参见刘少杰主编:《中国网络社会研究报告2011~2012》,中国人民大学出版社2013年版,第119页。

3. 权力理论的选择

在权力问题研究的一般进路中，无论是经济主义模式还是法理主义模式，都存在一个确定的权力中心——国家公权力机关，它将权力如商品般占有，对社会进行统治。以宏观的国家权力或统治权为出发点研究国家对网络社会的引导、维系和管控，固然能够厘清宏观权力在网络社会中的地位和作用，以及网络社会对宏观权力行为的种种反应，但这只是网络社会权力问题的一个维度。在网络社会中，国家机关、社会组织、媒体机构、个人等都能够成为权力的实施者，同时也是权力的对象，他们构成一个交叉的关系网络，在一个个具体的网络事件、社交平台空间中呈现不同的地位，依照传统权力理论难以深刻、全面地解释网络社会的权力问题。微观权力理论不仅在以国家形式出现的权力关系中研究权力问题，还在以学校、军队、监狱和精神病院等亚政府形式出现的权力关系中观察权力现象，它着重研究权力的发生和运作，淡化权力的主体和对象问题。在微观权力理论中，无论是国家、个人还是任何形式的组织，都被置于权力的永动机之下，而不仅仅是单一地考量国家权力与网络社会的关系。显然，以微观权力理论对网络社会的权力问题进行分析更加符合网络社会的现状。

二、网络社会中微观权力的运行

如果说福柯将权力视为关系网络是对现代社会的深刻理解，那么，互联网技术的出现和发展导致现代社会的权力关系网络更坚不可摧。在当下网络社会，规训权力手持“科学技术之剑”使全景敞视主义更容易实现，知识的生产与传播通过互联网媒体更轻松地抓住人们的眼球并进入人的内心，网络社会中的人在享受权力快感的同时，也畏惧权力的压抑。

(一)网络社会的权力关系

1. 权力的在场

权力渗透在社会的方方面面，只要存在社会关系就存在微观权力，可以说“关系”是微观权力的核心。无论是在现实社会中还是在网络社会中，关系是由人、团体、社会、国家构成的。那么，在社会结构中，权力与个人的关系是怎样的呢？福柯认为，人既服从权力又运用权力，但权力不归他们所有，“权力依附在个人身上，使个人屈服毁灭的权力打击在他身上。实际上，使肉体、举止、话语和欲望被认定和建构为个人，正是权力的最初结果之一。个人是权力的一种结果，同时，在它是权力结果的意义上，有这样的传递作用:权力通过它建构的个人而通行”。[1]

在福柯这里,权力是一个符号,它永远在场,如同幽灵般笼罩在现代社会的上空。无论是个人、团体还是阶级、国家,都无法逃脱权力的塑造,“他们从来不是权力惰性或持续不断的靶子,而是永远在轮班”。[2] 与传统社会的社会关系不同,网络社会中的社会关系通过互联网组织起来,人与人主要通过互联网进行交往,人际交往的空间距离被打破。在网络社会中,由于对信息和技术的掌握是不平衡的,每个人的信息获取渠道、对待信息态度和表达能力等具有差异性,力量对比关系在网络社会中同样存在。不止于此,当福柯意义的权力关系网络与互联网技术相结合,权力关系的传递搭上了信息技术的桥梁,在个人通过互联网技术相连且越来越离不开网络生活的今天,网络社会的权力机制更普遍与高效。

2. 权力的交叉与流动

如前所述,网络社会中的权力以多元化、分散化的形态呈现,权力关系不存在一个中心,而是一个相互交错的复杂网状。个人在权力关系网中处于流动状态,没有一个固定的角色,他们既是权力的实施者,也是权力的接受者。因此,权力的主体问题在此显得没有那么重要,权力的运作应该成为我们关注的中心。探索权力的运作模式,首先应当研究不同的角色在权力关系网中如何实现角色的转换。

在网络社会的权力关系网中,个人、国家、社会组织等都是网中一点,他们同时发出权力和接受权力,组织成一个社会权力网络。由于国家机构本身是权力机关,享有具有法律强制力的权力,它在权力的网络中是一个强点。在网络社会中,国家作为权力的发出者实施权力的行为主要有网络立法、意识形态宣传、维护社会秩序、规范网络舆论、社会动员等,但国家机构实施权力并非单向性的,它同时也作为权力的接受者:网民对公共事务和社会事件的参与、对政府和官员的监督、对美好生活的呼声等,都在向国家机构施加力量。国家机构面对他方施加的权力,又会以一定的行为予以反馈,权力的实施与接受持续流动,在一场接一场公共问题的讨论中往复。

在个人层面,权力运作的交叉和流动更复杂。每一个具体的个人在互联网中都可以表达自己的观点,持相似观点的大多数人将对少数的他者形

---

〔1〕 [法]米歇尔·福柯:《权力的眼睛》,严锋译,上海人民出版社1997年版,第22页。
〔2〕 同上。

成压制,人为地区分出一群福柯意义下的“不正常的人”,使他们沉默。“不正常的人”的归类也是流动的,在一个网络社会事件中一个人可能站在正确理性的高点,在另一场事件中他可能就会成为舆论口诛笔伐的对象,权力的主格和宾格永远流动着,个人只有通过不断定义他者为非正常来使自身获得安全感。个人在社交平台打造社交名片,发表对各类事件的看法和观点,分享生活中的见闻,在表现为一个符合规范的人的同时,也向他人展示规范。

在媒体机构层面,新媒体与权力网络保持着密不可分的关系。福柯指出,现代媒体依附于社会权力网络,其本身就是一个权力系统。新媒体的运作同时从属于权力网络的内在斗争逻辑和政治权力的斗争走向,而且直接服务于政治、经济和各种垄断势力的利益。媒体运用“连续轰炸”“不断重复”“制造幻象”“塑造偶像”等方式不断向受众施加压力,而这些受众中有相当大一部分人是完全被动的。新媒体既服务于统治权,又对它的受众施加权力,同时也迎合大众的需求,创造网民所接受的文化产品。此外,受制于统治权的新媒体也对公权力系统发挥着监督作用。

近年来,网络直播平台和短视频软件逐渐走入人们的生活,[1]在此背景下,越来越多的“大V”“网红”“草根明星”涌现在互联网的舞台,他们在“推手”运营公司的包装下脱颖而出,享受着作为公众人物一呼百应的快感。但由于网络社会的造星效率超高,网络红人的更新换代极快,他们也面临被遗弃的高风险;与此同时,一旦他们的行为过于博人眼球而违反了社会道德,则会遭到普通网民和行政权力的联合“封杀”。

(二)边缘叙事——亚文化、边缘群体与网络暴力

1. 网络亚文化与网络边缘群体

亚文化与主流文化相对应,指处于从属地位的群体发展起来的一种意义系统、表达方式或生活风尚,它与占主导地位的意义系统相对立。一种亚文化必须有新的意识、风格作为亚文化群体的基础,并引发一系列行为、活

---

〔1〕 企鹅智酷和数据公司 QuestMobile 根据大数据调查作出了一份报告:《快手 & 抖音用户研究报告》。报告显示,快手 App(短视频软件)有接近 2.5 亿的月活用户数,今日头条旗下的抖音 App(同为短视频软件)在 2018 年 1 月超越系出同门的火山小视频,以约 1.3 亿的月活用户数,位列行业第二。根据国内移动互联网大数据监测平台 Trustdata 发布的《2018 年 Q1 中国移动互联网行业发展分析报告》,2017 年中国参与在线直播的用户达到 3.98 亿,2019 年突破 5 亿大关。

动、习俗、规范和价值观,形成一种特殊的象征符号系统。[1] 叛逆是亚文化的核心特征,亚文化群体在所属文化群体内部传递禁止对外表达的内容。随着互联网技术的出现和普及,亚文化群体通过互联网论坛、网站等形式搭建自己的文化圈子,话语状况得到一定的改善。随着新媒体与亚文化的深度结合,出现了一种新型亚文化现象——网络亚文化。网络亚文化族群以网络为依托,他们的族群认同并非依据阶层、阶级、宗教、社区、家族等传统结构,而是因为某一事件或议题集结,或因共同的兴趣、喜好、价值观等汇集在一起,他们通过丰富的互联网资源获取传统媒介排斥的信息并表达观点,构建新的身份认同,创造出独特的文化形式。

网络亚文化是网络空间内的边缘文化,边缘文化的追随者遵循一种独特的文化价值体系、思维方式和生活方式,具有独特的审美观、价值观和很强的吸引力和渗透力。比利·戴维斯在《多元社会中的边缘状态》中指出,边缘人理论逐渐用于不带贬义的结论和文化融合的论述中,它可以用来区分群体差异,指代个体身份,并被引入个人对自我的评价。[2] 在互联网出现之前,边缘群体的发声是苍白的,他们的声音无法在传统媒体中得到表达,在网络社会下,随着自媒体和网络论坛的高度发达,一部分边缘群体开始表达自身的诉求,主流文化与网络亚文化、大多数人群与边缘群体的交流与冲突也日益频繁。

2. 网络边缘群体的生存模式

福柯将疯癫史研究称为“关于沉默的考古学”,同现代精神病学相反,福柯认为精神病并非一种自然疾病,而是一种知识和文化的建构。在现代安谧的精神病世界中,疯癫归于沉默,精神病学的理性独白成为关于疯癫的唯一语言,这种理性就是社会秩序对肉体和道德的约束、对群体产生的无形压力及整齐划一的要求。[3] 在福柯看来,疯癫史就是理性对疯癫的界定史,理性对疯癫的征服不过是另一种形式的疯癫,但理性并不存在一个统一的标准、稳定的原则,理性评判作为一种排斥方式,促进社会整合和文化整合。

网络社会中的边缘群体因其独特的身份认同、对主流文化和主流群体

---

[1] 参见周敏、杨富春:《新媒介环境中网络亚文化族群的表现及分析》,载《编辑学刊》2012年第4期。

[2] 参见张黎呐:《美国边缘人理论流变》,载《天中学刊》2010年第4期。

[3] 参见刘北城编著:《福柯思想肖像》,上海人民出版社2001年版,第82页。

的叛逆,被视为理性的他者,处于被主流所排斥的状态,边缘群体在话语表达上总体趋向于沉默的特点,在网络社会也没能改变。具体而言,网络社会边缘群体的沉默有以下几点原因:首先,传统的道德观念和核心价值观念对主流文化的维护,使亚文化群体的行为和言论充满外部禁忌,边缘群体更倾向于内部交流而对外沉默;其次,当某种亚文化形式出现时,掌握话语权的主流网络媒体出于对价值观念和社会秩序的维护总是将亚文化呈现负面形象,强大的舆论压力和世俗压力使亚文化群体感到恐惧;[1]最后,在社会整合和文化整合的机制中,主流文化群体以主流文化的范式将部分亚文化群体同化,力图将其收编到主流的框架内,使亚文化及其所属群体都从属于主流文化,并按照主流文化的规范去行为、发声,而那些无法收编的边缘群体则在社会整合的过程中被排斥、禁闭,在主流群体的道德强制和互联网技术的限制下趋于沉默。

与现实社会相同,网络社会同样存在理性的规范,它们被主流文化群体所掌握,主流与边缘的界限正是被理性的权力所建构起来。这种理性不仅是规范的理性,还包括科学技术理性。在福柯那里,从精神病院到国家机器,都是监禁、干预和控制性的,它们以人道、拯救之名,划定一个区域,运用道德审判、权力惩治、医学治疗等手段将某些对象进行隔离和排斥,最终予以禁闭。网络社会中对边缘群体禁闭的手段主要有监控、禁言、删帖、关闭社区等,这些互联网技术工具往往掌握在代表主流文化的群体手中,在权力和工具理性的结合之下,边缘群体在网络社会中被主流群体所界定、排斥、封锁,往往容易遭受网络暴力。

3. 网络暴力的权力运作

网络暴力,是指在网络平台上,以话语暴力诽谤他人、侮辱他人人格、侵犯他人隐私和尊严、诬陷他人的行为。[2] 由于互联网平台信息产量大、传播速度快、进入门槛低、匿名言语、网民情绪易被煽动等特点,暴力话语在网络社会中更容易生产和传播,每一个网络用户都有可能是网络暴力的潜在受害者。

话语暴力指的是诉诸书面或口头话语的暴力行为,网络暴力实质上是

---

[1] 参见伍美欢:《网络环境下亚文化群体的话语现状》,载《新闻世界》2012 年第 11 期。

[2] 参见李岩:《网络话语的暴力效果——以福柯话语理论解读网络暴力的生成》,载《当代传播》2014 年第 5 期。

话语暴力在网络社会中的表现形式。福柯在讨论话语权力时通过"一组陈述"这一概念对话语权的运作和实施展开描述。话语通过控制一个话题被有意义地讨论和追问,对主题进行构造、对知识的对象进行界定和生产,话语权在人们对话语的使用中产生效果。在一组陈述中,参与某个主题讨论的人,既受到陈述主题的控制,也参与进控制的建构之中。[1] 在此思路的启发下,我们发现在网络暴力的权力运作中,说话者与接收者都受控于话语,权力的实施是通过话语的使用来实现的,话语权力的大小与多少人对该话题进行"有意义地谈论和追问"相关。网络话语的运作与其"一组陈述"形成的语境有关,话语一旦构造出某一主题,同时也掌握着其被有意义地讨论和追问之方法。因此,在网络暴力中,话语的支配权由主导话语的攻击方控制,被攻击方很难争夺话语支配权,一个主题的话语权一旦在网络暴力中的施暴方和被施暴方之间建立,支配关系便得到认可,只有重建话语权才能改变既定的支配关系。

网络社会中的人借助虚拟身份存在,随时随地生产各种话语,网络技术保证了众人讨论的主题能够迅速扩散和蔓延,话语在传播中得到不断循环,意义也由此被生产。随着主题的传播,越来越多的网民参与到话语生产和话语循环之中,话语获得了众口铄金之力,暴力的对象受到了铺天盖地的言论攻击。由于网络社会的匿名性和虚拟性特征,网民可以在不暴露自己身份的情况下进行发言,并产生无须承担责任的心理暗示,将平时在现实社会中难以发泄的戾气在与现实世界相对分离的网络世界中进行表达,网民在网络中的行为往往会情绪化、非理性和随意性。综上所述,网络暴力的权力生产机制在众人参与、匿名聚集和话语循环中实现,微观权力在某一主题的讨论中汇集并通过话语的力量完成权力的部署,从而对他人形成压制。

网络暴力的运行主要依靠以下三种权力机制:一是话语本身的权力,因暴力话语本身所具备的施暴力量,施暴者在实施话语暴力时也受到话语的控制,当施暴者占据支配地位后,通过对不符合说话规范的人施压,使他们被正确的话语包围;二是依靠人数众多的网民的集结形成对少数者进行评判的权力,站在道德高地上进行话语围剿和人品界定,对少数者的个人信息进行挖掘,形成"品格证据";三是处于话语支配地位的强权(经济的或是政

---

[1] 参见[法]米歇尔·福柯:《必须保卫社会》,钱翰译,上海人民出版社1999年版,第231页。

治的)，它对整个网络暴力事件进行总结，对部分人进行道德教育和道德改造。在这三种权力机制的共同作用下，网络暴力的对象被排斥进入一个相对封闭的空间，作为反面教材供他人围观、嘲笑和道德批判，因无法承受网络社会中的话语暴力走向自杀的悲剧不断上演。网络社会中的施暴者和被施暴者、主流群体和边缘群体如同福柯笔下医生和精神病人、狱警和囚犯，沦为话语的对象、权力的工具。

权力是无处不在的关系网络，所以受压迫者对权力的反抗并不集中，它可以在社会的每个角落进行。福柯认为，社会斗争是社区性、地方性、局部性的(如妇女、少数族裔、囚犯、同性恋等群体争取权利的斗争)，[1]而非由某个阶级、集体发起的针对权力机关的革命。在网络社会中，边缘群体对主流群体的反抗也是分散的。从时间维度看，反抗存在于一起又一起的网络暴力事件中，虽然这些反抗大多数是无力的，但依旧存在；从空间的维度看，边缘群体的逆反存在于各种论坛社区、社交媒介和自媒体的表达中，如在同性恋问题上，近年来，同性恋群体逐渐获得社会的理解在很大程度上依靠其在互联网中的发声和斗争，使主流群体开始重新思考同性恋问题，在不断的抗争中，同性恋群体逐渐去妖魔化，摆脱性变态的标签。

三、网络社会的规训机制

在网络社会中，无论是主流群体还是边缘群体都是权力的对象。在福柯眼里，规训是一种对身体进行操控的政治技术，它以生产、训练、培养和造就“驯服的身体”为目的，监狱实际上是生产性的规训机器，是规训技术的集大成者。[2] 全景敞视性的监狱是最完美的规训机构，它以最小的经济代价使权力运作最大化。在全景敞视监狱的权力运作模式启发下，现代社会中权力的机制和规模在时间、空间和对象上都得到了极大的扩张，监狱的权力型被各种机构和体制所借鉴，现代社会正是一个放大的、更完善的全景敞视监狱。[3]

自18世纪以来，人们千方百计在生产活动、沟通活动和权力关系中寻找理性化和经济化的控制方式。进入身体的政治技术和监狱系统使个体既

---

〔1〕 参见陈弘毅：《从福柯的〈规训与惩罚〉看后现代思潮》，载《环球法律评论》2001年第3期。

〔2〕 参见高宣扬：《当代法国思想五十年》，中国人民大学出版社2005年版，第229页。

〔3〕 参见汪民安：《福柯的界线》，中国社会科学出版社2002年版，第200页。

成为自身的主体,同时也是社会的控制对象,这是规训社会之所在,更是西方现代社会的本质。[1] 现代社会的统治阶级将监狱的制度、形式和规训技术扩大到整个社会,人们生活在这一所大型监狱中,无法脱离宏观敞视与微观敞视结合的全面监视系统,被规训的现代人在普遍化的规训机构中被生产出来。当现代社会发展至信息时代,网络社会成为大批现代人的聚集地,全景敞视的权力运作模式辅之以互联网技术手段,网络社会中的现代人如同裸体般被权力解剖、观察,规训在网络社会中得以实现。

(一)惩罚的历史与规训的产生

福柯在《规训与惩罚》开篇描述了弑君者达米安在格列夫广场被公开行刑的场面:达米安的身体被烧红的铁钳撕开,持凶弑君的右手被硫黄烧焦,伤口被硫黄、蜡、铅汁和松香浇入,最终将他五马分尸,然后焚尸扬灰。在福柯看来,这是一种经过对痛苦差异精心计算的"权力经济学",同时也是君主权力的展示——在公开处刑的仪式中重建受到伤害的君权。在公开处刑的过程中,民众是主要的角色,通过召集民众观看处决对罪犯造成侮辱,从而达到警示和震慑的作用。但是,福柯指出,民众在喝彩的同时也能听到死到临头的罪犯对君主和法律歇斯底里的谩骂,可能引起民众心理的某些赞同,"这些处决仪式本是展示君主的威慑,但却造成一个狂欢的侧面:法律被颠覆,权威被嘲弄,罪犯变英雄,荣辱被颠倒"。[2] 这种对公开处决的政治担忧与人道主义的浪潮一同推动了刑罚的改革。

18世纪后期,人道主义改革者们主张将人性作为刑法干预的目标和改造的对象,他们要求重新建立一种新的惩罚权力结构以监督和改造人们的日常行为、身份和活动,这种新的权力结构的目的不在于消灭罪犯的肉体,而是沿着调教、干预和驯化的路径前进。这样,惩罚的技术将更规范、更精细、更普遍,而惩罚权力必然将"更深地嵌入社会本身"。[3] 在福柯看来,改革者采用的是"把精神视为可供铭写的物体表面;通过控制思想来征服肉体"的权力表象技术学,"它通过不断地对公民头脑里反复灌输符号而运

---

〔1〕 参见杨岚:《"知识—权力"与规训社会——对福柯〈规训与惩罚〉的解析》,载《学理论》2009年第5期。

〔2〕 [法]米歇尔·福柯:《规训与惩罚》,刘北成、杨远婴译,三联书店1999年版,第66页。

〔3〕 汪民安:《福柯的界线》,中国社会科学出版社2002年版,第192页。

作,通过在犯罪观念前设置障碍来消除犯罪",[1]它不是针对肉体而是针对精神的惩罚,福柯称之为"符号—技术"的惩罚方式,这种惩罚方式被福柯所说的以监狱和教养所为代表的现代惩罚技术所取代。

以监狱和教养所为代表的惩罚权力针对的对象并非精神,而是人的肉体。这种肉体是被生产、创造、训练和驯服的肉体,它作为权力的目标和对象被一种精心计算的强制力控制。人的肉体被微观权力细微而精妙地掌控和监督,这种权力并非残暴的君权,它耐心地、不断地对人体的各个部位重复作用,最终使人体被驯服,按照微观权力机制的安排去行为。福柯将微观权力称为规训权力,它使权力在细节中立足,规训针对细节施展着一整套技术、知识、方法和数据,[2]对人体的姿态、动作、行为、活动及其发生的时间和空间作出精细设定,使身体成为一种"被权威操纵的肉体"。

(二)规训权的实施

1. 规训手段

福柯在《规训与惩罚》中具体地描述了三种规训手段,分别是层级监视、规范化裁决和检查。随着社会的变迁,这三种规训手段在网络社会中产生了新的表现形态。

首先,规训依赖的是监视机制,对规训的对象进行持续、全面观察是规训得以实现的基础。无论是学校、医院还是军队都拥有自身的监视系统,它是"一只洞察一切的眼睛,又是所有目光的中心"。[3] 监视机制并非单向的线型结构,它是一个具有多层级的复杂网络,这个网络有整体性的覆盖和控制能力,它的权力效应源于监视者与被监视者持续发生的关系,因此,它是一种微妙的物理权力,遵循中性的光学和力学发展。[4] 通过金字塔式的网络监视,自动和匿名的规训权力成为一种内在体系,个人被对象化、被观察、被记录、被铭写。在现实生活中,只有监狱才能实现最全面的监视,其他场所对人的监视无法像监狱般完美。这一方面是由于法律上对私人空间的保护,另一方面则是因为对整个社会实行全面的监视所需经济成本过高,技

---

[1] 参见[法]米歇尔·福柯:《规训与惩罚》,刘北成、杨远婴译,三联书店1999年版,第113页。

[2] 参见汪民安:《福柯的界线》,中国社会科学出版社2002年版,第194页。

[3] [法]米歇尔·福柯:《规训与惩罚》,刘北成、杨远婴译,三联书店1999年版,第193页。

[4] 参见[法]米歇尔·福柯:《规训与惩罚》,刘北成、杨远婴译,三联书店1999年版,第200页。

术上也难以实现。但在网络社会中,这个难题可以被克服。不同于现实社会中监视需要依靠建筑结构、地理环境和监控设备,在网络空间中,人的言论和行为以操作的方式呈现(如浏览网站、发表言论、与他人进行文字或语音对话、利用搜索引擎获取信息、利用软件支付与购物、使用影音软件听音乐或看视频等),人们在互联网中的种种操作都作为数据被互联网平台所记录,在网络数据监测系统不断发展和完善的情况下,时时刻刻、全方位的监视已经成为可能。如果说在互联网时代可以足不出户知天下,那么,同样也可以足不出户被天下知。

其次,规训权力依赖规范化裁决。在微观权力系统中存在一种惩罚机制,这种惩罚机制在军队、工厂、学校等机构中被广为运用,它对不符合时间、地点、动作、言语、行为等规范的表现作出惩罚,要求人们服从规范的权威并尊重规范化的裁决。"在规训机构中,惩戒具有比较、区分、同化、排斥的规范功能",[1]它既要求对象的同一性,也测定对象的差异性。规范化裁决对人们形成强大的心理暗示,对象必须作出规范的行为来获取认可,否则将遭受惩罚。在网络社会中经常遭到规范化裁决的通常有以下几种形象:艳照门的女星、出轨的明星、"小三"、吸毒的公众人物、"精日"(精神上是日本人)、"精美"(精神上是美国人)等。由于以上几种人在私生活中的行为违背了人们对公众人物的规范认知和要求,对人们的情感造成了强烈的冲击,他们往往面临舆论的道德定罪,惩罚措施主要体现为"全网封杀"及由此带来的名誉和经济的损失。通过对"犯错者"的惩罚对其他公众人物也起到警示的作用。此外,前文所提的对边缘群体和网络亚文化的压制也是规范化裁决的具体运用。由于边缘群体和亚文化群体在思想和行为上体现为对主流群体和主流价值的逆反,这些逾越规范、损害权威的群体势必会因偏离标准而被广大网民裁决,惩罚则体现为各种情境的网络暴力。

最后,权力通过检查进行规训。检查机制将个体进行对象化控制,并针对具体的对象进行检查。在检查中,监视和规范化裁决实现结合,它在监视的目光下对对象进行永无止境的裁决,规训权力由潜在的监视转变成实质的支配,人在此彻底成为权力的对象,如军队的检阅仪式、工厂的监工、学校的考试、医院的查房巡视等都是典型的检查机制。在网络社会中,检查式的规训无处不在,它集中体现在网络论坛和各种形式的"贴吧"、群组中。在

---

〔1〕［法］米歇尔·福柯:《规训与惩罚》,刘北成、杨远婴译,三联书店1999年版,第201页。

论坛、贴吧、群组等形式的网络交流平台中往往存在等级,这种等级与“入圈”时间、活跃程度、发帖的数量和质量等挂钩。在这些平台中,通常需要等级高的版主、管理员或群主等重要角色对平台进行日常管理,这种管理正是以检查的方式进行:对不符合板块规定的发言进行删除、根据不同情形对违反内部规定的成员进行警告或禁言、将损害共同利益的成员剔除等。此外,其他成员对论坛中的违规行为也可以随时向版主或管理员举报,人们在论坛、贴吧和各种群组中的言论一直处于被检查的状态。2017 年国家互联网信息办公室颁布了《互联网群组信息服务管理规定》,其中,第 9 条规定了“互联网群组建立者、管理者应当履行群组管理责任,依据法律法规、用户协议和平台公约,规范群组网络行为和信息发布,构建文明有序的网络群体空间”,在该规定下,互联网群组建立者、管理者对群组的管理得到了法律上的确认。

2. 规训的普遍化

在网络社会中,规训通过上述三种手段进入网络生活,规训权在网络社会中治理职能的高效发挥,使其他治理方式面临被取代或被破坏的危险。规训手段能够确保复杂的网络社会良性运转,以较小的成本维护网络秩序和网络安全,实现网络中的社会治理,即使网络立法不健全,网络社会的稳定性依然可以依靠良好、高效的规训体系来维系,规训而非法律承担起了网络社会治理的主要任务。规训的运作手段使权力在现代社会中没有缩减反而不断累加,不会被限制而是被持续适用,而法律则试图通过控制和限制权力来调整网络社会关系,但实现网络社会的控制仅仅依靠法律的力量终究不够。法律是掩盖权力的外衣,规训才是展示权力、调用权力、形成控制的最终力量,[1]它不在意价值上的是与非、正义与非正义、自由与束缚,作为一种中性的工具,规训权力在当今网络社会已经被广泛运用。

福柯认为,规训机制的普遍化意味着“个人化政治轴心被颠倒”。在封建制度中,只有君主或贵族等权贵者才有资格以个人化的形式被记录、被铭写、被文牍和档案包围、被言辞追逐,[2]而一般的群众处在档案外,没有被记录、被铭写的资格,他们在历史中是匿名的。在现代社会,这种现象被

---

[1] 参见栗峥:《现代社会中的权力规训:福柯法律思想的关键词展开》,载《社会科学战线》2011 年第 3 期。

[2] 参见汪民安:《福柯的界线》,中国社会科学出版社 2002 年版,第 199 页。

"一种新的权力技巧和肉体的政治解剖学"所颠覆,权力不再表现为君主的盛大仪式、神圣的家谱和光辉的碑文,也并非君主式居高临下的暴力镇压,权力在每一个角落都充满生命力,普通的民众进入书写系统,网络社会中的人也被数据和信息记录包围。在规训权力的支配下,他们被监视、被规范、被检查,每个人都可以被权力传唤,都被置于权力的永动机中,成为权力网络的一部分。在现代社会中,没有稳定的主仆关系,今天是主人,明天可能是奴隶——归根结底,人都是权力的奴隶。

(三)大数据时代下的全景敞视主义

1.全景敞视与规训

为了更好地说明规训权的特点和规训社会的形成,福柯沿袭全景敞视主义的分析进路,引入边沁的圆形监狱意象,将其运作机制和权力机制视为现代社会权力规训的典型。

边沁在1791年提出圆形监狱,即全景敞视式监狱:监狱的中心是监视点,环形建筑在四周连为一体将中心包围,环形建筑被分隔成若干单人小囚室,每个小囚室内都有两个小窗户,一个向着监视点,另一个向外,能使光亮从小囚室的一端照到另一端。监视点是一座瞭望塔,塔墙上有一圈窗户对着环形建筑,监视者透过塔墙,通过逆光效果可以对圆形监狱内每个囚室进行观察,但囚犯不能看到监视者,只能看到瞭望塔。在圆形监狱中,监视权力的运作并不需要依赖某个人来实施,环形建筑这个结构本身就能够产生权力效应,监视是自动的、持续的、匿名的,即使监视行为中断,监视机制也不会停止运作,因为囚犯确切知道监视权力针对他,但无法确定什么时候他会被遗漏。[1] 与此同时,这种权力简单而高效,它利用最低成本来获得最高的权力效应,"它自动施展,毫不喧哗,形成一种连锁效果的机制。除建筑学和几何学以外,它不使用任何物质手段但却能直接对个人发生作用。它造成'精神对精神的权力'"。[2]

这种便捷、高效、经济的规训机制在17~18世纪迅速覆盖整个社会机制,形成了所谓的规训社会。福柯将规训社会视为一种全新的社会形态,在这种社会形态当中,人们已经完全处于全景敞视的社会机制之中,接受匿名权力的规训。权力不再需要通过残暴的杀戮和惩罚来保证,只需要对人进

---

〔1〕 参见汪民安:《福柯的界线》,中国社会科学出版社2002年版,第200页。

〔2〕 [法]米歇尔·福柯:《规训与惩罚》,刘北成、杨远婴译,三联书店1999年版,第231页。

行改造,使人变得既顺从又有用,从而增强社会力量、提高道德水平,并保障经济持续发展。在当下的互联网大数据时代,全景敞视式监狱的规训机制又找到了新的渗透空间,发展出了新的规训形式。

2. 全景敞视主义的当下意义

互联网科技的发展催生了海量的数据信息,[1]在大数据背景下,我们在信息网络中的一举一动都会以数据的形式留下痕迹,这些数据痕迹被汇聚成一个无比巨大的数据池,成为“大数据”(Big Data)。随着网络社会的不断发展,数据量越来越多,面对庞杂的数据,数据仓库、数据多维分析等数据挖掘方式逐渐受到重视,人们通过对数据进行整合和多维分析,以及印证数据之间的相互关系,可以提炼出知识或规律。例如,美国连锁零售商通过观察女性在怀孕期间购买行为的模型,准确地向一个未婚先孕的女孩投送广告和优惠券,百度公司通过其地图应用的定位数据对公路车流量、地铁人流量等进行分析,从而发掘出行政管理和便民服务的价值。在大数据时代,诸如此类的例子不胜枚举,数据挖掘和数据分析已经成为企业和政府提高效率的重要工具。

在网络社会,几乎所有的个人信息都被数据库收入囊中,国家机关和部分企业都有意识地通过对网络用户的个人信息数据进行收集分析来促进行政管理的效率和营销的精准度。在大数据时代,行政和市场主体通过收集和利用个人数据为社会带来巨大便利,也向个体提供了更精细化的服务。因数据分析和数据挖掘需要在大量具体而细致的数据的基础上进行精确计算,大数据本身就是把个人信息数据进行收集和整合的过程,在这个过程中,势必会对个人隐私信息造成不同程度的侵害。一般而言,网络社会中的个人信息包括以下三个方面:一是个人基本信息,如姓名、性别、民族、地址、职业、家庭关系、社会关系等;二是个人作为消费者的信息,如个人喜好、消费倾向、消费能力、消费习惯等;三是个人存储于网络中的信息,如照片、视频、音频、文字等。国外有研究表明,这些个人信息正逐渐集中于少数几个机构,这些机构通过广受欢迎的网站对个人信息数据进行收集,而几乎所有

---

[1] 2014 年国际数据公司白皮书预测,2013 年到 2020 年,数字世界的体量将增长 10 倍,从 2013 年的 4.4 泽字节增长到 44 泽字节;脸谱网 2014 年数据显示,每天大约有 8.64 亿名活跃用户,每天至少有 5 亿的信息发送量;视频网站 YouTube 每月约有 10 亿访问量,超过 60 亿小时的视频播放量;谷歌平均每秒处理 4 万余条搜索请求,每天处理超过 35 亿条。

的防护技术都存在巨大缺陷。[1]

全球科技公司EMC数据保护部门主任金·苏克(Jim Shook)描述道:"当你开始常规的一天时,那些看似不相关的打电话、开车导航、刷卡购物、使用社交网络聊天和分享照片时,你已经将自己的位置、银行信息、消费记录、个人照片等暴露无遗,如果这些数据被加以整合,那么,你就没有秘密可言了。"[2]在大数据时代,公民的个人数据被收集和分析,本质上是以隐私权换取生活便利,但他们"出卖"隐私权的程度并不可控,而且往往在不自知的情况下已经留下数据痕迹。与此同时,作为普通的网民完全不具备对海量数据进行收集、整合、分析、对比的能力和条件,网民们在网络中如同边沁式监狱里的囚犯般处于一种被观察的境地,却无法看到在对大数据进行收集和处理的"监视者"。显然,全景敞视主义是对大数据时代的现实描述,那些掌握数据收集和分析能力并从事数据挖掘工作的个体或群体坐在监狱中心的瞭望塔里,通过掌握的数据资源和技术手段对个人进行分析,将碎片化的个人数据信息整合并建构成立体的个人生活图景。

在网络社会中,那些拥有数据仓库并掌握数据处理技术的政府、企业和少数个人成为监视者,个体的生活细节以数据的形式暴露无遗,人成为被权力记录、观察、书写的对象,掌握数据的人可能比自己更了解自己。在这种权力结构中,一方面,权力可以投其所好,为个体提供生活上的便利、享受科学技术的红利;另一方面,个体意识到自身处于一种被监视的状态,即使监视系统遗漏或中断,他们心里的恐惧和压力也持续存在,正是这种"精神对精神的压力",形成一种精心计算的强制力控制,个体在网络社会中趋向于规范的发言和行为,网络社会治理在全景敞视式监狱的权力结构下具备了实现的可能。

3. 全景敞视的运用与工具理性

在现实生活中,具体的个人是难以解读的,我们甚至无法真正认识自己。但在网络社会中,人的心理状态和行为以中性的数据呈现,数据如同人

---

[1] 参见张茂月:《大数据时代公民个人信息数据面临的风险及应对》,载《情报理论与实践》2015年第6期。

[2] See Jim Shook, (2013) How large is your digital shadow. Retrieved from http://protectioncontinuumblog. emc. com/ ediscovery/how-large-is-your-digital-shadow-part-2/. 转引自周丽娜:《大数据背景下的网络隐私法律保护:搜索引擎、社交媒体和被遗忘权》,载《国际新闻界》2015年第8期。

体细胞,展现了人们的思想片段、兴趣喜好和行为倾向。大数据时代中的监视者可以依据数据对个人进行建构,也可以对其“解剖”,全景敞视式的权力规训找到了新的立足空间:在大数据背景下的网络社会中,具体的个人以数据的形式完全暴露,成为凝视的对象、解剖的标本,它不仅对“囚犯”进行凝视,还可以看穿他们喜欢什么、想吃什么、想干什么,它在人生病时喂药,在人喜悦时灌糖,根据个人的观念和偏好准确地投放信息,人成了技术的奴隶。

网络社会中的全景敞视结构是由互联网技术构建的,具体来说,是由网络监控技术、数据收集技术、数据分析和挖掘技术等共同实现的,这一系列技术的广泛运用离不开工具理性的扩张。工具理性是一种基于计算的理性,它重视手段和程序的可计算性。在韦伯看来,工具理性占据了社会主要机构的核心:经济体、进行社会控制的官僚组织、科学和技术,现代社会正是根据工具理性在运作。科学技术从诞生就带有明确的目的性和工具性,它旨在使人类更好地了解世界本源,掌握世界的规律,如美国科学社会学教授巴伯所言:科学之萌芽扎根于人类根深蒂固、永不停止的尝试,试图依靠理性的思考和行动来理解和支配他们的生活。[1]

从功能上看,科学技术是人们认识世界、改造世界采取的手段,具有高度的目的性和利益性,工具理性是科学技术产生和发展的主导力量。随着科学技术逐渐深入人类社会,“科学万能论”的思潮开始蔓延,工具理性不断膨胀和扩张并占据了人类社会的主导地位。在人们的观念中,有用性和实效性受到重视,科学技术的功能被人为地绝对化,科学技术不仅能够认识世界、改造世界,还能够认识人、改造人,人由此沦为知识的对象、工具的对象。从目的上看,工具理性重视形式逻辑和公理化标准,它从整体控制的原则出发追求人类社会利益的最大化。在以工具理性为中心的文化中,工具性和有用性的思维蔓延到社会的每个角落,人类社会普遍追求经济效益和生产效益的最大化,科学技术逐渐丧失了人文关怀,技术精英们被推入工具理性的“铁笼”中,成了没有精神追求的专家。全景敞视式监狱是一种经济、高效的治理机制,它用最小的成本实现控制的最大化,正是因为它的有用性和实效性,全景敞视式监狱的权力模式在其他机构乃至整个社会中得到扩散,这是工具理性的运用;与此同时,在大数据时代,数据仓库的拥有者

〔1〕 参见[美]巴伯:《科学与社会秩序》,顾昕等译,三联书店1991年版,第66页。

和数据处理技术的掌握者往往处在权力金字塔的顶端,科学技术背后的工具理性与规训权力相结合,共同将人对象化,对人进行规训和改造,以实现人类社会利益最大化的目的。

(四)网络社会的规训策略

1. 网络舆情观察

在互联网时代,大数据所隐含的政治价值、经济价值和社会价值已经引起各国政府的高度重视并为政策布局提供方向,社会舆情监测和治理方式发生了重大改变。在大数据技术的支持下,社会舆情检测分析、舆情导控、舆情决策能够准确把控现在正在发生什么、预测将来会发生什么,并使自动化决策输出成为可能。[1] 当下,网络舆情监测已经成为社会治理的一项重要工具,这不仅体现在具体的决策输出上,更重要的是通过对舆情的监测实现对人的规训。

大数据的特点首先在于"大",即覆盖面积广、数据样本多,它将大量网民的网络数据加以收集和整合,数据量不够大、整合得不够细致就无法有效发挥大数据的优势。在数据库里,数据体现为数字、文字、符码和表格等,这些庞杂的数据背后是众多具体的、实在的个人,准确地说,是个人在网络社会中发言、浏览、搜索、购物等行为留下的痕迹。我们可以发现,舆情监测是指向整体的,这种整体的指向意味着监测和观察机制可以到达每一个具体的个人。在具体的网络事件中,舆情监测系统可以通过肯定机制和否定机制来实现对网络舆论调控的目的。肯定机制包括权威媒体的舆论引导、购买网络水军服务等,否定机制带有惩罚性,包括删帖、禁言、"封杀"、撤下热搜等行为,在肯定机制和否定机制的双重作用下,舆论标准得以确立。在网络社会中,一起又一起的网络热点事件此起彼伏,舆情监测系统在持续运行中不断巩固和强化舆论的标准,由于惩罚性否定机制的存在,人们出于趋利避害的心理趋向于做出符合规范的行为。

2. 自媒体的话语传播

近年来,BBS、博客、微博、社交网站和社交软件等形式自媒体的使用者数量大幅增加,自媒体的使用和传播对人们的生存方式、生活习惯和思维模式产生了深远的影响。"自媒体"(We Media)这一概念最初源于首创博客

---

[1] 参见郑红、李桂凤:《大数据视野下地方政府网络舆情预警与响应机制研究》,载《新闻传播》2018年第4期。

报道形式的美国媒体记者丹·吉尔默(Dan Gillmor),他提出了以博客等新兴形式的个人媒体在网络上进行点对点传播和分享的“新闻媒体3.0”构想。[1] 在自媒体传播中,人们不再仅仅是媒体的受众,而是集多种身份于一身:既是话语信息的创作者、发布者,也是话语信息的接收者、评论者和分享者,甚至可能成为舆论的引领者。自媒体平台中的信息传播并非单向的,而是多向的、以网状的方式呈现,人们将自己的发现、体验、感受、喜好、价值观及对事物的态度等通过自媒体渠道向受众传递信息,同时也接受他人的信息。各类自媒体在扩散信息的过程中,表面上是语言符号的传递,实质是通过语言符号展开的权力竞争,在自媒体的传播中,在人们心中引发的力量并非图像或语言符号本身,而是将人们的观念、价值观与之产生关联,[2]权力竞争的背后是观念、价值观或意识形态的博弈。

福柯在对权力的分析中十分强调话语的生产性,权力通过对话语的渗透形成力量,始终在不断建构着社会关系和社会中的人。福柯认为,话语如同窗户,人们可以通过这些窗户看见和理解事物,这些话语窗户同时也造就了自我的理解和我们进行价值判断、识别真假的能力。在以个人传播为主的自媒体时代,人人都是新闻的生产者,人人都有麦克风,普通社会成员的社会影响得到显著提高,一些社会精英热衷于通过博客、微博、论坛、公众号等自媒体平台传播信息、发表具有影响力的观点,广大网民通过对热点事件和重要言论的关注、评论和转发使话语不断汇集,从而形成话语力量。

福柯把传播媒体视为与“权力游戏”相交结的“沟通游戏”,指出现代媒体已经成为社会权力网络的一个组成部分,它本身作为一种权力系统,为政治、经济或其他势力的利益服务。所谓沟通,是指“利用某种语言,通过各种信号系统或象征性的中介向权力统治对象传递信息,以实现权力的宰制”,当代自媒体凭借它制作和发出的各种信号,通过“反复说话”“连续轰炸”“制造幻影”等策略使人们主动或被动地接受语符和图像背后的价值观,对其受众进行征服和规训。[3] 沟通游戏与权力游戏的协调配合,构成规训实施的必要环节,在现代社会的规训实施中,沟通与权力联结,形成一个“监视与信号系统”,对社会和个人进行宰制。

---

[1] 丹·吉尔默将自媒体定义为:普通大众经数字科技强化与全球知识体系相连后,一种开始理解大众任何提供和分享他们本身的事实和新闻的途径。

[2] 参见莫茜、牟书:《自媒体时代的视觉传播研究》,载《学术探索》2012年第2期。

[3] 参见高宣扬:《福柯的生存美学》,中国人民大学出版社2005年版,第335～336页。

3. 流行文化

随着各种形式媒体的发展,网络社会中也出现了"媒体文化",这种网络媒体文化受到商业和政治权力的干预与操纵。在现代社会中,科学技术、媒体传播与权力之间的相互渗透促使媒体文化和文化创造走向程序化、技术化、符号化。同时,伴随科学技术的发展和无孔不入的新型管理技术,最崇高、最复杂的文学艺术创造活动也被纳入了可控制、可复制的技术程序之中,导致媒体活动及文学艺术创造活动被技术、工具、仪表和人工智慧所侵占,造成文学艺术创造事业的空前危机。[1] 福柯、利奥塔、布尔迪厄等人认为,由于媒体文化处于主导地位,当代文学艺术的性质发生了重大变化,正如摄影正在取代绘画,新闻取代了文学创作。利奥塔对此进行了更深入的批判:科学技术对文化领域的渗透不意味着在精神中知识、宽容和自由的增强,而是造成相反的后果——新蒙昧、新文盲、语言的贫乏,以及通过媒体进行无情改造的意见、一种奉献给赤贫的精神、一种被荒废的灵魂。

当代商业、媒体和权力的相互依赖借助于特定的文化形式。由于现代社会的文化生活具有大众参与的特征和广泛的社会性,因此,三者的结合特别依赖于富有群众基础的流行文化,高度发达的互联网平台又为流行文化的传播提供了丰富的渠道。流行文化作为采取象征性符号的文化体系,本身具有一种无形的象征性权力。首先,流行文化能够被多数群众接受和拥护,表明了其本身隐含的威力,同时,由于它作为被广大群组广泛接受的文化分享了广大群众的社会力量,生产出强大的象征性权力。其次,群众对流行文化的接受和喜爱,表明了它在社会领域是被确认和认同的,这使它具备了社会的正当性基础。最后,流行文化在社会中的广泛传播并非无意的结果,它的流行性与权力的重视和认可不无关系,当流行文化成为强大的社会力量时,它必然渗透着意识形态的精神力量,成为意识形态在社会上发挥作用的中介。权力网络正是利用了媒体和流行文化作为中介,大力推销权力生产的意识形态产品,并通过流行文化的形式掩盖意识形态性质。流行文化作为一种论述,[2]本身包含了意识形态因素,由于流行文化具有广泛的群众基础,意识形态可以很好地利用流行文化这一形式进行论述。

---

[1] 参见高宣扬:《福柯的生存美学》,中国人民大学出版社2005年版,第336页。

[2] 在福柯看来,所谓论述,是指各种带有主题的目的性论说,它们在特定的社会文化条件和社会情境下,根据制造论述的主体的利益或需求,就某些事物或问题的某些特点进行表述的结构性话语。

流行文化在很大程度上表现为文化性商品和鉴赏对象。人们在对流行文化产品进行消费和鉴赏时往往被其光怪陆离的外表所迷惑,将精神和思想投入流行文化的感性外表和诱惑性结构,从而有意无意忽视了它作为一种特殊文化产品所隐含的意识形态力量。当人们在消费流行文化产品时,内在的意识形态便以无形的方式散播出来,直击人们的内心和精神世界。布尔迪厄指出,统治阶级为推销意识形态,对统治权力进行正当化论述时,总是采用迂回曲折的循环论证手法,尽可能请距离社会遥远的社会力量进行论证。面对广大群众教育程度和文化程度的提升,当代统治阶级试图改变其宣传策略,流行文化迎合了这种需求。

4. 消费主义

在媒体、商业和权力的相互关系的基础上,我们可以看出,信息时代的消费活动并非正常自然的、自发的商品交换过程,而是由社会上占有一定政治、经济和文化势力的社会阶层刺激和制造出来的,当代社会的消费文化已经超出常规的自然和社会需求。在网络社会中,主流媒体和自媒体铺天盖地地进行价值观和意识形态的传播,消费者本身和消费需求在这个过程中被制造出来。

在网络社会中,消费主义的表现形式是多元的,它多半展现出生动的生活美和艺术美,更多地通过身体和性的形态美,以艺术表演的方式进行。由于互联网得天独厚的传播优势,它已经成为娱乐行业的主战场:千姿百态但千篇一律的选秀节目、偶像选拔节目等综艺节目在网络社会中吸引了大量的目光,它们深受年轻人群的喜爱,在互联网中掀起一波又一波的热度;各类短视频 App 和直播平台结合大众审美观念共同打造出具有“网红脸”的网络红人;各类偶像团体的舞蹈表演充满了身体的展示乃至性的暗示,各种网络自媒体和社交媒体都在给人们注入一种对令人倾倒的身体的渴望。以上这些形式共同打造了一种标准化的审美,只有脸庞和身体符合这种审美标准的人才能成为优秀的、受人追捧的、“畅销的”偶像,在此,作为“偶像”的人,成为被消费的商品。在主流审美标准和千篇一律的“网红脸”的影响下,年轻的人们以整容、化妆、照片美化等手段去迎合主流审美。一项关于女性身体焦虑的调查显示,在欧美国家,有接近 95% 的女性因外界对身体的审美感到困扰。内奥米·沃尔夫(Naomi Wolf)指出,网络社交媒体的高度商业化导致女性因审美而造成巨大焦虑感,过去的任何时代都不会有各种女性的照片和视频展现在网络媒体中,无时无刻不被众人观看和评价。与此同时,媒体打造的审美观不遗余力地教唆女性去迎合主流的审美标准。[1] 这种身体焦虑不仅体现在女性身上,受到年轻偶像团体的影响,男性的穿着打扮、身体形态也开始逐渐转变,“小鲜肉”类型男艺人或团体开始占据网络社会的主流审美,成为社会中年轻男性竞相模仿的对象。

福柯在其所有著作中,都反复强调身体、性的欲望与整个社会文化关系网不可分割的关系。他在《性史》第1卷以《知识的意愿》作为副标题实际上是要说明知识并非自然生成的,而是在权力的关系中被制造和生产出来的,是在身体遭受权力与道德的双重控制下产生的,知识和真理的产生反过来又进一步控制人的身体和性的活动。人的身体在特定的社会文化中存在和运动,身体的各个部位的形态和功能很大程度受社会文化环境的影响,人的身体是人类社会和文化的历史缩影。身体的美不仅是自然的产物,而且是人类在历史文化发展中精心经营的结果,是人类社会文化生活经验的结晶。在当下流行文化和消费主义盛行的社会文化环境中,关于身体的美的观念有了新的知识建构,大众审美观念并非自然形成,而是权力与媒体的联合打造,在此背景下,人的身体是商品化的身体、被消费的对象和被规训的身体。

四、人与知识的信息化——网络社会的权力规训

权力、知识和主体是福柯始终关心的三个问题。在福柯的理解中,知识与真理是权力的产物,“从很大的程度上说,我们的社会正在‘迈向真理’,社会中生产和流通以真理为功能的话语,以此维持自身运转,并获得特定的权力,获取‘真实’的话语”。[2] 在此,知识脱去真理的外衣成为话语实践的产物,权力通过与知识的联手实现对个体的塑造,现代人文学科与人文主义中的“人”,与“性”“疯癫”一样,并非自然事实,而是权力—知识的建构。互联网技术的发展和信息时代的到来为知识的传播和权力的扩散带来了更广阔的空间:权力生产知识,知识转化成信息,信息表现为数据,最终勾勒出“人”的形象。

---

〔1〕 See Naomi Wolf, *The Beauty Myth*: *How Images of Beauty Are Used Aganist Women*, Harper Collins Books, 2002, p. 144.

〔2〕 [法]米歇尔·福柯:《权力的眼睛》,严锋译,上海人民出版社1997年版,第57页。

(一)信息时代权力与知识的沟通

1. 信息时代的知识

后现代主义学者利奥塔在其知识理论中指出,后现代社会中的知识,正在走向高度的权力化、技术化和商品化,并呈现异质、多元和悖谬性的特征。[1] 在利奥塔语境中,后现代社会是"最发达的社会",亦即信息社会,随着信息社会的到来,知识的状况发生了显著的变化。

在信息社会中,知识的转向首先是知识的技术化,即知识的量化和知识的可操作性,"知识只有被转化成信息量才能成为可操作的",[2]信息社会中的知识合法化首先围绕着技术展开。技术在社会中遵循效率原则,即"为获得性能而增加输出(获得的信息或变化),减少输入,它们是一些游戏,与游戏相关的不是真善美,而是效率:当一个技术消耗少而收获多,它就是好的"。[3] 利奥塔指出,科学知识通过技术与经济产生紧密联系,科学知识的发展依赖于技术的进步,而技术的进步需要金钱的投入,科学为新技术的产出服务,而技术则为经济服务。在信息社会中,科学知识与经济权力呈现内在联通的一体化状态,通过效率实现合法化目的。

科学从属于经济,带来了知识的市场化和商品化后果,"知识的供应者和使用者的关系越来越具有商品的生产者和消费者的关系形式,即价值形式,在信息社会中,知识为出售而被生产,为了在新的生产中增值而被消费,它不再以自身为目的"。[4] 正如利奥塔所言,知识需要被转化成信息量才能具备可操作性,在信息社会中没有使用价值的人文学科(如哲学、神学、文学、历史学等)面临着尴尬的境地,而具有使用价值的学科(如精神分析学、医学、心理学、遗传学、教育学、人口学等)则越来越成为可通约、可操作的元素。[5] "知识的传递不再为培养在解放之路能够起引导作用的精英,而是为了向系统提供能够恰如其分地担任其在体制内角色的游戏者,知识不再以理念的实现和人类的解放为自身目的。"[6]因此,在知识商业化的语

---

[1] 参见姚小林、方英群:《论信息社会的知识转向——利奥塔后现代知识理论评介》,载《广东商学院学报》2002 年第 3 期。

[2] [法]让·弗朗索瓦·利奥塔:《后现代状态》,车槿山译,三联书店 1997 年版,第 2 页。

[3] 同上书,第 93 页。

[4] 同上书,第 3 页。

[5] 参见周慧:《福柯三角:知识—主体—权力》,载《现代哲学》2013 年第 5 期。

[6] [法]让·弗朗索瓦·利奥塔:《后现代状态》,车槿山译,三联书店 1997 年版,第 104 ~ 106 页。

境中,人们考虑的是知识的有用性和有效性,知识与个体的思辨和精神愉悦渐行渐远。在信息时代,权力通过财富作为中介与技术、科学和知识产生紧密联系,信息时代的知识比过去的任何时代都更依附于权力,知识的问题比过去的任何时代都更体现为统治的问题,知识能够成为权力合法性的论述,同时,权力的合法化要求高效的知识系统,从而导致了知识的权力化、技术化和商品化。

2. 知识的生产与传播

在古希腊伊始,西方先贤就开始了对知识本质的探求,从"知识即美德""知识是得到证实的真信念"的命题开始,道德和理性的烙印就体现在知识的本质中。在当今社会,人们正在经历知识的意义和终极目的的消失,知识在商品化的社会中堕落,不再以真、善、美为追求,它与权力结盟,互为对方的合法化基础。福柯指出了知识与权力勾结的本质,"哲学家,甚至知识分子总是努力地把象征着自由和真理的知识领域和权力运作领域分割,以此确定和抬高身份。可是我惊讶地发现,在所有人文学科里,知识的发展与权力的实施密不可分"。[1]

福柯在对疯癫、监狱、性和话语等问题的分析中,把矛头直指现代社会中无处不在的规训权力。在现代社会中,权力是生产性的,权力通过对知识话语、道德话语和性话语的生产,达到驯化人和奴役人的目的,统治阶级依靠权力生产各种知识话语,建立和发展起了人文社会学科,[2]并使其不断焕发生命,成为统治阶级的理论武器。不止于此,科学技术也开始意识形态化,它依靠众多抑制性设施[3]与权力勾结,在社会中起到压制异端、树立权威的功能。在现代社会中,学科的分类和发展生产了一批庞大的专业技术人员,在这些人当中,许多人成为科层制中的技术官僚,他们附属于权力,把持和垄断着知识的生产。[4] 福柯精辟地指出,知识的科学化就是权力的集中化,当专家学者将知识冠以科学之名时,并不专注于论证理论的内在合理性,而是首先将理论科学化,使自己获得真理掌握者的身份。在此背景

---

[1] [法]米歇尔·福柯:《权力的眼睛》,严锋译,上海人民出版社1997年版,第57页。

[2] 人文社会学科包括医学、心理学、精神病学、伦理学、教育学、法学、哲学等诸多人文学科或人的学科。

[3] 科学被制度化为权力,是通过诸如大学制度、实验室、科学实验等抑制性设施来实现的。

[4] 参见胡颖峰:《规训权力与规训社会——福柯权力理论新探》,载《浙江社会科学》2013年第1期。

下,科学也逐步沦为制度化的权力,“科学施行着权力,这种权力迫使你说某些话,如果你不想被人认为你持有谬见,甚至被认为是骗子”。[1]

福柯将“全景敞视监狱”称为“权力的眼睛”,它在设计、结构、运作和功能上都体现了知识与权力的结合:统治者的权力与设计师、建筑师的专业知识结合,形成一套完美的监视和规训系统。网络社会中的规训权建立在互联网技术基础上,互联网中的数据处理技术、监视技术、舆论监测技术、定位技术等实用性技术与统治者的权力相结合,知识在数据分析中被建构,知识或知识指涉的对象以各种方式出现在官方媒体与自媒体中,真理在“知识—权力”结构中被生产并依靠互联网信息渠道进行广泛、深入的传播。博德里亚尔认为在当今科学技术和符号体系盛行的时代,权力巧妙利用了新兴资源,对自身进行包装和美化。在他看来,电子媒体、信息技术和符号体系与权力形成联盟,模糊真实世界与非真实世界的界限,繁衍出一种由图像和被操纵的能指构成的抽象环境,使权力成为脱离实体的符号,[2]科学技术发展带来的电视技术、互联网技术、新媒体技术把现代社会中的规训权力包装得光鲜亮丽,使人防不胜防。

3. 权力的正当性证成

自启蒙运动以来,西方政治学说中关于权力问题的讨论更多围绕权力的归属、权力的正当行使、权力的限制和权力的目的等问题,着重从人性、契约、法律等方面进行论述,最终论证出主权在民、人民至上的命题,以此回应关于政治权力的正当性和合法性来源的追问。[3] 在福柯看来,传统权力理论关于权力正当性和合法性的论述是虚假的,真正的权力不是简单的“权力归属于人民”。由于权力的隐匿性和生产性,它依靠自身生产的知识和真理对社会进行隐匿的规训和控制,权力披上了知识和真理的外衣。统治阶级通过权力制造知识话语和真理话语,以意识形态的方式论证权力的正当性和合法性。与此同时,官僚、学者、医生、教育工作者、法官、律师、心理分析师和各类科技人员共同制造真理话语,以巩固权力的正当性和合法性,对被统治者进行规训和控制。

权力的正当性论述依赖于“真理游戏”,在福柯看来,真理并非对事物

---

[1] [法]米歇尔·福柯:《权力的眼睛》,严锋译,上海人民出版社1997年版,第66页。

[2] 参见[法]让·博德里亚尔:《完美的罪行》,王为民译,商务印书馆2000年版,第7页。

[3] 参见陈培永:《后现代主义的权力谱系学》,载《江南大学学报》(人文社会科学版)2011年第3期。

绝对正确的认识,而是关于主体以什么规则为依据对某些事物说出真或假的问题。[1] 依此逻辑,统治阶级制造的知识话语和真理体系并不具备真理性,这些话语体系只是进行社会控制的理论工具,真理只是特定历史条件中统治阶级为维护自身统治而制造的游戏规则,它因权力的支撑被认可,并将权力的正当性论述冠以真理之名,以知识的形式和平地进入人们的生活。高宣扬将福柯的真理观概括为:"从本质上来说,真理是西方社会主体性的基本原则,每个人都以它作为判断标准,对自身进行自我熏陶和自我规训,把自己训练成符合标准的主体,并以此衡量他人的主体性。"[2]权力正当性的论述指向社会中的人,它的目的在于使人相信权力的存在和施行是正当的,统治阶级正是借助于知识话语对人进行规训和控制,使人听命于权力的统治。

话语实践是权力正当性证成的重要途径。[3] 福柯将话语控制的程序概括为三个方面,这三个方面在当下网络社会的话语实践中发挥重要作用。一是排斥程序,主要表现为对性领域和性话题的排斥、对政治领域危险话语的禁止,以及理性对疯癫、真理对谬误的排斥,该程序禁止对权力正当性提出质疑,以消除危险话语。在网络社会中,有一些话语是可以出现的,有一些话语是不可以出现的,人们并不能随心所欲地谈论;有些对象被禁止谈论,有些仪式被禁止谈论,有些特殊主体被禁止谈论。[4] 二是话语的内部控制,网络社会中总是存在主导叙事,它们重复地出现,无限地被讨论,人们可以对其进行评论、赞美,从而稳固话语的正确性并影响更多人。三是对言语主体的控制,它直接指向说话的人,有一些话语是对所有人开放的,有一些话语是所有人都可见的,而有一些话语只对部分说话主体开放、只对部分人可见。在网络社会中,以上三种控制程序共同联手,话语的内容、言说的方式、说话的资格都受到权力系统严格的限制和监视,以此保持权力正当性话语论述的一贯性、稳固性和真理性。

---

[1] 参见胡颖峰:《规训权力与规训社会——福柯权力理论新探》,载《浙江社会科学》2013年第1期。

[2] 高宣扬:《福柯的生存美学》,中国人民大学出版社2005年版,第92页。

[3] 在福柯看来,话语归根结底是一系列事件、一种政治事件,这些政治事件运载着政权,并由政权反过来控制话语社会中权力的实施通过话语来实现。话语隶属于每个特定的领域,如医学、心理学、教育学、政治学、科学等,每个领域都有自身的标准、规则、程序和制度以保障话语实践,维护自身权力的正常运行。

[4] 参见汪民安:《福柯的界线》,中国社会科学出版社2002年版,第150页。

在大部分自由主义者的权力理论中，法律是社会公平正义的标志，是权力的牢笼，它能够限制和约束权力，确保权力在规则的框架内运行。自由主义者们用法律将权力包围，福柯则将权力悬挂在法律的上空，“法律是个陷阱：它完完全全不是对权力的限制，而是权力的工具；不是正义统治的手段，而是服务于利益的手段”。[1] 福柯认为，法律并非如此神圣和公正，它实际上充当确定和稳固权力合法性的角色，它依靠法律规则和制度确定统治权的地位，阐述公民应当履行的法律义务，以辅助权力统治的正当化和合法化。福柯在《规训与惩罚》和《必须保卫社会》中明确指出了真理、权力和法律的勾结：人们对真理的追求并非自主和自由的，而是被强迫、被惩罚从而去寻找真理、承认真理、说出真理，这样的真理得到人们广泛的认可和同意，进而以法律的方式体现，“真理制定法律；至少在某一方面，真理话语起着决定作用，它自身传播、推动权力的效力”。[2] 在网络社会中，真理话语借助互联网媒体进行传播，通过一系列网络安全法律法规划定公民权利的边界、确定义务并以一定的惩罚为后盾，权力的正当性得到真理的支持和法律的背书。

（二）微观权力与碎片化知识的整合

多元化的网络社会为知识的传播和扩散提供了丰富的渠道，知识不再以宏大叙事的面目出现，它借助物质化的权力技术完成收集、整合和传播，以零碎的、片段的形式在互联网中呈现。在信息爆炸的时代，越来越多的人在网络社会中传播信息，参与公共事务的讨论，他们通过自媒体和社交媒体发表意见，这些意见有的由知识分子发出，有的由享有经济优势或政治优势的个人或群体发出，有的由普通的网民发出，在庞杂的信息体系中知识与意见的边界变得混淆不清，知识可能被降格为意见，意见也可能升格成知识。无论是在西方世界或是在中国本土，信仰的破产都导致了永恒的真理被抛弃，人类的有限性将直接面对无限的世界。由于绝对真理的缺位和表达渠道的增多，人们借助互联网手段表达意见、传播知识，并试图将自身打造成真理的代言人，在绝对真理下台后“众神”开始粉墨登场。

---

[1] ［法］米歇尔·福柯：《权力的眼睛》，严锋译，上海人民出版社1997年版，第95页。

[2] 同上书，第24页。

1. 真理的掌握者

福柯将知识分子区分为普遍知识分子[1]和特殊知识分子,在社会的变化过程中,由于理论与实践关系的改变,全知全能的普遍知识分子不复存在,他们无法再扮演代言人和预言家的角色,转而专注于某一个领域。[2]福柯说,"知识分子已经不再具有普遍性,不再以普遍价值的名义说话,而是以自己的资格和地位说话"。[3] 福柯对于知识分子转变的认识,源于物理学家们群起反对原子弹。原子弹威胁着全人类的命运和未来,物理学家们因自身的身份和地位进行政治介入能够成为大家认可的话语。福柯认为,"权力追逐知识分子不再是因为他们实施的一般话语,而是他们支配的知识,在这个层面上,知识分子构成一种政治威胁"。[4] 被视为政治威胁的知识分子的命运,既可能与统治权亲近,也可能被统治权所排斥。在网络社会中,知识分子对真理的维护尤为重要,知识分子对公共问题的态度和意见往往能够使他们获得大批簇拥者。由于知识分子在不同程度上支配着知识,他们能够以其知识从不同角度对统治权的实施进行论证,巩固权力行为的基础,加强人们的信念,同时,他们也可能在各个领域对真理形成挑战。为了避免政治威胁,知识分子是统治权必须吸收的对象。

无论是在现实社会还是在网络社会中,真理由谁掌握的问题都不是一个纯粹知识领域的探讨,真理问题在根本上是权力问题。真理往往由在经济或政治上占有明显优势的团体制造出来,他们可以制定真理、改变真理的内涵、模糊真理的适用范围,并根据实际情况对真理进行解释。知识分子在真理游戏中依附于强权,他们通过与强权者的亲近关系扩散自己的观点,增加自身影响力,并以自身所掌握的知识为强权服务。知识分子与强权者的互惠互利,使社会中的真理话语不断被巩固。在网络社会中,强权的个体或团体将符合自身利益的话语表达上升为真理,通过意识形态宣传使人们相信权力的正当性论述,在人们心中植入某种信念并不断强化,目的是使人们

---

〔1〕 普遍知识分子即全能知识分子,古希腊先贤、犹太预言家和罗马立法者等都属于这一类,他们能够成为普遍真理的代言人,对未来作出预测,指引人们的生活。

〔2〕 参见刘忠海:《福柯权力机制下的知识与法律——福柯〈规训与惩罚〉权力理论的解读》,西南政法大学2011年硕士学位论文,第26页。

〔3〕 [法]吉尔·德勒兹:《哲学与权力的谈判——德勒兹访谈录》,刘汉全译,商务印书馆2000年版,第10页。

〔4〕 莫伟民:《主体的命运——福柯哲学思想研究》,三联书店1996年版,第275页。

相信他们的话语为真。随着各种社交平台的出现和发展,意识形态宣传机制不仅存在于传统的纸质媒体、广播电视新闻和电视电影作品当中,微博、微信公众号、知乎、音乐软件等网络社交平台也成为意识形态宣传的重要阵地。在网络社会中,意识形态宣传方式融入了更多的网络文化元素,如表情包、网络流行语、主流偶像团体等,总体上呈现娱乐化与政治性相结合的特征,这也使得在网络社会中最活跃的年轻人更容易接受。另外,在权力的话语表达上升为真理的过程中,不免要对其他话语力量进行排斥,从而树立真理的权威性和绝对性。互联网中长城防火墙的建设、对不符合社会主流价值观的人或言论进行封禁、人为置顶某些评论或删除某些评论,购买网络水军服务等行为都体现了真理的排他性。知识分子的维护、意识形态宣传和排他性机制在网络社会中共同作用,确保了真理被掌握在经济或政治上占有明显优势的团体或个人手中,“真理”二字即使不需要经常说出,它作为一个符号也已经成为无须言说、必须遵从的事实。

2. 意见领袖

在网络社会中,以微博、微信等为代表的社交媒体作为公共意见表达平台体现了网络舆论的基本风向,在社交媒体蓬勃发展、网络舆论铺天盖地的背后,活跃着众多意见领袖,他们对社会舆论的风向起着不可忽视的作用。

意见领袖,指的是“活跃在人际传播网络中,经常提供信息、观点或建议,并对他人施加影响的人物”。[1] 布尔迪厄认为,场域中网络资源的有限性和个体资源的缺乏导致个体需要不断借助社会资本争取更多的资源,在这种竞争与合作中产生了权力。[2] 从社会资本理论的视角看,由于网络社会中的个体所处的位置和地位不同,人们所掌握的社会资本并不平等,能够成为互联网中的意见领袖必须掌握相应的社会资本。意见领袖往往是具有一定专业知识和专业素养的专家,或是积极参与公众生活并对公共事件有独到见解的人,也可能是能够比一般群众更多地接触信息源的人。社交媒体中的意见领袖无疑比普通网民拥有更丰富的社会资源和文化资本,在网络社会中,这种基于社会资本形成的权力在传播信息、制造议题、影响舆论、界定事实等方面起着重要的作用。

---

〔1〕 王国华等:《微博意见领袖的网络媒介权力之量化解读及特征研究——基于社会网络分析的视角》,载《情报杂志》2015 年第 7 期。

〔2〕 参见[美]戴维·斯沃茨:《文化与权力:布尔迪厄的社会学》,陶东风译,上海译文出版社 2012 年版,第 5 页。

以微博为例,微博中的意见领袖呈现"公共知识分子"(以下简称公知)的色彩。在早期BBS论坛和博客风靡的时代,大多数知名博主是各个领域的专家,他们凭借专业知识对公共事务作出评析。到了微博时代,更多的公共知识分子放弃传统的长博客而转战微博,他们凭借知识分子身份成为"微博大V",针对社会问题或网络事件发表公共意见、推动网络社会行动,一时间,微博成了知识分子发表意见的理想平台,意见领袖也与公知画上等号。[1] 在微博最具影响力的时代,人们将意见领袖视为代表社会良知、守望公共利益的思想者,在网络热点事件发生后,网民们都希望意见领袖表态,人们对公共议题的认识和看法很大程度上受到他们的影响。由于意见领袖在具体的网络事件中影响力极大,他们在网络社会中对普通网民舆论的引导起着重要的作用。另外,不同意识形态阵营的公知都在"贩卖"自己的观点,如何对意见领袖的言论进行引导和控制成了网络社会治理的一个重要问题。

在网络社会中,不同的主体所掌握的社会资本存在巨大的差异,斯拉姆和波特指出,许多信息直接抵达受众不一定需要通过意见领袖,意见领袖之上还有意见领袖,意见领袖存在各种层级。[2] 意见领袖与普通网民、意见领袖之间、意见领袖与公权力机关的交流与博弈实际上是一个权力比较的过程,拥有更多社会资本的意见领袖才能成为网络舆论的掌舵者,弱权力的普通网民只能被动地接收精心打造的观点。

3. 偶像与网红

现代媒体系统日益将人们带离物质消费而走向符号消费,网络传媒无疑是其中最具影响力的传媒方式,它凭借自身强大的传播技术和传播能力,促进新的文化产业和消费模式的生成。在知识文化共享的时代,文化的机械复制和知识的碎片化特征解构了传统文化的宏观体系,以市场和经济为驱动力的文化形式逐渐在社会中风靡,这种"新文化"反映在网络社会中又出现了新的形式,偶像与网红成为这种文化形式的载体,他们以符号的形式存在于受众心里,并对受众实施权力。

在历史上,偶像是具有宗教含义的,《圣经》中偶像指的是除上帝以外

---

[1] 参见涂凌波:《草根、公知与网红:中国网络意见领袖二十年变迁阐释》,载《当代传播》2016年第5期。

[2] 参见[美]威尔伯·施拉姆、威廉·E. 波特:《传播学概论》,何道宽译,中国人民大学出版社2010年版,第123页。

的其他神,[1]对偶像的崇拜是原始宗教后期的信仰形式,它依赖于神话故事的发展以及雕刻、绘画等工艺美术的发展,偶像崇拜一直延续到阶级社会。[2] 在当今社会,偶像崇拜的内涵和外延都已经世俗化,它借大众文化(主要是由大众传媒和文化产业缔造的流行文化)的形式传播,"偶像式人物"在流行文化传播的过程中发挥着重要的作用。偶像由各种社会力量共同生产,其中网络传媒发挥着巨大的作用,主要代表有歌星、影星、体育明星等,他们是消费社会背景下为顺应大众的消费心理被商业化批量生产并广泛传播所制造出来的大众偶像,[3]他们与传统的"榜样式偶像"不同,榜样式偶像是官方生产的,带有鲜明的政治属性,往往明确表征了某个时代官方意识形态方面的需求,如焦裕禄、雷锋等政治偶像。由于社会背景的变化,政治偶像对普通民众的吸引力减弱,以流行文化为依托、以网络传媒为主要传播方式的偶像顺应了人们文化生活的需求,他们以音乐作品、电影电视作品、生活经历、外貌身材、性格等为卖点,经过市场的包装,出现在人们的视野中并捕获大量的受众。

在社会中,偶像的存在与特定时代的知识背景有紧密的联系。宗教偶像、政治偶像的产生都与特定时代中的社会大众普遍接受的宗教知识和政治知识相关,而社会历史中"知识型"的更替必然伴随偶像式人物的你方唱罢我登场,网络社会中大量流行偶像的存在正是由于人们曾经确信的知识变得模糊和破碎,宗教偶像的缺位和政治偶像的式微为流行偶像的崛起提供了广阔的空间。特定时代中知识的建构与权力密不可分,偶像自诞生以来就伴随某种权力,无论是宗教偶像或是世俗的政治偶像抑或是流行文化中的明星偶像,背后都有权力的支撑。网络社会中的偶像崇拜不乏宗教和政治偶像崇拜的狂热情感,粉丝群体在内心将偶像"神化",成为自身的精神依托,粉丝群体对偶像的追逐和崇拜反过来巩固了偶像对特定粉丝群体的权力:在网络社会中,粉丝群体利用社交媒体表达对偶像的喜爱和崇拜,热衷于向他人推销自己的偶像并拒绝他人批评,不惜与其他偶像的粉丝群体进行有组织的、激烈的骂战以维护偶像的神圣地位。在消费主义的背景

---

[1] 参见杨慧林、曹利群、方鸣主编:《基督教文化百科全书》,济南出版社 1991 年版,第 51 页。

[2] 参见陈国强主编:《简明文化人类学词典》,浙江人民出版社 1990 年版,第 450 页。

[3] 参见余霞:《网络红人:后现代主义文化视野下的"草根偶像"》,载《华中师范大学学报》(人文社会科学版)2010 年第 4 期。

下,偶像的权力具备生产性,粉丝群体对偶像的情感可以通过购买音乐产品或贡献电影票房等消费行为进行表达,作为消费者的广大粉丝群体又促进了偶像产业的不断繁衍和流行文化产品的再生产;从更深的层次来说,偶像超越了社会生活中一般意义的人,其不仅是一个被权力包装的商品,更作为一种权力符号影响人们的审美观念和行为模式、指向受众的价值观和人生观,为人类内心空虚的"神牌"补位。

当下,网络社会中的偶像崇拜本质上是对宗教偶像和政治偶像崇拜的沿袭,它与特定时代、特定社会的知识型和权力结构息息相关。不同的是,流行文化中的偶像崇拜具有多元化的特征,人们有众多的偶像可供自己选择。随着网络媒体技术的发展和快手、抖音等短视频 App,虎牙、斗鱼、花椒、战旗等直播平台,唱吧、美拍等社交产品的涌现,网民可以从普通的受众跃升为"网红",草根也可以成为偶像。对于"网红"这一概念,因网红表现的类型和出现的领域较为庞杂和混乱,学界尚无统一的定论,但可以明确的是,网红普遍有两个特点:一是以网络平台为依托作为走红的渠道;二是通过群众的互动反馈形成眼球效应,从而形成个人影响力并受到追捧。网红的盛行有其时代背景基础,新型媒体的出现和媒体技术的发展带来了众多行业的"快捷消费",在这种消费模式的影响下人们逐渐适应了"快捷化"的生活方式,对于信息的接受也倾向于碎片化、低层次、浅思考、轻阅读,人们乐于在业余时间通过网红直播等方式去了解碎片化、轻松化的信息,并逐渐形成一种行为习惯。[1] 在社会竞争日益激烈的当下,人们在现实生活中压力剧增,利用大片的空闲时间来进行娱乐休闲活动成为困难,此时,一种通过新媒体进行快捷减压的"关注网红和与网红互动"的方式应运而生,人们通过对网红的消费实现一种压力释放和精神宣泄。

网红作为一种文化现象,背后有着深层次的动力因素,权力在网红盛行的文化中起着推动作用,它具体表现为资本的力量。[2] 网红带来的一系列经济效益和其展示出的非常可观的变现能力使该群体成为资本追逐的对象,网红盛行的现象不仅仅是一种文化现象,更应考虑其背后的经济——权

---

〔1〕 参见殷俊、张月月:《"网红"传播现象分析》,载《新闻与写作》2016年第9期。

〔2〕 互联网周刊网红排行榜的数据分析显示,网红实现盈利的比例高达85%,其中,34%的网红通过淘宝店的形式盈利,25%的网红以广告的方式变现,13%的网红选择签约网红公司,以专业的平台规划发展路径,16%的网红成立自己的公司或创立品牌,15%的网红出版了自己的作品。

力动因。最初网红们通过在零散时间展示才艺，随着网络交互平台的进步（如直播市场的火爆），粉丝的心理认同被不断唤起并对网络直播进行反馈，粉丝们通过对主播“打赏”以表达对主播的喜爱和认可，新的经济模式被催生。资本市场意识到网红个体是基于人格特质的资源金矿，资本开始更多地介入网红经济当中，网红不再以单打独斗的模式运行，而是以专业化的团队来负责策划、运营、吸引关注、产品开发、粉丝互动、商业合作。[1] 与此同时，网红学院、网红辅导教程等网红孵化器如雨后春笋般冒出，资本市场鼓励社会生产更多网红以获取更多的盈利。

卡斯特认为，以网络为基础的社会结构是一个开放的、高度动态的社会系统，从更广阔的历史前景来看，网络化逻辑的扩散，实质上会改变生产、经验、权力、文化过程中的操作和结果。[2] 网络生态对社会权力关系的改变在网红群体上得到了显著的体现，在传统评价机制中，个人的声望地位需要具备官方身份或以官方权威授权认可，但在网络社会中，网红的生产过程伴随背景的模糊化或去背景化，通过点击率、点赞数量、转发数量、评论数量、粉丝数量、讨论热度等完成声望和权力的累计，他们在不同的领域（如运动健身、美妆护肤、摄影、饮食、音乐等）成为圈子内的意见领袖。网红利用网络平台充分展示才艺、发挥特长、表现个性，加之资本力量的运营，网红们收获了大量的粉丝，粉丝群体越广，网红言论和行为影响的范围就越广。网红通过在网络社会中自我表达，获得粉丝群体的热爱和追捧，由此获得面向粉丝的话语权力，粉丝的传播在一定程度上将网红的话语符号推送得更广，网红们的权力在话语的传播和扩散中实现从小到大的累积，实现权力的扩大化。[3]

无论网红如何费尽心思设计创意、资本力量如何包装美化和开发产业链条，网红文化产品传播的对象始终是观众和受众。在信息爆炸的网络社会存在多元的、丰富的选择，缺乏自主意识的人们容易受身边人或社会的影响，跟从热点，追随网红。无论流行偶像抑或网红，都不是自发生成的文化

---

〔1〕 参见敖鹏：《网红为什么这样红？——基于网红现象的解读和思考》，载《当代传播》2016年第4期。

〔2〕 参见谢俊贵：《当代社会变迁之技术逻辑——卡斯特尔网络社会理论述评》，载《学术界》2002年第4期。

〔3〕 参见敖鹏：《网红为什么这样红？——基于网红现象的解读和思考》，载《当代传播》2016年第4期。

现象,而是权力和资本联手打造的产物,人们追随社会潮流,保持与社会的紧密联系,由此提升社会或群体对自身的接纳程度,不仅资本从中获益,还促进了社会整合。网红文化为人们排解情绪提供了渠道,大量的受众在网络空间内寻找精神慰藉。在碎片化传播时代,碎片式、娱乐化的传播内容满足了受众的无聊需求,但人们内心深处的精神空虚却无法得到真正的满足。从长远考虑,网红文化的传播反而会加深人们的空虚感,而这种空虚感又促使人们不断追求网络社会中的"快餐文化"来填充内心的无聊空虚。人类内心的空虚和不安总是需要某些东西来填充,它可能是宗教意义的神,可能是伦理意义的祖先,可能是国家领袖和政治强人,甚至可能是当下的流行明星和网红,权力正是识破了人类内心,并与宗教、伦理、道德、政治、资本或文化联手植入人的观念世界。

(三)网络社会中人的形象

在福柯看来,18世纪以前,"人"并不存在,他只是将自己视作表格中的一个形象或者反映,但"他从来没有在那个表格中发现自己"。[1] 18世纪的普通语法、财富分析和自然史等西方近代科学知识都认识到了人的存在,但它们并没有将人作为一个特殊领域对待,而是将人作为共有种类的一员。在古典时代,符号与世界无须中介就可以快速联结,符号和语言的目的就是建立图表和秩序,让自身透明,在这种语言秩序中,人难以占据一席之地。在19世纪,盛行于18世纪的表征消失了,词和语言不再从事表征工作,世界也不再以符号的秩序表现出来。此时,人出现了,他接管了符号表征的工作,成为世界的认知者、理解者、揭露者,人开始认识世界、揭示世界的奥秘。[2] 在现代社会,人既是认知主体,又是知识的客体;既是学科得以奠定的基础,又是学科捕捉的对象,关于"人"的科学在19世纪现代知识型中产生。

1. 网络社会中的人:数据信息的集合体

在《词与物》中,人仅仅是一种知识形式,是学科配置和生产的结果,是学科捕捉和造就的对象,人性并非固定的、静止的,而是动态产生的。到了《规训与惩罚》,人不只是一种知识形式,还是权力规训的对象,关于人的科学和知识受制于权力的锻造,受制于规训技术,人的科学或人文科学,作为

---

[1] 参见[法]米歇尔·福柯:《词与物》,莫伟民译,三联书店2001年版,第308页。

[2] 参见汪民安:《论福柯的"人之死"》,载《天津社会科学》2003年第5期。

管辖人的思想、行为礼仪、说话方式的学科,与权力的游戏紧密结合。

监狱、学校、工厂和军队乃至整个现代社会,都有一套系统的档案制度,它对人记录、书写、整理、编码、存档,进行描述和分析——它们构成了人的知识。这些知识在规训中形成,同时能够帮助规训的实施;它不仅是一种规训方法,也是规训的附加产品。在我们的生活中,如果想要了解一个人,只要拿到他的档案,就能系统地对他的出生、家庭环境、教育经历、学习情况、工作情况、社会评价等进行全面分析,从而对他进行判断,虽然未必完全准确,但也具备一定参考性。人们对档案的态度是畏惧的,只需要想象一个写实作家每天跟随在自己的身边记录自己的言行、举止、表情、动作等生活细节,并且最后作品的所有权不归自己,在这种处境下,被记录的人会开始规范自己的言行,注重仪式和态度,生活将成为表演。

网络社会中的人正在被庞大的书写和记录系统包围和吞噬,大写的人逐渐被由信息和数据组成的微观的人替代。人在网络社会中的主体性体现为主动使用互联网交流、娱乐、购物、阅读和浏览、参与公共议题,寻找生活中的更多可能性,互联网作为交流工具满足了当代人的基本沟通需求。如前文所述,在大数据时代,网民在信息网络中的所有言行和操作都会在数据库中留下痕迹,由于大数据分析需要以大量具体而细致的数据为基础,它本身就是把个人的信息数据进行收集和整合的过程。在网络社会,个人的基本信息、个人作为消费者的信息、存储于网络中的信息都被数据库收入囊中,身处于网络社会中的人,通过手机或电脑将自己的情绪、喜好、态度、观点和倾向表现出来,最终以数据的形式被收集、被调取、被分析。人在网络社会中呈现为数据信息的集合体,他既作为主体创造数据、产生数据,又被数据库捕捉和认识。

如前文所述,网络社会中的知识以信息的方式体现,在大数据时代,信息又主要以数据呈现。数据是人在网络社会中的存在形式,是网络社会中人的细胞,但数据库并不掌握在普通网民手里,他们无法全面了解自己的数据信息。大数据是为经济、政治服务的,它是权力的眼睛,本质上是为权力服务。当人们意识到自身在网络社会中的一言一行、一举一动都处于全景敞视之中且只能看到权力的影子而无法看到权力的实体时,精神上的压力导致人开始自我管控。互联网中的精神压力又会投射到现实生活中,整个人类生活都处于全景敞视式规训权力的阴影之下,现代社会符合规范的人不断被塑造并巩固,而那些不符合规范的“非正常人”则被视为某种危险而被排斥、被边缘化。网络社会中人的知识化意味着人的数据化,人不仅被当作知识的对象书写在纸面上,还被当作信息数据记录在庞大的数据库中,如何面对现代网络社会中书写和记录系统,如何避免成为文字、像素和符号,对于这些问题的反思,人们似乎不应当再偷懒。

2. 被围观的人

网络社会中的人不仅被大数据记录、书写和分析,作为网络社交媒体的用户,还被社交媒体中其他用户包围和观察。人不可能脱离社会而存在,必须和所处社会中的其他个体交往,网络社交媒体的兴起为人们提供了多样的人际交往方式。社交媒体最重要的功能是人际互联,信息的传播依靠人际互动才能实现价值,人们通过社交媒体中的发表、点赞、评论、转发、分享、收藏、关注等信息传播方式完成网络社会中的生活叙事和个人形象的建构,并参与到他人的生活或事件的讨论中。

以微信朋友圈"点赞"为例。一方面,点赞是自我的表态,它在一定程度上表明了自己的立场和所属的意见群体;另一方面,点赞能够使自己获得更多的关注,从而维系社交、扩大交往范围。网络社交媒体的互动依然是现实社会交往活动的延续,只不过在互联网中面对的是一个熟人社群和生人社群的叠加复合形态,以互动为主要功能的点赞依然是以社会资本的积累为目的。〔1〕布尔迪厄认为,为了生产和再生产的那种保证物质利润或象征利润的有用、持久的关系,有些仪式总是必需的,〔2〕我们可以将网络社会中的人际关系视为社会资本的组成部分,将"点赞"视为维系人际关系的仪式。布尔迪厄进一步指出,沟通关系即语言交换活动,其本身同样是象征性权力的关系,说话者之间的权力关系或者相关群体之间的权力关系,就是在这种语言交换活动中实现的,〔3〕不同说话者在网络社交媒体中的语言运用或符号运用,本质上是地位、权能、资本、才能和知识等显示权力因素的话语游戏。因此,社交媒体中的发表、点赞、评论和转发等行为本质上是权力的累积、交换和较量。

从布尔迪厄的象征性权力出发,在网络社交媒体中,一条信息获得了高

---

〔1〕参见王斌:《"点赞":青年网络互动新方式的社会学解读》,载《中国青年研究》2014年第7期。

〔2〕参见[法]布尔迪厄:《文化资本与社会炼金术:布尔迪厄访谈录》,包亚明译,上海人民出版社1997年版,第203页。

〔3〕参见高宣扬:《布迪厄的社会理论》,同济大学出版社2004年版,第166页。

点赞数、高评论数或高转发数，显示了信息发布者在特定社群中的权力和地位。信息传递者通过点赞、评论或转发等行为作出表态，并成为象征性权力符号的组成部分，一条社交媒体状态的内容本身与其点赞、转发、评论和回复等动态交流过程共同构成一幅完整的“作品”，它在社交圈子中展示着权力。网络社交媒体中的权力是动态的、流动的、分散的，人们通过发表原创内容展示自己的生活和态度、转发他人文字或艺术作品表达自身价值观等方式建构在网络社会中的个人形象，追求在社交媒体中的权力和地位，渴望被他人关注并获得他人认可，以获得更多人际交往的社会资本。在网络社会中，发布社交状态既是个人生活的展示和形象的建构，也将自己置于被围观的状态之中，这种状态能促进自身社会资本的积累，也将自己暴露在围观者的视线范围内，人不得不接受围观者的注视和评判，在言行上规避可能存在的社交风险。人在网络社交媒体中的状态，正如福柯之疑问：是人在说话，还是话在说人？

3. 主体性之思考

福柯对人文科学考古学的研究揭示了现代知识型建构现代人主体性意识的策略，揭露了现代人文科学与社会权力运作之间相互配合的计策。在现代社会中，人逐步变成“说话的主体”“生活的主体”“劳动的主体”，[1]现代人通过知识的学习将自身规训成标准的、规范的、正常的人。因此，在《词与物》一书的最后章节，福柯得出“人之死”的震撼结论，他说，人只剩下空洞的形象，就像大海沙滩上的人形被海水冲洗得面目全非，并最终被淹没得无影无踪，人文主义所追求的“人”，终于在知识本身的发展和演变中消失殆尽。

按照福柯的权力谱系学，人所处的社会历史环境是由人际关系交织起来的权力关系网络，人的一切都生成于权力关系，人的身体、欲望、思想和行为都是知识与权力合作的产物，永恒的、普遍的人性完全是虚构的。[2] 由于“权力—知识”的结构网络和社会控制技术具有社会历史性，人的形象也是不断变化的。在信息科技高度发达的今天，网络社会中的各种权力关系结合成一个巨大的权力关系网，无论是权力的实施者还是权力的接收者都

---

〔1〕 参见高宣扬：《福柯的生存美学》，中国人民大学出版社 2005 年版，第 219 页。

〔2〕 参见欧阳谦：《福柯的新政治观：一种微观权力的谱系学建构》，载《中国人民大学学报》2012 年第 2 期。

深陷其中,被来自四面八方的权力捕获,它决定了在网络社会中我们能够成为一个什么样的人。网络社会生活是当代社会生活不可分割的一部分,网络社会中的权力关系同样是当代社会权力关系的一部分,人在网络社会中的生活体验深刻影响着现实生活,作为主体的人的形象,就是在当代知识型和权力关系的共同作用下塑造出来的。

网络社会不是权力的真空地带,也不是自由的乐园;相反,网络社会的规训技术相较于现实社会更深刻、全面,我们在网络社会中面对的微观权力机制无处不在,且往往以日常化、隐蔽化的方式出现。对于我们如何进行反抗,福柯认为,权力和反抗是并存的,只要存在权力关系,就存在反抗的可能性。我们在家庭、在学校、在工厂无时无刻不面对着权力关系,那么对权力的反抗必须以局部化、平常化的方式进行。面对网络社会的权力关系,无论是网络暴力、舆论狂潮、意见引导、意识形态宣传和文化传播,或是网络社交媒体中的点赞、评论、转发、分享,我们随时都要作出选择:认可或质疑、忍受或抵抗,选择反抗意味着身体力行地对权力进行实践批判,永恒的抵抗构成一种自由的生活态度,这种自由体现在日常生活中对权力的抵抗和对规范的逾越。

结 语

对网络社会中权力、知识和文化等问题的探讨最后都指向"人"。人的身体是社会和文化的历史缩影,它见证了各种历史事件,铭记了人类历史发展的经历和体验,无论喜悦、苦难或是迷茫,过往几千年人类社会生活记忆都深深地烙印在当今社会每一个具体的人类生命中。人类社会进入信息时代至今的几十年在整个人类历史上不过须臾,个体的生命在历史长河中也只是沧海一粟,网络社会作为当代人生活的一个重要场域,其权力规训系统和知识型正在塑造当代人的形象,这些互联网时代的印记将作为人类的历史基因延续下去。处于网络社会中的个人,或许无法摆脱当下的社会历史场景,也无法阻止"权力—知识"联手对人进行平面化、模板化和标签化的"降维打击",但仍然存在身体自决的可能性,用福柯的话说:"或许今天的历史不是去发现我们是什么,而是要拒绝我们是什么……我们必须拒绝几个世纪以来一直强加在我们身上的个体性,从而促进各种新型主体性的出现。"

以微信为媒介的群体性事件中的公众参与研究

罗　潍*

引　言

当前,我国正处于社会转型的关键时期,在现代化步伐加快与经济高速发展的同时,贫富差距扩大、社会矛盾激化等社会问题层出不穷,其中最具代表性的就是群体性事件。当群体利益受到威胁时,公众往往采取集体行动的方式来表达自己的利益诉求及意愿,影响政府的决策。近年来群体性事件频发,从2014年的茂名反PX事件到2016年的浙江海盐县垃圾焚烧厂选址事件,再到2017年的清远市飞来峡镇垃圾焚烧发电项目选址事件,群体性事件已成为当前中国社会发展亟待解决的问题,理应引起政府与学界的重视。

与此同时,微信自媒体、移动互联网的蓬勃发展改变了人们的生活方式,对群体性事件也产生了深刻的影响。根据中国互联网络信息中心(China Internet Network Information Center,CNNIC)于2018年7月发布的第42次《中国互联网络发展状况统计报告》,截至2018年6月,我国网民规模为8.02亿,其中手机网民的规模已达到7.88亿,使用手机上网的网民人数占整体网民人数的98.3%。[1] 2018年,微信及WeChat的合并月活跃用户数达到10亿,基本实现了适龄人口的全覆盖。[2] 无论是朋友间的即时通信交流,还是工作、生活等日常活动的开展,微信都在以其独特的方式影响着我们的生活,成为我们生活的一部分。微信与群体性事件的结合,也使群体性事件中的公众参与呈现与以往不同的特征,从群体性事件的产生、动

---

* 广东省航运集团有限公司法律事务部管理培训生。

〔1〕 参见中国互联网络信息中心:《中国互联网络发展状况统计报告》,2018年7月,第1页。

〔2〕 参见中国信息通信研究院:《2017年微信经济社会影响力研究》,2018年4月,第8页。

员到应对及处置,每一个环节都发生着全新的变化。

研究微信这一媒介在群体性事件中对公众参与所发生的作用,首先要明白微信在传播过程中所呈现的特征——私密性、强关系性、精准性等。其一,私密性。与博客、微博相比,微信在传播上更具私密性。博客、微博营造的是一个开放式的舆论广场,用户间的对话是点对面的传播,在公共平台上公民们各抒己见,进行网络讨论,无论用户间是否互相关注,只要搜索相关用户名或话题信息都可以直接访问任何人发布的任何信息,平台上的话题也多具公共性;微信则是一个相对私密的环境,用户可以自由选择信息传递及接收的对象,信息的传递只会发生在传收双方的移动终端内,除联系人之外,其他人无法获知信息的内容。微信朋友圈与微博、论坛相比也更具私密性,虽然朋友圈也是用户向公众展示自我的平台,但它是半开放的,用户可以根据自己的隐私需求设置朋友圈仅对某人开放,也就是说,未经允许的其他人无法知悉信息的内容。就受众而言也是如此,在微信上用户只会获取自己订阅公众号的推送信息,以及所关注好友的朋友圈动态。[1] 其二,强关系性。微信用户间通常在现实生活中存在真实的联系,如亲缘关系、地缘关系、学缘关系、业缘关系、趣缘关系等,线下会发生实际往来与互惠交换,互动频率与亲密程度较高,所以微信的社交网络呈现强关系性。虽然微信的信息传播力与流动性不如微博,但基于强关系的社交网络基础,微信传播的认可度和信任度更高,微信用户更容易信任并转发其他用户传递的信息。其三,精准性。在微博和论坛中,信息的传播是广场式的,任何人都能够通过"围观"获取信息内容。但由于信息量巨大,信息传播过程中夹杂着诸多源于其他用户的"杂音",一条信息很容易就被另一条信息所覆盖,信息传递易冗沉,传播的精确性较低。微信中的信息传播更具精确性,用户可以自由选择信息来源,选择性地接收订阅公众号的推送信息,并且公众号中的信息不会被其他信息所覆盖,可以随时查看记录;朋友圈中也仅显示关注好友的动态,其他用户的信息被隔离在圈子之外。

微信平台的出现,为公众的互动交流提供了一个新型的公共空间,使群体性事件的规模和影响更扩大化,动员方式更多元,公众的利益诉求在此过程中也显得更复杂。本文选取2017年5月发生的"清远市飞来峡镇垃圾焚

---

〔1〕 参见潘智琦:《微信,移动互联网时代用户信息私密性的回归》,载《新闻世界》2014年第6期。

烧发电项目选址事件”作为研究样本,具体分析微信在此次群体性事件中发挥的功能与作用,进一步探讨微信是否开创了群体性事件的新模式,以及微信是否为公众参与带来了新的公共空间,从而促进基层民主的发展。在公民通过微信参与群体性事件的过程中,政府将面临何种治理难题,应该采取什么措施、制定何种规范保证公民在此过程中保持秩序和理性,保持网络政治的健康发展,这些都是我们亟待解决的现实问题。毫无疑问,加强对微信中群体性事件的公众参与研究,对于微信时代下政府治理方式的优化及治理效果的提升具有重要的现实意义。

一、案例介绍及理论基础

(一)清远市环境群体性事件的概况

1.清远市飞来峡镇垃圾焚烧发电项目的介绍

清远市再生资源处理中心项目(飞来峡镇垃圾焚烧发电项目)是清远市规划建设的重点民生项目。政府经过多地比选后,拟选取清城区飞来峡镇石梨村作为项目预选址之一(见图1),该选址位于清远市北江上游。按照清远市政府的说法,清远已经面临“垃圾围城”的严峻困局。据悉,截至

图1　清远市垃圾焚烧厂初步选址位置

目前清远市市区的垃圾日填埋量已达1100多吨,而目前正在使用的清远市青山垃圾填埋场设计规模为650吨/日,已超出设计能力近1倍,若仍无新增垃圾末端处置能力,预计只能再使用不到2年。该项目运营企业介绍,拟建项目将采用国际上最先进的垃圾处理技术实现垃圾零污染处置:通过垃圾全部密封直运,防止洒漏和臭味;通过控制燃烧温度,彻底分解二噁英等有机物;通过废水处理系统和循环使用,实现垃圾渗滤液零排放。

当地官员称,该项目当时还没有进入环境影响评价、社会风险评估等实质性环节,项目正在按照国家及广东省建设项目核准程序进行前期工作,且尚处于征求民意的阶段。据了解,2017年4月,清城区飞来峡镇政府对项目范围内的居民进行了征地意愿摸底调查,组织镇村干部、村民、教师代表等10批次共600余人,前往东莞垃圾焚烧发电项目进行了实地参观。

2. 清远市环境群体性事件参与者的诉求

根据清远市政府发布的垃圾焚烧项目信息公示,该垃圾焚烧发电厂的选址初定于清远市飞来峡北江的上游区域。选址问题是此次项目遭到极力抵制的关键因素。近年来,随着民主法治进程的加快,公众的环保意识不断提高,公民意识也在觉醒。《环境影响评价法》《环境影响评价公众参与暂行办法》《环境保护行政许可听证暂行办法》等法律法规,肯定了公众参与在环保领域的法律地位,保障了公民的知情权和参与权。从微信平台中搜集到的公众言论来看,公众最关心的是此次项目是否对北江水质造成影响,以及是否造成空气污染。当地居民说,北江顺流而下就是"广东省最大的综合性水利枢纽工程——飞来峡水利枢纽工程,垃圾焚烧厂一旦建成,必将污染江水,牵连甚广"。北江是清远市民饮用水的主要取水点,同时,其附近还是清远市著名景点飞来峡风景区,选址信息一经公布便引起了当地市民的极力反对。

另外,近年来各地爆发的环境群体性事件,如江苏启东事件、厦门PX事件、茂名反PX事件等,都遵循着"一建就闹、一闹就停"的事件逻辑,对此次垃圾焚烧厂选址事件中的清远市市民起到了一定的示范作用。

(二)案例分析的理论基础——价值累加理论

公民的政治参与价值并不仅仅是在对政府决策产生积极作用时才值得被肯定,我们应该看到公民通过微信媒介参与决策的过程中所体现的内在价值。尽管微信政治参与过程中存在冲突与矛盾,但也正因如此,我们才能清晰地认识到公民参与的局限性,意识到当前网络公民的教育仍然欠缺,要进一步培养网络公民的责任意识、守法意识。借助斯梅尔塞(Neil J. Smelser)的价值累加理论,我们得以分析微信媒介中公众参与是如何一步步走向集体行动的,并能更清楚认识到在微信参与的不同阶段,我们应该如何引导或规制公民的参与行为,从而将公众参与的失序控制在可控范围内,并进一步完善类似事件的预防及处置策略。

美国社会学家斯梅尔塞提出了"价值累加理论"来解释集体行动,他借助经济学的产品价值分析,将公民的集体行动视作一个终端产品,通过不同阶段的多种价值累加逐渐成形。他认为,集体行动的产生需要同时满足"结构性诱因""结构性紧张""一般性信念""触发因素""行动动员""社会控制的实现"等多个因素的相互作用及层层累加才能实现。[1] 借此看来,微信平台中形成的群体性事件不是偶然现象,而是各种社会条件在微信平台之中不断累加和相互作用而形成的结果。

1. 结构性问题的出现

价值累加理论能够有力地解释微信政治参与过程中群体性事件的失序现象是如何产生的。首先,结构性诱因指有利于集体行动产生的社会环境,既包括现实中的社会环境,也包括互联网中的虚拟空间。在以微信为媒介的网络场域,微信打破了时空的区隔,方便人们进行语音、图片、视频等多种形式的即时交流,为不在场的参与者带来现场参与感;微信用户间较紧密的联系也为群体达成利益趋同及认知趋同奠定基础,参与者对某一件事更容易产生共鸣;微信监管的不足与公民责任意识和法律意识的欠缺,增加了公民政治参与走向失序的可能性。其次,结构性紧张指公民普遍认为社会在某个层面存在问题,并且通过现有的制度渠道无法解决问题,有足够的理由采取更进一步的行动以表达诉求与抗议。尤其是在微信群的封闭空间中,信息传播的同质化更容易使结构性的紧张情绪蔓延,公民不满情绪的凝聚与酝酿诱使公民的话语及行为走向激进化。

2. 一般性信念的形成

一般性信念,是指参与者对他们所诉求的社会问题达成的共识,即集体认同感。个体的心理压力尚不足以形成规模性的集体行动,分散的个体需要通过媒介的联合,对同一社会问题达成共识才能最终形成公众的聚集。微信主体间的强关系恰恰助长了这种一般性信念的形成。当人们对某一社

---

〔1〕 参见赵鼎新:《社会与政治运动讲义》,社会科学文献出版社 2006 年版,第 64 页。

会问题感到焦虑、恐慌时,微信平台提供了一个交流、发泄的平台,人们可以在微信群聊中分享、沟通各自的想法与感受,这个过程也引起了潜在行动者的心理共鸣,使人们跃跃欲试地希望通过集体行动来达到自己的目的。[1]网络群体性事件产生的根本原因就在于此,共识的形成并非出于公众自觉、理性的分析和思考,而是出于公众之间简单、粗糙的舆论传播甚至是谣言的传播,由此形成的认知极易向非理性的行为转变。

3. 突发性因素与行动动员

突发性因素本身不一定是重大的、引人关注的事件,也有只是因为其发生的时机和场域恰好切合时空,从而点燃人们的不满情绪,引爆人们的不满行为的。特别是在结构性紧张与一般性信念形成的过程中,任何触发因素的刺激,都能够导致公民的不满情绪达到顶点,成为群体性事件的导火索。如不同种族间发生的冲突,事件的导火索往往仅是一些鸡毛蒜皮的纠纷,冲突爆发的根本原因是长期以来积聚的种族关系紧张与敌对心理。在微信群中,由于其私密性和便捷性,政府部门难以对公众的微信参与过程进行全方位的预警及监管,因此,微信群内的行动动员能够快速展开,参与者能够在群聊中随时、随意地互动,动员的成本低廉、过程简短,对公众情绪的煽动很容易催生线下群体性事件的爆发。

4. 社会控制的实现

社会控制,是指政府、社会组织等运用法律、法规、道德、纪律、风俗等社会规范对人们的社会行为及各种社会关系加以调节和约束的过程。[2]社会控制是化解群体性事件的最后一道屏障,社会控制能力的强弱直接决定着群体性事件的最终结果。传统的社会控制手段在微信新媒体中难以发挥作用,政府对群体性事件的控制与管理必须与时俱进,结合微信平台的新特性及时更新对策、方案。当前,微信平台中的法律控制机制不足,立法不完善,微信平台的自律机制也明显欠缺,这些控制环节的缺位都应引起政府的重视。如果政府能够在这个阶段利用好微信媒介,对公民的诉求及时作出回应,与公民进行平等的交流、对话,并及时澄清不实言论,将能有效遏制集体行动的发生。

---

〔1〕 参见赵宬斐:《"网络集群行为"与"价值累加"——一种集体行动的逻辑与分析》,载《新闻与传播研究》2013年第8期。

〔2〕 参见李基凯:《价值累加理论:地方政府群体性突发事件应急管理路径分析——以中泰垃圾焚烧厂事件为例》,载《农村经济与科技》2016年第12期。

二、微信对群体性事件的作用机制分析

2017 年 5 月 7 日至 9 日，广东省清远市因当地市民反对清远市再生资源处理中心项目（飞来峡镇垃圾焚烧发电项目）的建设，发生了数起较大规模的群体性事件。这次事件中，微信作为公众参与的重要媒介，在事件的酝酿、爆发、平复等各个阶段都表现出显著的影响力，民众舆情经由微信群、微信朋友圈、微信公众号平台等渠道迅速发酵。

（一）微信公众参与的萌芽阶段

1. 公共议题的设置

微信是公民非制度化政治参与的重要渠道，公民在微信中的政治参与通常始于微信舆情的发端，通过公共议题的设置，公民开始广泛地参与到事件之中。微信舆情以微信为载体，以社会公共事件为核心，是微信用户对事件进行情感、态度、意见的表达及互动，并对现实社会产生影响力的话语集合。并非微信上的所有话语都能形成“舆情”，话语需要具备一定的强度、持续性及倾向性，且话语的对象是涉及公民共同利益的政治事务、公共事务及社会现象等。[1] 如前文所述，微信的传播具有强关系性，较之于微博、博客上的传播信息，微信用户对微信传播的信息有更高的信任度和关注度，尤其是在关乎地方性、局部性的利益分配的问题上，公民的话语显得更活跃，易形成更强烈的微信舆情，实现更高度的政治参与。

2017 年的清远市环境群体性事件是公民在微信中参与群体性事件的典型案例，它的开端便是微信舆情的产生。2017 年 5 月 6 日，在清远市政府开展清远市再生资源处理中心项目前期工作期间，多个微信公众号以《反对在清远飞来峡滘江口石梨村建立垃圾焚烧厂》一文对该项目表达了反对。文章对飞来峡拟建垃圾焚烧厂的情况进行了说明，提到这个垃圾焚烧厂于 2011～2012 年最初规划选址是在广州增城，由于附近居民的抗议，选址又改为广州花都北，后续接连遭到当地居民的抵制，选址由肇庆四会到清远市清新区龙颈镇，最后改为清远飞来峡，认为这些都是清远市政府官员“对省里面做的政绩表现”。同时，文章以加粗、标红字体对建设垃圾焚烧厂的危害进行了强调，如“位于飞来峡石梨管理区如建成焚烧发电厂，华侨场有富勤三小师生 500 多人，江口有幼儿园几间，共计近 1000 名师生，江口

[1] 参见安云初：《当代中国网络舆情研究》，湖南师范大学出版社 2014 年版，第 14 页。

小学800多名师生,飞来峡一中1200多名师生,都会成为二噁英空气过滤机,给千万个家庭的健康带来威胁”;还附有“共饮北江水,同系清远人”的海报图片(见图2),指出垃圾焚烧厂紧邻清城区饮用水源地北江河,“这是沿岸居民主要的生活用水来源,也是村民农作物浇灌的主要水源,垃圾焚烧厂的建设将会对北江河水造成不可挽回的污染,破坏几千亩耕地,对当地的生态环境、村民的身体健康造成严重的影响”;配以飞来峡旅游度假区的美景图片,指出“飞来峡石梨管理区周边是清城区主要的旅游度假区,在此建设垃圾焚烧项目,对清城区的旅游产业将是毁灭性打击”。

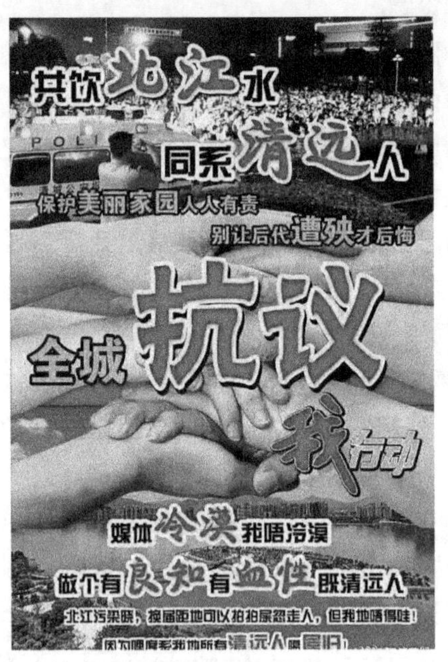

图2　清远市环境群体性事件中广为传播的海报图片

另外,微信公众号文章《抗议！清远垃圾焚烧厂选址错误》《垃圾焚烧厂别建设在我们的大清远!》也在这一天被大量转载,阅读量超过2万。

微信中公共议题设立之后,政务微信存在严重的缺位。当下,政务微信已成为我国“两微一端”在线政务服务平台的重要组成部分。虽然清远市已经组建了“清远发布”“清远头条”“平安清远”“文明清远”等数十个规模庞大的政务微信群,但是在垃圾焚烧厂项目起步阶段,包括清远市政府的官方微信平台“清远发布”在内,没有任何一个公众号对项目的情况进行提前报道,甚至在2017年5月6日民间公众号推文大量传播当天,都没有任何一个政务微信对项目的情况进行及时说明。

事实上,早在2017年4月,清城区飞来峡镇政府就对候选项目范围开展了征地意愿的摸底调查。调查期间,政府组织了镇村干部、村民、教师代表等,分10批次共600余人,前往东莞垃圾焚烧发电项目进行实地参观,了解项目运作流程。但是,政务微信与公众号并没有对此次参观活动进行报道,更没有预先通过微信平台介绍清远市垃圾处理的困境与垃圾焚烧项目选址的相关信息,参观活动仅在小范围内进行,绝大多数公民对垃圾焚烧项目的开展并不知情。从2017年4月底到5月初,陆续有公民到石梨村村委会及飞来峡镇政府了解项目情况。也许是并未形成规模性事件,这些情形始终未引起政府部门的重视,当地市住房和城乡建设管理局及飞来峡镇仅对现场咨询的公民进行了沟通解释,仍然没有利用微信平台扩大项目宣传力度,更不用说提供意见表达和建议的网络渠道。相比之下,在2010年北京阿苏卫地区垃圾焚烧厂反建事件中,政府充分发挥了网络媒体的宣传作用。同样是邀请当地居民参观焚烧厂,政府除在政府网站、论坛中宣传,还特意邀请了在当地较有影响力的意见领袖黄小山参与实地考察,黄小山通过其名为"驴屎蛋"的博客实时分享考察情况,当地大部分公民对考察团考察焚烧厂的情况知情,并了解到政府处理"垃圾围城"的难处与垃圾焚烧厂的先进处理技术,官民间实现了良性互动。

由于该项目之前在互联网尤其是微信等主流媒体上缺乏宣传和公示,大部分公民不知情,因此,推文一经发布便引起清远市市民的强烈关注,舆论一片哗然。许多公民对该项目的初次了解源于公众号推文,而非政府的公示文件,所以大家对项目的看法都不具有客观性,带有一定的负面情绪,形成"先入为主"的认知。出于对焚烧厂会造成环境污染的担忧,市民们纷纷把推文转发到各自的微信群和朋友圈,微信群里开始有人号召采取大规模的集体行动来阻止项目的建设,微信舆情迅速发酵,微信舆论场初步形成。

2. 参与主体的聚合

区别于微博、论坛中个体式的公众参与,微信中的公众参与呈现集体化的形式。通过组建微信群的形式,公民将现实社交中的朋友、同学、邻居等熟人圈子不断吸纳到微信群中,线上知情者与参与者数量激增,在微信群的密闭空间中公民得以深入互动,规模效应不断扩大,增加了集体动员和集体抗争的可能性。[1] 根据美国学者斯坦利·米尔格拉姆(Stanley Milgra, 1933～1984)提出的"六度分割理论",世界上任何两个陌生人的距离不会超过6个人,即最多通过5个人我们就能认识任何一个陌生人。更何况,微信社交本身是基于现实社交关系而建立的,在一定地区内能够实现参与人员的快速吸纳,这些都构成集体行动产生的结构性诱因。同时,由于参与人员间或多或少存在邻里、同事、亲属的社会关系,以及共同的利益诉求,参与主体间持有更强的信任感和安全感,减少了对参与过程中被揭发、检举的担忧,对转发和分享更加积极,参与的活跃程度更高。[2]

2017年5月6日,在微信公众号推文《反对在清远飞来峡[illegible]江口石梨村建立垃圾焚烧厂》《抗议! 清远垃圾焚烧厂选址错误》《垃圾焚烧厂别建设在我们的大清远!》被大量转载之后,清远当地多个微信群内开始讨论项目选址的事情,民间舆情不断积聚,有公民开始组建专门讨论垃圾焚烧厂选址的微信群。据悉,在群体性事件发生期间至少有7～8个500人规模的大群(微信群的人数上限为500人),后续的集体行动都是在微信群内发起并组织的。一位微信群成员描述,"听同事说有这么一个讨论群,我就加进去了,还拉了身边的朋友一起进群。大家都对这件事很关注,所以第一时间就进群了"。可见,微信用户间的强关系连接使地方性事件中参与主体的聚合极为便利,微信使公民的政治参与突破了时间与空间的限制,将附近的居民都聚集在微信群内讨论,迅速产生规模效应。当然,微信群的私密性也使微信舆情的监测难度加大,政府难以对危机事件进行预警。

(二)微信公众参与的网络动员阶段

1. 微信舆情的叠加

随着微信舆论场的形成及参与主体的聚合,微信中关于飞来峡垃圾焚烧项目的讨论不断扩大,包括对建立垃圾焚烧厂的原因、影响的客观分析、商议讨论,也包括对项目设立的事实扭曲、谣言传播。随着微信负面舆情的扩散,结构性紧张进一步加剧,公民普遍认为现有的政策、措施及传统的体制、规范无法解决面临的问题,因此,有必要采取更进一步的手段与措施实

---

〔1〕 参见王瑞山、靳澜涛:《微信时代群体性事件的生成及其应对》,载《四川行政学院学报》2016年第2期。

〔2〕 参见赵玉林:《机理与应对:微信条件下群体性事件的扎根分析》,载《情报杂志》2018年第3期。

现诉求,微信为集体行动的产生提供了滋生的土壤。[1] 不过,此时也是政府疏解民意、争取话语权的最佳时期,因为此时的参与主体尚未形成线下的聚合,仍是在屏幕面前的个体,还保持着相当的理性及批判力,政府若抓住时机发布权威消息,并提供畅通的交流渠道以供群众表达意见,能够有效地缓解结构性紧张。

从微信群中的讨论内容来看,群众的舆情大致分为情感表达类、冷静分析类、混淆视听类几大类别。尽管有相当一部分公民能够在参与的过程中保持理性,但群众舆情仍然在谣言、极端言论的裹挟下持续叠加,并且呈现出非理性的状态。民主社会的基本目标是促使公民间能够更自由交流意见、想法,然而微信媒介信息过度个人化,使人们听到的仅仅是自己的回音,人们无法接触到与自己立场相异的观点,影响人们作出理性的选择。[2]

首先是情感表达类。这种类型的舆情主要是对政府要在飞来峡建立垃圾焚烧厂一事表达不满情绪和负面情绪。虽然微信群发挥了一定的"社会减压阀"的作用,但是它也容易使个体的负面情绪蔓延为公众的不满情绪,加剧微信群内的紧张气氛,放大个体的不满情绪,使原本的情绪宣泄演化成更大范围的群体压力感,造成"社会结构性紧张",容易引发公民政治参与的激进化。[3]

以下为选自微信群中的真实聊天记录:

平安是福:"选在广州和清远饮用水取水点北江上游!以后自来水的唯一用处就是冲厕所了对吧?说好的珠江三角洲后花园呢?!说好的清香溢远呢?!我呸!"

yoyo:"令人心寒的结果……"

妍妍:"以后它喷出的每一口废气就是我们呼吸的每一口空气。"

平安是福:"呵呵,自诩为民众咽喉的媒体竟然对这件事只字不提。"

---

〔1〕参见张轩:《城市群体性事件的预防与处置——以价值累加理论为研究视角》,华中师范大学管理学院2011年硕士学位论文,第17页。

〔2〕参见金毅:《当代中国公民网络政治参与研究——网络政治参与的困境与出路》,吉林大学行政学院2011年博士学位论文,第88页。

〔3〕参见李伟权、刘雁:《微信舆情叠加效应下群体性事件的预警与阻断问题研究——以广东A市环境群体性事件为例》,载《东北大学学报》(社会科学版)2018年第4期。

水果狂人:“政府部门就是这样为了广大人民群众的吗?说好的人民的名义呢?”

啊肥:“这个垃圾焚烧厂要收纳的是整个广东省的垃圾,而不是只有我们清远地区的,数量庞大,建成后后果不堪设想!”

水果狂人:“2016年高要区建被反对了,现在到我们这来建,凭什么?我们清远人好欺负嘛?”

此外,微信群内还有成员提起了福建漳州古雷PX项目的爆炸事件。该项目的初始选址方案是在厦门,即厦门PX项目,后因当地居民的强烈反抗和集体行动,才被迫迁到漳州古雷。项目建成不久后便发生了一起严重的漏油起火事故,事发时项目地区内有3个储油罐接连爆裂燃烧。爆炸事件在网上传开后,很多厦门的网民纷纷表示多亏当年勇敢地站出来反对建设PX项目,否则也是一样的悲剧。对比之下,清远当地的微信群内的气氛更紧张,越来越多的人在微信群内表示自己的担忧和不满。

其次是混淆视听类。这个类别的内容主要是指微信群内一些成员以捏造、歪曲事实、恶性假设的方式传播信息,激发群众对项目建设的不满,从而达到目的。由于政府公布的信息极为有限,当地公民迫切地想了解项目的相关情况,因此这些无法辨明真假的信息得以广泛传播。并且,微信群聊的私密性使这些信息在传播初始阶段的辟谣难度加大,当谣言进入政府监管的视野时其已经在极广的范围内传播了。例如,对于2017年4月政府组织部分公民到东莞参观垃圾焚烧厂项目的事宜,很多人质疑其真实性,微信群内有张聊天图片被大量传播,图片内容是一个文化传播公司的工作人员说的,“这次去东莞参观的人都是被收买的,有很厚的奖金回扣,他们(清远政府的工作人员)收买了当地很多传媒公司、电视台、新闻、电台、记者、报社”。也有人以“移花接木”的方式,传播其他地方的河流污染图,并大肆宣传“某地污染导致黑水河出现”,引起微信群内成员恐慌。还有人谣传整个广东省范围内的垃圾都要在这个垃圾焚烧厂处置,激化了公众的情绪。

最后是冷静分析类。这类内容不同于前述信息的群情激昂,主要是对项目建立的科学性、可行性、必要性进行分析,并倡导以合法合理的途径争取权益,避免把事情“闹大”。信息的发布者一般都有特殊的职业背景,如公务员、电视台记者等,他们通常会从公民、政府等多个角度理性地分析问题,通过各个渠道了解垃圾焚烧项目的具体运营情况,向大家科普目前的垃圾焚烧技术,对清远市当前的垃圾处理情况与难题进行分析。例如,一名电视台记者在深入了解项目情况后在朋友圈发布:"飞来峡垃圾焚烧项目不是消化别的城市的垃圾,而是消化我们自己产生的垃圾。清远垃圾围城问题已迫在眉睫,需要尽快解决。定为省重点项目是为争取省的政策和资金的支持。项目只是选址之一,正在依法依规推进,尚未进入环评和公开征求意见阶段。呼吁大家爱护我们的城市,理性表达诉求!"也有人表示,"现在垃圾焚烧技术已经十分成熟,可以从根本上解决环境污染问题"。同时,他们会针对前面所述的一些不实信息进行质疑或澄清。"安监局的同事说是清远的垃圾,不是广州的垃圾运来清远烧的,我们清远也有很多垃圾的。"但是,这个信息一经发出就引起了围攻,并且很快就被更激进的言论所覆盖。"你错了,就是广州的垃圾,我姨丈也是安监局的,他们组织有要求,统一口径说是清远的垃圾","广州也运过来的,本地是烧,其他地方的也有","都是对过口型的,运了你都不知道"。可见,虽然舆情中也存在一定的冷静分析,但是在面对与自己的意见不一致的"意见气候"时,这些人会因害怕处于少数的一方或被孤立而保持沉默。理性、中立的声音越来越小,片面、非理性的话语愈演愈烈,在微信群的密闭空间中,偏见被进一步放大。网络对大多数人而言是极端主义的温床。[1] 微信群内部的同质化,虽然使志同道合的人能够更频繁地交流,但也导致人们听不见不一样的声音,陷入极端的立场之中,最终走向"群体极化"。[2]

2. 情感认同的确立

微信推文的大范围传播引起了公民的广泛关注,微信群为公民提供了情感表达、意见交流的私密性平台,在集体情绪的带动下,越来越多的公民积极地参与到公共事件的讨论之中,舆情态势左右着事件的进展。如果说微信推文的传播唤起了人们共同的情感共鸣,那么微信群的深入交流,则最终确立了公民对集体的情感认同,形成一般性的信念。"对于社会运动的参与者而言,最为核心的任务就是形成一个集体认同感。为了形成集体认同感,参与者必须把自己界定为一个群体,群体的成员必须发出共享的观点

[1] 参见[美]凯斯·桑斯坦:《网络共和国:网络社会中的民主问题》,黄维明译,上海人民出版社 2003 年版,第 48 页。

[2] 参见金毅:《当代中国公民网络政治参与研究——网络政治参与的困境与出路》,吉林大学行政学院 2011 年博士学位论文,第 88 页。

和目标,以及有关集体行动的可能性与局限性的共通意见。"[1]换言之,情感认同的确立过程就是弄清楚何为"我们"、何为"他们"的过程,只有界定清楚"我们"与"他们"之间的边界,群体的信任感与归属感才有了扎根的土壤,集体中的情感认同才真正构建起来。

就本文案例而言,情感认同的确立正是遵循这样一个流程,微信群内的沟通交流助推了公民情感认同的确立。

一方面,公民在微信场域中构建了"我们"的共同体认知。在微信群聊和微信朋友圈的信息交流中,"我们清远人"一词频繁出现,对"我们"的反复强调促成了公民集体观念的形成。例如,2017年5月6日微信群转发最多的一句话是"同系清远人,共饮一江水",这句话同时被制作成很多海报的标题。另一条信息也在微信群中被疯狂转发,"我们清远人团结起来!!万众一心!众志成城!为了我们美丽的家园,为了我们的亲人和后代,让我们举起双手、发出声音,共同保护家园,保护北江水,抗议在北江上游建垃圾焚烧厂"。这段话开头便以"我们清远人"煽动参与者的情绪,让每个参与者感受到他们不是孤立的存在,身边有很多人加入到抗议中,有了初步的归属感和安全感;随后,通过"为了我们美丽的家园""为了我们的亲人和后代"等语句继续激发公众的情绪,唤醒公民"保卫家园"的情结,增加参与者对抗议活动的情感认同。情感认同确立后,参与者们开始自觉地转发和扩散抗议信息,拉拢身边更多的人加入,为后续的动员提供充足的人员准备。同时,"我们清远人"的共同体观念,也赋予了参与者责任感和使命感,每个公民都是身在其中的参与者、当事人,而不是隔岸观火、冷眼旁观的围观者,必须做出行动表现才能不辜负"我们"的集体标签,因为参加集体行动是公民寻找集体认同的过程。[2]

另一方面,政府官员成为公民舆论的"攻击对象","他们"的界限也被确立。在此次案件中,"他们"是在任期内谋求政绩、不顾公民利益的官员,有网友在微信群中说,"北江污染,他们换届就可以拍拍屁股走人,但我们不行,因为清远是我们的家园"。还有网友冷嘲热讽,"省里领导看着呢,肯定要把项目建下来有所表现了"。微信群内对项目"污名化"的言论不断出

---

〔1〕[美]艾尔东·莫里斯、卡洛尔·麦克拉吉·缪勒主编:《社会运动理论的前沿领域》,刘能译,北京大学出版社2002年版,第95页。

〔2〕参见蔡前:《以互联网为媒介的集体行动研究》,江西人民出版社2009年版,第117页。

现,再生资源项目成为政府官员的政绩工程。“他们”的形象确立后,公民们的舆论有了共同针对的对象,一边是“我们”的家园,另一边是“他们”的政绩,公民的正义感和责任感进一步被激发,在此驱动下,公民更积极地参与到情感动员中。

情感认同确立后,原本松散的公民个体汇聚成具有共同价值观念与情感体验的群体,内心信念的趋同与立场的一致使公民群体更具凝聚力与行动力,为后续的线下活动奠定了感情基础。

(三)微信公众参与的冲突升级阶段

1. 社会动员的展开

在结构性紧张的气氛中,基于情感认同的确立即一般性信念的形成,清远市市民对项目的不满达到爆发的临界点,他们已经无法满足于微信场域内的虚拟表达,需要进入现实社会采取进一步的激进行动才能完成情感的宣泄,让外界听到他们的呼声。以微信为媒介的社会动员具有动员过程的高效性、动员主体的隐蔽性、动员成本的低廉性等特点。[1] 随着微信舆情的高涨,微信群内很快营造出一种只有通过集体行动才能阻止垃圾焚烧厂建成的氛围。有人把近年来清远市在环保方面的负面新闻都挖了出来,如前任清城区环保局局长“分分钟搞垮一间厂”录音门事件,让已经具备高度情感认同的微信群更坚定反对建立垃圾焚烧厂的立场。[2] 同时,还有人转发了厦门PX项目、番禺垃圾焚烧案件、禄步垃圾焚烧案件等类似的环境群体性事件的信息,让人们觉得这类事件属于“一闹就停”,只有闹一闹才管用,更坚定了采取线下行动的决心。

以下为选自微信群中的真实聊天记录:

捍卫家乡:“大家5月7日19时一起到市政府南广场啊! 不去不行啊!”

清远一家亲:“你们去不了的帮忙扩散信息啊! 让外界知道,扩大影响!”

Treasure:“你还是不是清远人了? 是清远人大伙就一起去。”

---

〔1〕 参见周宇豪:《我国公民网络政治参与问题研究——以宁波镇海PX事件为例》,上海外国语大学国际关系与公共事务学院2017年硕士学位论文,第34页。

〔2〕 参见《分分钟可以搞垮一间厂》,载《西安晚报》2013年12月14日,第9版。

Betty-H:“有几个大学生建了几个500人的大群,正在讨论明天‘散步’的事情呢！你们也赶紧加！我加进去了！”

捍卫家乡:“大家游行的时候千万不要动手,因为带头出手的可能是便衣警察,为的就是引起大家动怒出手,跟政府发生直接冲突,好让他们有借口抓人！只要我们静静地游行,他们也拿我们没办法。”

清远一家亲:“谁家里是开打印店的？在群里吼一声！大家都多准备几条横幅,或者用A4纸打印出来都可以！”

捍卫家乡:“横幅,我建议到时候,我们拿去抗议,如果现在把它搞到石梨的周边路口,一定会有人剪,或者把横幅拿一点去源潭、升平、江口挂。”

显然,微信群中的这些组织、号召类的信息在很大程度上发挥了集体动员的作用,并且微信群中的动员主体并非十分明确,动员主体与动员客体随时发生转换。动员一经发出就引起了群成员积极、广泛的回应,对集体行动的产生起到了催化作用。群内的积极分子开始组织、策划线下活动的具体内容,群成员也积极探讨聚集的时间、地点、路线、口号等,包括集体行动的纪律、如何通过集体行动与政府周旋等,经过短短的一个晚上,群内就讨论出了线下活动的初步方案。由于微信群的私密性,政府部门要对微信群内关于集体行动的组织、策划内容进行预警是十分困难的,除非微信群内部透露信息,否则政府难以知晓微信群内的讨论内容。

2. 集体行动的产生

经过微信群的动员与策划,2017年5月7日19时40分许,400名清远当地居民开始在清远市政府南广场聚集,随后步行至市区内的主要交通要道与桥梁,引发大量路人围观,并造成交通拥堵。此时的参与人群如勒庞所描述,置身于群体中的人们弱化了独立思考的能力,他们表现出强烈的情感倾向,但缺乏理性及批判力,仅仅是按照本能行动,无意识地效仿群体中其他人的行为和态度。[1] 公安机关监测到聚集行为后,立即启动应急处置工作预案,组织警力到现场维持秩序,并配合政府部门工作人员开展法律宣传教育工作,动员全体政府工作人员在微信群对有关情况作出说明,避免网民

〔1〕 参见[法]古斯塔夫·勒庞:《乌合之众:大众心理研究》,高山译,新世界出版社2015年版,第31页。

对项目的误解，也在现场劝告聚集人员依法依规理性表达诉求，但是聚集人员对此置之不理继续前行。在这个过程中，微信群与微信朋友圈中不断有人发布现场聚集的图片、视频，对现场的情况进行实况报道，微信传播渠道的多元化与传播内容的多样性给“身体缺场”的围观群众以在场感，原本犹豫要不要去现场的人很多被现场的报道所刺激、鼓动起来，参与到事件中。[1]

当晚21时左右，聚集人员再次增多，继续行至清城区北门街口的商业繁华地带，大量市民围观并加入游行队伍，对公共秩序及道路交通造成了严重影响。为维持社会公共秩序，确保安全，经多次告诫无效，公安机关依法对聚集人员进行劝离，并对涉嫌扰乱秩序、堵塞交通的人员强制带离现场。23时许，聚集的人员才开始自行离开，道路交通恢复正常。

其间，“易直帮”微信公众号发表一篇名为《清远将建垃圾焚烧站，市区的水源将会受到污染吗?》的文章，正文内容除包含群众聚集的图片外，还有很多警民冲突的不实图片与视频，视频中警察被对抗的群众用烟花燃烧弹之类的物品袭击，现场一片混乱。然而，在实际的线下行动中并没有出现警民冲突的情况，文章系该公众平台意图通过社会热点编造谣言为自己销售的产品做宣传而发出，文章中的图片、视频都是“移花接木”的虚假信息，冲突地点与某广场聚集地点也并非在清远市。尽管如此，文章还是在各大微信群与朋友圈中广泛传播，公众情绪更激愤，网络舆论持续升温。

直到2017年5月8日，即发生群体性事件第二日，“清远城管”微信公众号才发布了一篇名为《关于垃圾焚烧的问答！了解事情真相，切勿造谣传谣信谣!》的项目情况通报，对清远市新建垃圾焚烧厂的原因进行了说明，回答了关于“为什么选择垃圾焚烧处理”“垃圾焚烧厂臭味如何控制”“垃圾渗滤液怎么处理”等公民迫切关心的问题，同时介绍了发达国家的城市垃圾处理方式、垃圾焚烧废气的防治技术、垃圾焚烧二噁英的执行标准，告知公民对垃圾焚烧发电厂运营的监管方式。但是，以上文章并未为公民提供意见及建议的反映渠道，后续文章更新时，清远市住房和城乡建设管理局才通过公众号向社会公布听取意见的邮箱。因此，政府与公民之间仍然未建立有效的沟通渠道，这也导致了后续群体性事件的反复，在5月8日、

〔1〕 参见邓希泉：《网络集群行为的主要特征及其发生机制研究》，载《社会科学研究》2010年第1期。

5月9日再次发生了数起群体性事件。

(四)微信公众参与的平复阶段

1. 政府应对方式的转变

根据斯梅尔塞的价值累加理论,社会控制作为集体行动形成的最终环节,直接决定集体行动的发生与停止。群体性事件爆发后,政府意识到微信媒介对集体行动的产生有非常重要的影响,因此,政府部门开始在微信传播平台上对事件进展与项目情况进行大幅报道,逐渐在微信舆论场中占据主导地位,使群体性事件的态势得到了有效控制。

2017年5月10日,政府通过多个微信公众号对垃圾焚烧项目的情况进行了通告。这些公众号文章图文并茂,通过数据统计对清远市当前的处置能力进行了详细分析,"截至目前,市区垃圾日填埋量已达1100多吨,而目前使用的青山垃圾填埋场设计规模为650吨/日,已超出设计能力近1倍,若仍无新增垃圾末端处置能力,预计只能再使用不到2年",介绍了清远当前面临的"垃圾围城"严峻困局。并且,这些公众号以加粗、加亮字体对项目进展环节进行了公示,告知群众当前项目还没有进入环境影响评价、社会风险评估等实质性环节,仅是按照国家及广东省建设项目核准程序进行前期工作。文章发布后,引起公民的大量关注和转发(见表1)。

表1　案件平复后政府微信发布的公众号文章情况

公众号	标题	阅读量
清远发布	【权威发布】清远市再生资源处理中心项目不在飞来峡镇石梨村片区规划建设	27,806
清远日报	清远召开新闻发布会:市再生资源处理中心项目不在飞来峡镇石梨村片区规划建设	10,537
清城管家	垃圾变资源,这不是梦想!!	5068
清远正嘢	最新消息:清远市再生资源处理中心项目(垃圾焚烧发电项目)不在飞来峡镇石梨村片区规划建设	2212
清远微讯	清远市再生资源处理中心项目不在飞来峡镇石梨村片区规划建设	3615
欢乐清远	最新消息:垃圾焚烧场不在飞来峡镇建设	1362

从微信公众号文章后的留言可以看出,公民对政府此次的项目处理都

比较满意,政府的形象得以重新塑造,也验证了公民通过微信平台能够有效地影响政府的决策过程,实现政治参与的目标。

2. 公众理性的回归

虽然微信媒介中的利益表达属于非制度化的政治参与方式,存在易激进化、群体激化等固有缺陷,但是我们应该看到,微信确实拓宽了普通公民与政府沟通、互动的渠道。公民与政府间的博弈是客观存在的,我们要做的不是否定,而是使这个过程更有秩序、更理性,推动公民社会的成长与成熟,经得起文明的追问。

在此次事件中,随着政府部门在微信媒介上大范围地通报"不在飞来峡镇石梨村片区规划建设再生资源处理中心项目(垃圾焚烧发电项目)",公民舆情重归理性、趋于平复,很多市民对政府的通告予以转发,对政府的做法表达了认可,如"伊芙香颂"公众号发布《清远飞来峡垃圾焚烧厂的真相》。当然,讨论与争议仍然存在,这次事件引发的思考在微信场域中仍然在持续,一个名为"51 号石头巷"的公众号发布了推文《对清远建垃圾焚烧厂所引发的游行与冲突,我做了 11 个名词解释》,选取了问题、结论、公民权利、理性、政治文明等多个关键词对本次案件进行了回顾和反思,阅读量高达 2 万次。可见,公众在微信参与的过程中,作为公民,其权利意识确有提高,部分市民提出"在垃圾填埋场就地建造焚烧厂"的建议,也有人提出"可以在微信公众号里发起投票,让大家决定垃圾焚烧厂的选址",微信媒介是新媒体时代公民政治参与的首要选择。

三、微信对群体性事件中公众参与的影响分析

(一)微信对群体性事件中公众参与的正面影响

1. 拓宽了公众参与的渠道

传统的政治参与存在公民参与渠道单一,意见表达渠道不畅,参与成本高等不足。微信的出现,弥补了传统政治参与的缺陷,降低了公民政治参与的成本,使公民政治参与的过程更数据化、网络化、便捷化,顺应了公众的日常习惯与社会发展趋势。微信涵盖了公安、公积金、交通、税务、司法、教育、民政等方面的政务功能,使公民的政治参与的渠道有效拓宽,满足了公民多元化的需求。

在微信产生之前,公民网络政治参与的媒介主要是微博、博客、论坛等,与微信相比,这些媒介中的公众参与是相当有限的。以微博为例,微博中公

民的政治参与是分散而短暂的,这个特征与微博信息传播的扩散性有关。微博场域中大量议题不断涌现,使公民的注意力被不断分割,公民对众多议题的参与通常是“浅尝辄止”,停留在浅层的讨论,随着时间的推移,公民对某一议题的讨论将趋于静止,议题的深度得不到拓展,也就发挥不了影响事态发展的效果。对此,有学者提出议程设置的零和理论,认为网络平台中公民的注意力是一种稀缺的、互相争夺的资源,公共议程的设置是不同议题之间进行零和博弈的过程,在这个过程中,公民对议题的接触时间和持续关注度都是有限的,公民对某一议题的关注度增加,必然会导致对另一议题的关注度减少。[1] 微信在一定程度上避免了上述情形。公民根据自己的需要对特定地域或领域的政务微信进行订阅后,政务信息的传递相对精准,公民的注意力能够有效集中于特定的公众事务上,参与的内容具有较强的针对性,关注的持续性也更强。特别是在地域性的事件当中,借助当地的政务微信,公民实现了更具针对性、持续性的深度参与,最终发挥实质性的社会影响,促成事件的解决。

公民在微信中的政治参与范围带有显著的地域性,即公民关注的内容集中于自己的生活区域。对此,有人提出微信缩小了公民的政治参与的范围。虽然微信中公民关注的内容变得更集中,但这并不代表公民政治参与的范围变小了。相反,他们在自己关注的领域内实现了更广泛的政治参与。例如,此次清远市垃圾焚烧厂选址事件中,微信群聊、微信朋友圈、微信公众号三端联合形成了一个综合性的信息传播平台,依托微信强大的功能模块,关心垃圾焚烧项目的公民可以迅速获取与自身利益切实相关的项目信息,包括垃圾焚烧发电流程、垃圾运输与接受情况、垃圾储存及投料情况、垃圾焚烧的环保工艺等。相比于以往传统的讯息公示,微信中的信息发布更具针对性和时效性。同时,公民可以在微信公众号中提出自己关心的有关垃圾处理技术、焚烧发电技术、垃圾厂选址等方面的建议与投诉,公众号会根据公民提供的讯息进行大数据分析,针对公众投诉、反馈问题,结合当前的垃圾焚烧环保工艺、垃圾厂选址综合分析等信息,对处理结果作出反馈。可见,公民借助微信平台搭建的“综合性讯息平台”,在垃圾焚烧项目上获取了更具体、全面的信息,将各类建议以点对点的方式及时反馈给清远市住房

---

〔1〕 See Jian-Hua Zhu, *Issue competition and attention distraction: a zero-sum theory of agenda-setting*, Journalism Quarterly 4, pp. 825 – 836(1991).

和城乡建设管理局，实现了更加全面、广泛的政治参与。

2. 缩小了公众参与的数字鸿沟

“数字鸿沟”（Digital Divide），也称“信息鸿沟”，这个概念最早是由美国国家远程通信和信息管理局（National Telecommunications and Information Administration, NTIA）提出的。在其1999年的报告《在网络中落伍：定义数字鸿沟》中，“数字鸿沟”描述的是存在于信息富有者和信息贫困者之间的巨大差距，指信息时代下横跨在数字信息拥有者与数字信息赤贫者之间的难以逾越的鸿沟。“数字鸿沟”概念与“知识沟”理论密切相关，作为“知识沟”理论在网络信息时代的延伸，我们有必要对“知识沟”理论进行基本了解。“知识沟”理论由蒂奇纳、多诺霍、奥里恩提出，他们认为大众传媒的信息传播非但没有缩小人与人之间的知识差距，反而导致人与人之间的知识差距进一步扩大，原因在于不同社会经济地位的人对于信息的获取速度、数量、质量都存在差异，社会经济地位越高，大众信息的传播所带来的知识量增长越大。[1] 同样，在网络数字传媒时代，社会经济地位依然是影响人们获取信息、使用信息的重要因素，“知识沟”演变为“数字鸿沟”。数字鸿沟体现为接入沟与使用沟两个方面：接入沟指没有信息获取工具的人与拥有信息获取工具的人之间的差距，主要体现互联网在不同人群中普及率上的差异；使用沟指连接网络之后，使用者在网络信息技术的掌握与运用上的差距，这个差距由使用者的经济状况、知识结构、技术水平、教育水平等因素综合决定。

随着智能手机与移动网络的迅猛发展，人们在接入沟上的差距越来越小，智能手机的价格与网络使用资费越发低廉，使更多收入层级、年龄阶段的人群能够接入移动网络，人们在接入沟上的差别并不突出。关于使用沟，有学者将其进一步细分为数字能力鸿沟与数字产出鸿沟。数字能力鸿沟指公民在政策信息搜集与获取上能力的欠缺，互联网平台的海量信息容易使公民浸没在信息海洋之中。微信运营商通过对用户数据的收集、整理，分析用户的信息接收偏好和需要，有针对性地向用户推送信息，在一定程度上弥合了不同社会地位的公民在技术使用上的差距。尤其是政务微信对不同地域、领域的信息定点发送功能，免去了公民在信息洪流中搜索的烦恼，只需

---

〔1〕 See P. J. Tichenor, G. A. Donohue & C. N. Olien, *Mass Media Flow and Differential Growth in Knowledge*, The Public Opinion Quarterly 2, pp. 159－170(1970).

要对相关的公众号进行订阅就能每天接收到生活区域内的时政要闻。同时,基于微信用户群体间的强关系,微信的使用人数会通过现实生活的社交网络迅速扩散,一个圈子中使用微信的人数越多,微信在政治参与方面的功能和使用方法就普及得越快,特别是在地域性事件中,公民会引导周边的亲朋好友接触并使用微信在政治参与方面的功能,集结起来形成舆论压力,倒逼政府作出决策调整。[1] 但我们应该看到,公民在数字产出层面的使用沟仍然存在较大差距,受教育程度更高的人对网络使用技术等知识的掌握和运用更加娴熟,能够快速地收集源于四面八方的信息,并对复杂的信息加以处理、整合,设置议程、聚集意见,运用于政治参与的过程中。以2018年7月发生的长春长生疫苗事件为例,一个名为"兽楼处"的微信公众号发布了《疫苗之王》的公众号文章,对长春长生生物科技有限责任公司、江苏延申生物科技股份有限公司、深圳康泰生物制品股份有限公司的"发迹史"进行了揭露,曝光了这些疫苗公司在疫苗生产方面偷工减料、弄虚作假、逃避监管、疫苗抗原含量低等系列问题。在这个过程中,"兽楼处"微信公众号是一个典型的"知识生产者",通过对疫苗安全问题的议程设置,引导大量公民参与到议题讨论中。受教育程度较低的公民则停留在信息的输入层面,只能运用最基本的网络技术浏览和转发微信上的讯息,几乎没有数字产出的能力,对文章中的信息真实性也缺乏理性判断的能力。因此,还需要进一步挖掘微信政治参与的功能,弥合公民在政治参与过程中的数字鸿沟。

3. 培养了公众参与的主体意识

在传统的政治参与方式中,公民会受到时间、空间、自身知识文化水平等诸多因素的限制,公民对公共事务的参与度和自由度都极为有限。微信则创造了一个更自由、平等的话语空间,伴随公民话语权的强化,公民政治参与的主体意识随之唤醒。在微信中,公民的话语不再囿于自己所处的局部的社会结构中,公民在现实政治生活中的个人身份、社会地位、社会资本等信息经过符号化的处理被进一步淡化,可以更加自由地筛选信息、呈现自我并进行话语表达,政府与公民间的话语交流也趋于平等。微信交流的自由化、平等化的特性,使公民话语获得了巨大的流动性与生命力,激发了公

---

[1] 参见庄婷、陈瑞群:《数字鸿沟视角下微信"使用沟"的研究》,载《新闻研究导刊》2016年第10期。

民政治参与的兴趣。[1]

对此，卡斯特在《网络社会的崛起》中提到，基于网络社会的无时间之时间性与空间的流动性，现实生活中的空间、时间、社会等物质基础被符号解构、转化、重组，现实世界的"结构性意义消失了，淹没在网络看不见的逻辑之中"。[2] 换言之，公民的社会地位及背景在网络信息的流动中被淡化，现实社会中的等级结构也在网络场域内被模糊化，人们关注更多的是话语符号本身。因此，在微信这样一个宽松、自由、平等的话语环境中，公民能够切实感受到自己与精英群体平等地享有话语权，同样能够在政治参与的过程中有所作为，影响公共事务与公共决策。这种参与感与成效感打开了公民的话语之门，公民逐步养成政治参与的习惯，在微信中愈加频繁地交流公共讯息、意见和知识，政治参与能力得到进一步提升。

根据第42次《中国互联网络发展状况统计报告》，截至2018年6月，我国在线政务的使用人数已达到4.7亿的大规模，在整体网民中占比58.6%。在政府网站、政府微博、政务微信、政府手机端应用等众多媒介中，政务微信的使用频率最高。微信的政治参与功能被越来越多人挖掘，其功能的多样性与聚合性，使公民由原来的"旁观者""围观群众"转变为积极的"参与者"。公民的关注点不再单纯地停留在与自身利益相关的事情上，对涉及公共利益的事务也投入了更多关注。微信政治参与的诸多成功案例，使公民意识到他们的意见表达真实地影响着现实政治生活，无论是对政治的独立思考能力还是政治参与能力，抑或是政治参与的主体意识，在微信平台中都得到进一步加强。

（二）微信对群体性事件中公众参与的负面影响

微信为公民提供了一种全新的非制度化政治参与方式，对公民政治参与的广度、深度都发挥了一定的正面影响，但也由于微信领域缺乏相应的法律、法规规制，微信这种非制度化的参与方式呈现复杂性和不稳定性，不可避免地产生非制度化参与的负面效应。

1. 微信的私密性导致政府监管的难度加大

首先，微信作为一个较私密的网络空间，使政府舆论监管的难度加大。

---

〔1〕 参见宋辰婷：《互联网时代的权力演化趋势》，载《社会科学研究》2017年第2期。

〔2〕 ［美］曼纽尔·卡斯特：《网络社会的崛起》，夏铸九、王志弘等译，社会科学文献出版社2006年版，第440页。

在传统传媒时代,政府可以根据媒体的发表单位对舆论进行监测和管控。微博和博客中的舆论,政府也能根据转发、评论的信息量监测舆论规模,顺藤摸瓜地找到信息发布者。微信平台却难以追溯信息的来源,不同于微博、博客的转发,微信群内的信息无法通过直观的标记或者特定的检索功能进行追溯。从微信发布伊始,它的定位就是私密性较高的社交软件,用户之间主要通过“点对点”或“点对多”的方式进行信息传递,未经添加好友或者未受聊天邀请的用户无法进行信息的交流。一则信息有多少用户转发到微信群,以及有多少用户在朋友圈分享,哪些主体积极地参与了讨论,这些情况都无法直观呈现,政府部门也缺乏行之有效的方式监测信息的传播规模、受众分布等。总而言之,政府部门无法在第一时间获知微信动员信息的源头、传播途径、作用范围和受众反应,也不存在一个标准化的尺度、级别来说明“舆论是否形成”“舆论的主体是谁”“舆论达到了什么规模”等一系列问题。[1] 在清远市环境群体性事件中,清远市民通过微信群、微信朋友圈等私密性较强的媒介进行信息的传播和交流,并通过微信媒介实现了集体行动的动员,组织了线下抗议行动。在事件的前中期,政府监管都处于缺位的状态,只有线下集体行动展开时政府才开始察觉,可见,微信中的政府监控是比较薄弱的。并且,即便是对微信的信息传播进行实时监管,首要解决的问题是如何区分一般信息与敏感信息的界限。微信作为一个较私密的社交平台,信息传播除涉及政治、经济、文化等公共领域的内容外,还夹杂着诸多微信个人用户的隐私信息,私人领域与公共领域的界限划分并不明确,政府部门对信息监管的范围难以界定,很难确定对特定信息是“管”还是“不管”,监管过程中容易对公民的个人隐私造成侵犯。

其次,微信内部也缺乏自我监督、自我管理的机制。微信中的社交网络是以现实社会的人际关系为基础的,用户之间的同质化程度很高,在信息传播的过程中,基于彼此之间的“熟人关系”,用户一般不会对信息的真实性进行核实、印证,即便事后知晓了信息的真实情况,也会因现实中的人情关系而选择视而不见,检举、揭发的可能性很小,所以要实现微信用户之间的相互监管、相互约束是十分困难的。

---

[1] 参见靳澜涛、王瑞山:《微信平台群体性事件的网络动员与政府治理》,载《哈尔滨市委党校学报》2016年第2期。

2. 微信的强关系易加剧公众参与的激进化

微信改变了微博、博客等网络社交软件中较松散的人员联系，重构了强关系的网络社交，微信社交的对象趋于“同质化”，且信息的传播处于相对私密的空间中，这些特性使成员间更容易形成聚集和联动，特别是在群体性事件中的公众参与更容易走向激进化，演变为“群体极化”的现象，微信政治参与主体的非理性化在很大程度上消解了政府治理的有效性。[1]

根据马克·格兰诺维特提出的强弱联系理论，个体能否达成行动目的取决于个体间联系的强弱程度。[2] 在微博、博客、论坛等网络媒介中，用户间通常处在弱关系链的联结之中，难以形成稳定的社会动员。微信的社交关系大多是基于业缘、学缘、地缘、血缘等现实社交关系构建的，相比于微博、博客，微信用户之间有较紧密的社会联系；特别是在一些公共性的议题上，公民的参与情绪更高涨，因为关乎切身利益，言论更加激进，很容易达成共识，实现社会动员和现实社会行为的可能性更高。在清远市环境群体性事件中，清远市民因为地缘共性、利益共性迅速聚合在一起，微信群内的用户关系与现实社交关系高度契合，据群内成员的描述，“我们很多人平时都认识的，听说要建垃圾焚烧站我们就扫二维码进群了”。微信为当地居民提供了一个深入互动的网络场域，动员成本低且扩散性极强。因为有着“我们清远人”的身份认同和“保卫家园”的情感归属，微信群内的意见走向很快达成一致，“把事情闹大”的心态逐渐成形，这也加速了线上讨论到线下行动的演变进程。同时，由于微信平台中动员主体与动员客体的划分并不明显，任何人只要针对特定事项发布信息或者在朋友圈转发、评论，都可以瞬间完成由动员客体到动员主体的身份转换，因此，所有人都是潜在的动员主体，舆论易固化并形成规模性的话语权。[3]

微信平台虽然提供了丰富的信息来源，但是这并不意味着它是一个完全开放的社交平台；相反，由于微信用户需求偏向于个性化和私人化，微信平台形成的是一个密闭的交往空间，人们倾向于把自己不断缠绕在自我的

---

〔1〕 参见白佳：《网络政治参与视域下的公民参与式治理模式研究——基于杭州市民网络政治参与的样本》，武汉大学政治与公共管理学院 2017 年硕士学位论文，第 88 页。

〔2〕 参见[美]马克·格兰诺维特：《镶嵌：社会网与经济行动》，罗家德译，社会科学文献出版社 2007 年版，第 55 ~ 56 页。

〔3〕 参见靳澜涛、王瑞山：《微信平台群体性事件的网络动员与政府治理》，载《哈尔滨市委党校学报》2016 年第 2 期。

“信息茧房”之中,接收的信息局限于朋友圈内的信息和个人订阅的公众号。[1] 信息的窄化和观点的趋同会使人们不断重复并放大某些观点,最终形成激进化的言论,产生“群体极化”现象。在此次事件中,虽然存在部分言论对垃圾焚烧项目进行冷静分析,但是作为少数的不同意见,很快就引起群体成员的反对和排斥,群内的观点大都倾向于放大垃圾焚烧的危害。当负面舆情积聚到一定程度,人们开始投身于线下的集体行动。

四、微信时代群体性事件中公众参与的优化与治理

(一)培育成熟的微信公众参与文化,引导公民理性参与决策

1. 推动微信领域公民教育,培养参与主体的公民意识与守法精神

民主是需要培训的,公民文化要在政治参与的过程中不断塑造才能形成。政治文化,是指社会政治生活的主观领域,是政治体系的心理方面,是人们对政治体系的心理取向,表现为人们对政治体系的认识、情感和评价取向。[2] 公民政治参与文化体现公民的权利意识与义务意识,是公民对自身享有法定权利与义务的深刻认知,其内涵包括公共意识、责任意识和法治意识等。尽管宪法赋予了每个社会成员合法的公民身份,但是公民文化一直处于缺位的状态,公民的守法精神也严重不足。[3] 随着移动网络与微信媒体的迅猛发展,微信已经成为当下公民参与决策进程、监督政府的主要平台,培养微信政治参与主体的公民意识与守法精神,借此机遇推动微信领域的公民教育,改进公民认知、塑造公民品格、培育公民精神、规范公民行动,是当前实现公民健康、有序政治参与的重中之重。从目前的情况看,我国网络空间参与过程中难以辨析并思考微信传播信息的客观性、真实性,存在大量言辞偏激、谣言扩散的非理性行为,对社会稳定运行产生了负面的影响。因此,要实现微信政治参与的可持续发展,改变当前微信政治参与不规范、无序化的现状,必须着力塑造成熟的微信参与文化,培养理性、富有责任感的微信公民。为此,我们可以从政府、公民、运营平台等多个主体层面着手。

在政府层面上,我们首先要塑造开放、自信、包容的政府形象。一个开

---

[1] 参见赵晓蕾:《微信传播存在的“信息茧房”效应探析》,载《中国传媒科技》2017年第10期。

[2] 参见唐晓、杨帆:《政治科学基础》,世界知识出版社2007年版,第277页。

[3] 参见马长山:《网络公民与守法精神》,载《苏州大学学报》(哲学社会科学版)2015年第1期。

放的政府,必定能够满足公民对其“信息输出”的要求,实现全面、透明的信息公开;同时也必然能容纳公民的“信息输入”,为公民政治参与提供畅通渠道。政府公开与公民政治参与的有力结合,保证了政治系统的平稳运行,为公民文化的培植提供良好的土壤。在公民层面上,我们要推动微信领域的公民教育,在公民微信政治参与的进程中培养其成熟的公民意识。公民意识体现为公民对自身享有法定权利和履行法定义务的清晰深知,是公民具备良好的社会责任意识、法治意识的综合体现。良性的公民社会以良好的公民意识为前提,而以成熟的公民意识为根基的微信政治参与必定是自主的、规范的和理性的政治参与。最后,在微信政治参与的过程中,除了政府与公民的参与,还应重视微信运营商、服务商的作用,尽管参与的进程中微信运营平台并没有明显的行为,但它属于“不在场的在场”。作为微信平台的“把关人”,要充分发挥其时间与技术优势,对微信舆情进行及时地监督与调控,建立快捷、准确的辟谣机制及处罚机制,引进多方机构参与辟谣工作,打造文明、理性、健康的网络政治参与环境,引导公民理性参与决策,促进微信政治参与的可持续发展。

2. 创新微信公众参与的吸纳机制,打造官民互动的信息交流平台

许多学者提出要拓宽制度化参与的渠道,满足公民政治参与的“刚需”以维护社会的稳定。然而,当前面临公民对制度化参与渠道信任度、积极性低的“塔西佗”困境,很多传统的制度化参与方式如民意调查、听证会、专家咨询会等限于“走个过场”,难以实现公民的参与目标,基于基层政府公信力的缺失,即便政府创设更多的制度参与形式,也很难吸引公民参与其中。

此外,随着微信媒体的兴起,越来越多的公民投身于微信媒介的网络政治参与当中,如果政府采取的态度是限制参与而非积极面对,将会错过基层民主发展与基层政府治理水平提高的宝贵契机。[1] 虽然微信政治参与中存在激进化的困境及多种冲突,但正如美国社会学家科塞所说,在社会发展的进程中社会冲突必然存在,我们应看到社会冲突的正面功能,它可以发挥“社会安全阀”的作用,避免公民负面情绪的长期积压形成更大规模的、颠覆性的社会危机,及时排解公民的不满情绪。

---

〔1〕 参见赵玉林:《机理与应对:微信条件下群体性事件的扎根分析》,载《情报杂志》2018 年第 3 期。

因此,政府在完善听证制度、咨询制度等制度化参与方式的同时,应当主动吸纳微信政治参与的新方式。尤其是在重大事项上,除通过微信公众号进行宣传外,应加强与公民间的互动、沟通,鼓励政府工作人员通过微信朋友圈与公民进行平等对话,让公民及时了解政府工作信息动态;主动建立各个区域的微信联络群,邀请当地居民进群参与协商、交流,"面对面"听取公民的意见,构建官民沟通的官方微信群;完善微信群主约谈制度,发挥意见领袖的正面引导作用,特别是在地方群体性事件中,要积极主动地与微信群主沟通、交流,通过微信群主整合公民的意见,同时通过其将政府的政策安排、处置方式反馈给公民,保证政府与公民的良性互动。

(二)完善微信公众参与的网络环境,促进微信公众参与的健康发展

1. 创新微信舆情引导机制,提高微信舆情应对的精准性和时效性

微信舆情的产生、叠加、爆发是一个渐进的过程,政府可以在微信舆情传播的过程中开展舆情疏导工作,对舆情的发酵和激化进行提前阻断,如此,也能避免公民政治参与走向激进化。

首先,要保证政府对舆情回应的时效性。以清远市环境群体性事件为例,从微信舆情的聚集到线上讨论向线下活动的转化仅仅经过了一天的时间,因此,政府的回应应当在监测到公民舆情累积的1~2小时内作出,对项目的基本情况与进度进展进行及时通报,同时明确政府的立场态度与处置框架,让当地公民有一个清晰的了解与明确的预期,消解公民的相对剥夺感,化解社会结构性紧张。其次,要加强政府微信与民间微信间的互动。在清远市环境群体性事件的前期,由于微信媒介的封闭性,政府对微信上的民间舆情掌握信息极少,政府微信一直处于缺位的状态,而民间微信如"清远阵地""清远微生活"作为当地公民政治参与的主要渠道,在事件的前期、中期、后期都发挥了至为重要的作用。因此,应该加强政府微信与民间微信间的沟通与配合,推动重大信息的全面公开与公民意见的理性表达,实现微信媒介上的有序政治参与。同时,还要提升微信媒介中政府回应话语的精准化。在政府与公民的互动过程中,减少"官话""套话"的使用频率,选择公民更容易接受的话语方式,以平和且富有感情的语言拉近政府与公民间的距离,实现政府与公民的良性沟通,并结合视频介绍、图片示例等内容帮助公民了解项目的全方位信息,消除公民的疑虑。最后,要及时针对不实信息与谣言作出澄清和应对,第一时间在微信群、微信朋友圈、微信公众号进行舆情引导与理性评论,抢占舆论高地,引导公民理性参与。

2. 加强微信平台的法律监管，建立健全微信平台治理的法规建设

随着移动互联网技术的发展与微信使用人数的激增，微信已然成为当下公民行使知情权、表达权、参与权与监督权的主要途径。2011 年，国家互联网信息办公室成立，整合了互联网信息管理体制，改变了以往文化部、工信部等多个部门在互联网治理上的“九龙治水，效能低下”的局面。2014 年 8 月 7 日，国家互联网信息办公室发布并实行《即时通信工具公众信息服务发展管理暂行规定》，弥补了移动互联网领域的监管空白。然而仍然存在许多规制内容需进一步细化，特别是关于保障和规范公民微信政治参与的制度规定尚显不足，无论是关于微信政治参与主体的权利、义务，抑或是对微信政治参与方式的规范与调控都尚未明确，对微信政治参与进行监管的法律创制尚未完成。因此，当务之急是明确微信普通用户、微信群主、公众号运营者等参与主体在微信政治参与过程中的权利与义务，同时，对政府在微信政治参与过程中的责任予以明晰，完善微信政治参与的法律监管制度，确保微信政治参与过程有法可依，将微信媒介中的公民政治参与纳入法治轨道。

◎实 证 研 究

行政诉讼协调的法社会学探究

李东澍*

一、问题、方法与材料

行政诉讼协调(以下简称协调)是指人民法院在行政案件中作出斡旋,促使当事人达成和解,进而终结诉讼程序的一种审理运作模式。其显著特征是在和解达成后,作为原告的行政相对人向法院提交撤诉申请,而法院通过裁定的方式准予原告撤诉,由此给案件画上句号。[1] 由于协调并非《人民法院组织法》或《行政诉讼法》文本所明确规定的一种审理运作模式,故其可谓"超越法律"。正如吴英姿教授所说:"从手法上看,协调与诉讼中的调解并无二致,但在本质上协调是一种制度外的案件处理方式,是法官在程序外进行的调解,其结果往往是原告撤回起诉,卷宗里没有任何协调过程的记录。"[2]

从应然角度讲,由于行政审判的功能在于判断行政机关的相应行政行为是否合乎法律,故基于"公权力不得处分"的原则,为避免行政机关进行公权力交易从而损害公共利益,1989 年《行政诉讼法》第 50 条、第 67 条第 3 款规定除行政赔偿诉讼外,法院审理行政案件不适用调解。然而,《行政诉讼法》是允许撤诉的,在法院下达判决书或者裁定书前,作为行政相对人的原告都可以申请撤诉。于是,法院尤其是基层人民法院限于其实际能力,或者基于案件本身的合理需要,对于立案后难以径行裁判的案件,采用了协调

* 华东师范大学社会发展学院社会学博士研究生。

[1] 参见胡建淼、唐震:《行政诉讼调解、和解抑或协调和解——基于经验事实和规范文本的考量》,载《政法论坛》2011 年第 4 期。

[2] 吴英姿:《司法过程中的"协调"——一种功能分析的视角》,载《北大法律评论》2008 年第 2 辑。

解决的策略,在行政相对人和行政机关之间引导共识、达成折中,力求最后以作为被告的行政机关作出必要纠错、让步,而作为原告的行政相对人主动撤诉来"案结事了"。因此,从实质上说,这是一种"没有调解书的调解"。

考察实践发现,自《行政诉讼法》1989年4月4日颁布、1990年10月1日施行以来,截至2013年开启新一轮司法改革,行政诉讼以原告撤诉方式结案的年均比例长期高于30%,最高时达57.30%,[1]较高的撤诉率被认为与协调结案具有密切联系。[2] 由此可见,在文本中的法(law in books)这一维度,协调并未获得立法的正式认可;然而,在行动中的法(law in action)这一维度,协调却大行其道,甚至获得最高人民法院一系列文件和司法解释的肯定(此点将在后文具体讲述)。这一情形在2014年《行政诉讼法》修改时也被体现到立法之中。立法最终采取了一个折中的方案:一方面,仍以"行政诉讼不适用调解"为原则;另一方面,有限地扩大行政诉讼中调解的适用范围,"公权力不得处分"原则被调整为"不含裁量的公权力不得处分"。[3] 因此,考察协调这一审理运作方式是如何操作的,其特征、动因为何,以及它的发展趋势如何,乃是一个重要课题。

对于前述疑问,本文将基于法社会学视角,通过结合全国相应的司法统计数据、法院系统对应的政策文件、司法解释和指导案例,以及在贵州省A县田野调查所获得的当地司法统计数据、典型案例、访谈材料来进行探究。需要说明的是,针对此次田野调查,笔者已获得A县人民法院的正式授权,系以调研人员这一公开身份进行研究。本文的研究方法和材料来源如下所述。

其一,田野调查强调研究者通过一定周期的实地调查,基于研究者在自然情境中与被研究者的互动,使研究具有过程性、情境性和具体性,从而获得较丰富的隐秘知识。虽然不同区域、不同层级的法院的司法活动情况有所差异,但是通过对A县人民法院的深描,无疑有助于"一叶知秋""知微见著"。进言之,多数司法活动系由基层人民法院完成,故选择基层人民法院

---

[1] 数据来源于《中国法律年鉴》1991~2014年各卷。

[2] 参见何海波:《行政诉讼法》(第2版),法律出版社2016年版,第505~507页。

[3] 2014年《行政诉讼法》第60条第1款规定:"人民法院审理行政案件,不适用调解。但是,行政赔偿、补偿以及行政机关行使法律、法规规定的自由裁量权的案件可以调解"。其第2款规定:"调解应当遵循自愿、合法原则,不得损害国家利益、社会公共利益和他人合法权益。"

作为研究样本较为适宜,而A县人民法院系贵州省第二批司法改革试点单位,具有较强的代表性。同时,贵州省是一个近年来经济突飞猛进、社会日新月异的发展中省份,A县近年来从传统农业县逐步发展为省内工商业、旅游业重镇,城市化水平不断提高,故适合将其作为转型中国的一个缩影。

其二,本文中使用的全国司法统计数据源自《中国法律年鉴》1991～2018年各卷。《中国法律年鉴》是一套具有权威性、全面性的年鉴,其各卷均对上一年度的全国各类法律数据进行了收集,2018年卷是笔者结束田野调查时的最新一卷。由此,本文对于全国相关司法统计数据的选用以《行政诉讼法》开始施行的1990年为起点,同时以2017年为终点。由于A县司法统计数据档案电子化始于2006年,且2018年的相关情况业已公布,因此本文中时间跨度为2006～2018年。需要强调的是,本文中使用的田野材料均来自合法的公开渠道,不涉及对国家秘密、个人隐私或商业秘密的不当披露,笔者对所有访谈对象均表明了自己的真实身份。

二、对法律的"软执行"

前文已述,协调是"超越法律"的,故而其性质是一种对法律的"软执行"。那么,需要追问的是,这样一种"软执行"的普遍性如何?这种"软执行"是如何操作的?为何法院需要"软执行"而不是"硬执行"?接下来将先讨论"软执行"的普遍性,以及它是怎样操作的,关于为何需要"软执行"将留待后文"协调的动因分析"部分予以详细探究。

(一)全国司法统计数据呈现的趋势

鉴于协调是以原告撤诉的形式结案,故而对于行政诉讼协调状况的呈现和分析需要先整理出对应的统计数据。自1990年施行《行政诉讼法》以来,全国法院在1990～2017年的行政一审结案中的撤诉情况见表1、图1、图2。

表1　1990～2017年全国行政诉讼一审结案中的撤诉情况

年份	结案数/件	撤诉案件数/件	撤诉率/%
1990	12,040	4346	36.10
1991	25,202	9317	36.97
1992	27,116	10,261	37.84
1993	27,958	11,550	41.31
1994	34,567	15,317	44.31

续表

年份	结案数/件	撤诉案件数/件	撤诉率/%
1995	51, 370	25, 990	50. 59
1996	79, 537	42, 915	53. 96
1997	88, 542	50, 735	57. 30
1998	98, 390	47, 817	48. 60
1999	98, 759	44, 395	44. 95
2000	86, 614	31, 822	36. 74
2001	95, 984	31, 083	32. 38
2002	84, 943	26, 052	30. 67
2003	88, 050	27, 811	31. 59
2004	92, 192	28, 246	30. 64
2005	95, 707	28, 539	29. 82
2006	95, 052	31, 801	33. 46
2007	100, 683	37, 210	36. 96
2008	109, 085	39, 169	35. 91
2009	120, 530	46, 327	38. 44
2010	129, 806	57, 745	44. 49
2011	136, 361	65, 389	47. 95
2012	128, 625	64, 104	49. 84
2013	120, 675	50, 521	41. 87
2014	130, 964	39, 592	30. 23
2015	198, 772	42, 925	21. 60
2016	225, 020	44, 303	19. 69
2017	229, 112	47, 880	20. 90

资料来源:《中国法律年鉴》1991～2018年各卷;关于1990～1999年的行政诉讼数据亦可参考最高人民法院行政审判庭编写的《行政执法与行政审判参考》(2000年第1辑)。关于全国行政诉讼一审结案情况,不同机构和学者因资料来源和计算方法不同而存在个别数据略有出入的情况(撤诉案件数的数据则高度一致),但个别数据略有出入并不足以影响对行政诉讼现象的呈现和规律的探究。

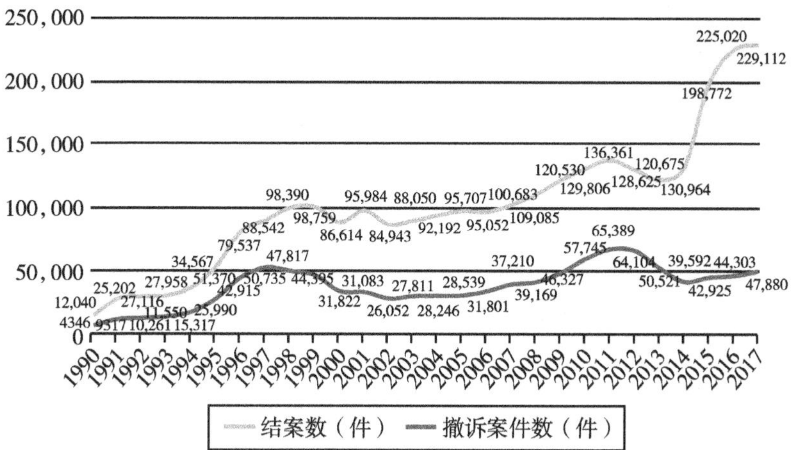

图 1　1990～2017 年全国行政诉讼一审结案数及撤诉案件数变化趋势

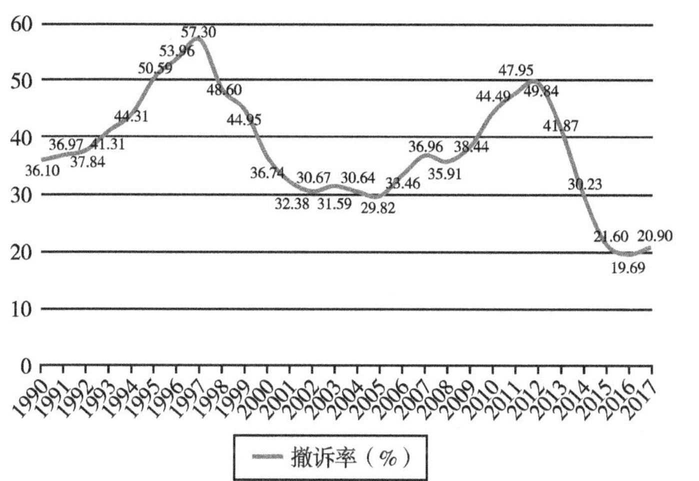

图 2　1990～2017 年全国行政诉讼一审结案中的撤诉率变迁

结合表 1、图 1、图 2，可以将 1990～2017 年全国法院行政诉讼一审结案中的撤诉情况划分为以下四个阶段：

第一阶段为 1990～1997 年。在该阶段，全国法院行政诉讼一审结案中的撤诉率呈快速增长趋势，由 36.10% 上升至 57.30%，平均撤诉率 44.80%。同时，必须注意的是，在此 8 年间，结案数增长了约 7.35 倍，撤诉案件数却增长了约 11.67 倍。两者相差之大，在一定程度上正好可以说明协调在此阶段发挥了重要作用。恰如何海波教授所总结："撤诉率增长最快的是 20 世纪 90 年代中期。当时，面对老百姓告状难、行政庭无案可审的状况,最高人民法院要求各级法院‘积极大胆地依法受案’。一些地方法院把立案数作为行政诉讼的首要任务,甚至层层下指标、定数量。行政案件受案数量迅猛增长,1997年首次超过9万件。然而,法院限于实际能力,难以积极大胆地依法判决。收进来却判不出的案件只好以动员撤诉等方式消化。其结果就是出现我们看到的撤诉率与收案率同步增长的局面。"[1]

第二阶段为1998~2005年。在该阶段,行政诉讼一审结案中的撤诉率出现大幅下降态势,由48.60%降至29.82%。究其原因,在前一阶段中法院系统对行政诉讼广开案源的做法,使案件压力日益超出法院司法能力所能够承受的限度,而撤诉率过高的现象亦引发学界与实务界广泛关注。作为一种回应,各地各级法院开始着力降低撤诉率,同时对行政诉讼一审案件收案进行收缩。[2] 于是,这一时期的撤诉率明显回落,8年间的平均撤诉率为35.67%,比上一阶段的平均撤诉率减少了9.13%。

第三阶段为2006~2012年。在该阶段,行政诉讼一审结案中的撤诉率明显回升,由33.46%增长至49.84%,7年间的平均撤诉率约为41.01%,与第一阶段的撤诉率状况较相近。值得注意的是,行政诉讼一审结案数从95,052件上升到128,625件,增幅约为35.32%;而撤诉案件数从31,801件上升到64,104件,增幅约为101.58%。前述数据在一定程度上反映出协调在这一阶段有较大发展。原因在于,这一时期社会纠纷相对突显,这使法院系统更倚重协调来解决日益复杂、棘手的行政案件,2006~2010年最高人民法院数次明确表达了对协调的认可态度。

第四阶段为2013~2017年。在该阶段,行政诉讼一审结案中的撤诉率明显下降,由2013年度的41.87%持续降至2016年度的19.69%;尽管2017年度的撤诉率20.90%相较于2016年度的撤诉率19.69%略有回升,但是仍低于2015年度的撤诉率21.60%。在此5年间,行政诉讼一审平均撤诉率为26.86%,达到历史最低水平,且2015~2017年3年的撤诉率均保持在20.00%左右。自2013年起开展的新一轮司法改革将破解行政诉讼中的原告立案难、胜诉难作为重点之一。基层人民法院和中级人民法院的适当去地方化,立案登记制对立案审查制的扬弃,以及行政诉讼的集中管辖、异地审理、提级管辖等措施有效拆除了地方行政不当干预的壁垒,使法院的

---

〔1〕 何海波:《行政诉讼法》(第2版),法律出版社2016年版,第507页。

〔2〕 参见何海波:《实质法治:寻求行政判决的合法性》,法律出版社2009年版,第77页。

司法能力和司法权威大幅提升,从而确保"遵循法律"的裁判稳步成为行政审判主流,而"超越法律"的协调则逐渐减少,转化为一种补充机制。

(二)政策文件、司法解释和指导案例反映的问题

由前文可知,1990~2012年的行政诉讼撤诉率较高,而协调乃是其间一种被基层人民法院广泛采用的行政审理运作模式。通过检索相应的政策文件和司法解释,可以发现协调这样一种案件制作术在1990~2005年尚处于"有法律实践而无法律表达"的状态——亦即协调被广大法院特别是基层人民法院不断实践着,但是没有被国家的正式文件认可并表达出来。然而,2006~2008年这一状况发生了明显变化,协调被最高人民法院的政策文件和司法解释逐步确认,在性质上渐渐成为一种较名正言顺的"半正式制度"。是故,前文中的2006~2012年的撤诉率上升现象也就不难理解——法院系统在该阶段发生了"协调转向"。

针对若干领域的群体性行政纠纷,[1]最高人民法院于2006年12月5日发布的《关于妥善处理群体性行政案件的通知》要求地方法院"尽可能通过协调方式加以解决";2007年4月24日发布的《关于加强和改进行政审判工作的意见》则表示"要注意最大限度地采取协调方式处理"。在2007年3月举办的第五次全国行政审判工作会议上,"探索和完善行政案件协调处理新机制"成为一个重要主题。[2] 时任最高人民法院院长肖扬大法官指出,要抓紧制定有关行政诉讼协调和解问题的司法解释,为妥善处理行政争议提供有效依据。[3]

作为前述司法政策调整的制度化,最高人民法院于2008年1月14日发布《关于行政诉讼撤诉若干问题的规定》以司法解释的形式对协调进行了正式、全面的肯定,其第1条为:"人民法院经审查认为被诉具体行政行为违法或者不当,可以在宣告判决或者裁定前,建议被告改变其所作的具体行政行为。"最高人民法院于2008年8月18日发布的《行政审判工作绩效评估办法(试行)》为鼓励各级法院积极运用协调方式审理行政案件,进一步将撤诉率列为一个正面考评标准。之后,最高人民法院于2010年6月7日发布的《关于进一步贯彻"调解优先、调判结合"工作原则的若干意见》在事实上将协调纳入了司法调解的范畴之中。该若干意见第6条以较长的篇幅

[1] 主要涉及城市房屋拆迁、农村土地征收、企业改制、劳动和社会保障、环境资源保护等领域。

[2] 参见张树义、张力:《迈向综合分析时代——行政诉讼的困境及法治行政的实现》,载《行政法学研究》2013年第1期。

[3] 参见沈福俊:《和谐统一的行政诉讼协调和解机制》,载《华东政法大学学报》2007年第6期。

提出了以下要求。

> 着力做好行政案件协调工作。在依法维护和监督行政机关依法行使行政职权的同时,要针对不同案件特点,通过积极有效的协调、和解,妥善化解行政争议。
>
> 在不违背法律规定的前提下,除了对行政赔偿案件依法开展调解外,在受理行政机关对平等主体之间的民事争议所作的行政裁决、行政确权等行政案件,行政机关自由裁量权范围内的行政处罚、行政征收、行政补偿和行政合同等行政案件,以及具体行政行为违法或者合法但不具有合理性的行政案件时,应当重点做好案件协调工作。
>
> 对一些重大疑难、影响较大的案件,要积极争取党委、人大支持和上级行政机关配合,邀请有关部门共同参与协调。对具体行政行为违法或者合法但不具有合理性的行政案件,要通过协调尽可能促使行政机关在诉讼中自行撤销违法行为,或者自行确认具体行政行为无效,或者重新作出处理决定。

此外,最高人民法院行政审判庭在其编撰的《中国行政审判案例》书系第1卷中收录了一起具有代表性的行政诉讼协调案例,以供司法实务界作为类似情况的重要参考。详言之,该案例被编号为第1卷第30号案例,并命名为《行政诉讼中协调手段的运用与利益衡量——青岛万和热电有限公司诉山东省青岛市李沧区人民政府行政决定上诉案》。[1] 在评析部分,撰稿人李德申法官指出,之所以采用协调方式处理本案,在于以下原因:被诉行政行为涉及重大公共利益,但相关法律规范不明致使合法性(legality)判断面临困难,故法院若径行裁判将难以确保案结事了。同时,李德申认为,"查明案情、分清是非"是协调的基础,自愿、合法是协调的重要原则,法院应运用利益衡量方法来实现维护公共利益和维护当事人合法权益的有机统一。[2]

---

〔1〕 该案一审判决由山东省高级人民法院作出,具体可见山东省高级人民法院(2008)鲁行初字第1号行政判决书;二审裁定由最高人民法院作出,具体可见最高人民法院(2009)行终字第8号行政裁定书。

〔2〕 参见中华人民共和国最高人民法院行政审判庭编:《中国行政审判指导案例》(第1卷),中国法制出版社2010年版,第156~165页。需要说明的是,该书系第1卷被命名为《中国行政审判指导案例》,而后续第2~4卷则被命名为《中国行政审判案例》。

(三)A县相应田野材料折射的现象

A县协调结案的相关统计数据与前文所述的全国相应情况较契合。2015年5月1日之后,原由A县人民法院管辖的行政诉讼案件转归同属B市的C县人民法院进行集中管辖、异地审理。A县人民法院2010～2014年度的工作总结、C县人民法院行政庭A县辖区2015～2018年度的统计信息中均收录了当年的行政审判协调情况,具体可见表2、图3、图4。需要说明的是,表2、图3、图4中的"协调成功案件"是指经法院协调后,被告行政机关(在特定情况下还包括其他相关行政机关)纠正对应行政行为,从而获得原告和解,由原告主动申请撤诉,法院裁定准许撤诉的案件;"协调成功率"是指协调成功的案件在所有经过协调处理的案件中所占的比例;"协调撤诉率"是指协调成功的案件在全部已审结的案件中所占的比例。同时,值得补充说明的是,对于A县人民法院未整理提供相应协调数据的年份,A县法院副院长李某(曾任该院行政庭庭长)、现任刑庭庭长兼行政庭庭长霍某以自身长期工作经验,均表示A县人民法院2010年之前的协调撤诉率通常保持在30%～35%的水平。

表2 2010～2018年A县行政诉讼一审结案中的协调情况

年份	行政诉讼一审结案数/件	协调处理案件数/件	协调率/%	协调成功案件数/件	协调成功率/%	协调撤诉率/%
2010	44	44	100.00	14	31.82	31.82
2011	42	42	100.00	16	38.10	38.10
2012	25	25	100.00	8	32.00	32.00
2013	21	21	100.00	5	23.81	23.81
2014	22	22	100.00	9	40.91	40.91
2015	26	13	50.00	8	61.54	30.77
2016	66	27	40.91	20	74.07	30.30
2017	88	35	39.77	22	62.86	25.00
2018	106	36	33.96	23	63.89	21.70

资料来源:A县人民法院2010～2014年度工作总结、C县人民法院行政庭A县辖区2015～2018年度行政审判统计信息。

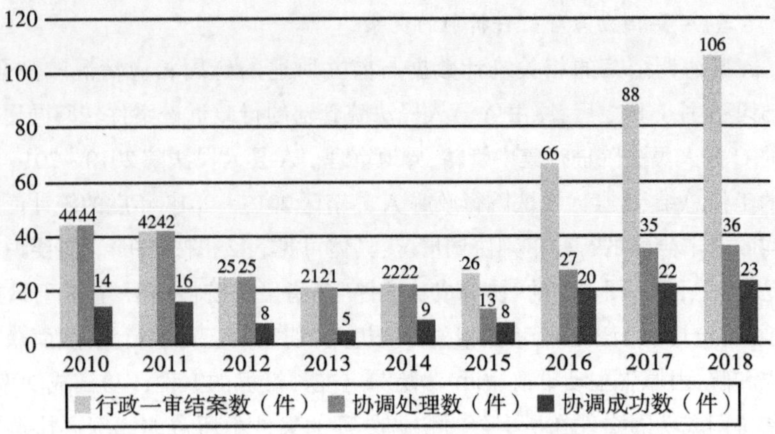

图3　2010～2018年A县行政诉讼一审结案中的协调处理案件数、协调成功案件数变化趋势

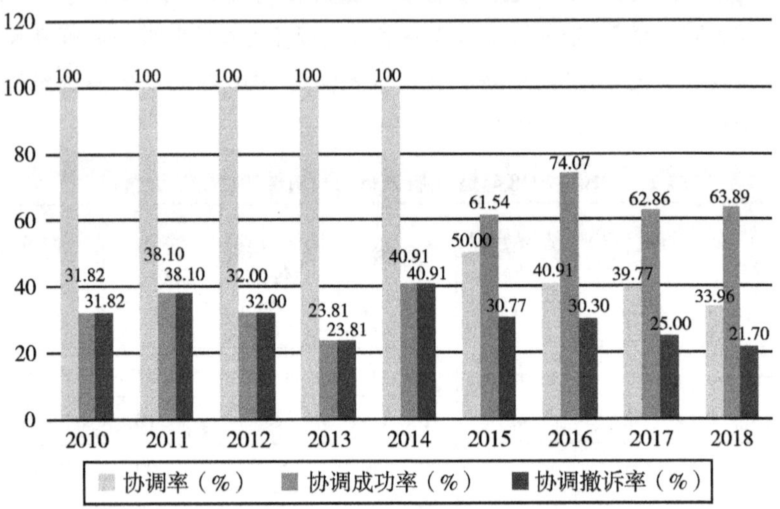

图4　2010～2018年A县行政诉讼一审中的协调率、协调成功率、协调撤诉率变迁

从表2、图3、图4可以发现，在2010～2014年，A县人民法院对其审结的全部行政诉讼案件均作出了协调结案的努力，协调率高达100.00%。故而，对于这一期间来说，A县人民法院的协调成功率和协调撤诉率实际上是一致的，并且呈现较高水平——5年间的平均协调成功率、平均协调撤诉率均为33.33%，最高值为2014年度的40.91%（这也是整个2010～2018年的最高值），最低值为2013年度的23.81%。在实施集中管辖、异地审理的2015～2018年，C县人民法院不再对所有的行政一审案件都尝试协调，因此A县辖区的行政诉讼一审协调率呈逐年下降趋势，从2015年度的50.00%下降到2018年度的33.96%，4年间的平均协调率为41.16%。因为并非所有的案件都进行了协调处理，而是有选择性地进行协调，所以这一期间的协调成功率高于2010~2014年，最高值为2016年度的74.07%，最低值为2015年度的61.54%，平均协调成功率为65.59%。在协调率逐年下降的同时，2015~2018年的协调撤诉率亦同样出现逐年下降趋势，由2015年度的30.77%逐渐下降到2018年度的21.70%，而2018年度的21.70%是整个2010~2018年的最低值，4年间的平均协调撤诉率为26.94%。

总而言之，自2015年以来，A县行政诉讼一审的协调率、协调撤诉率呈逐年下降趋势，反映出受理法院在行政诉讼案件的审理运作上出现了优先以裁判方式结案而非协调方式结案的转变。我们或许可以得出这样的结论：协调原则上将仅仅适用于确有必要的情况。要想进一步了解既往的协调实践，相应的个案材料不可或缺。李某和霍某各自讲述了一起行政协调案例。[1] 李某讲述的朱某土地承包经营权调整案，是一起法院可以判决依法撤销相应行政机关批准行为，但出于平衡社会现实需求、实现司法社会效果而采取协调结案的案件。

案例1：朱某土地承包经营权调整案

1998年，A县X镇J村村委会将集体土地8.61亩发包给本村朱某承包经营，承包期30年。为此，双方订立了土地承包经营合同，A县政府颁发了相应农村土地承包经营权证。时至2006年，在未按《土地管理法》第14条之要求，经村民会议2/3以上成员或2/3以上村民代表同意的情况下，[2] 村委会将朱某的2亩承包地与同村彭某的承包地进行了等面积调换，并以存在瑕疵的材料（在村民会议上签名同意的人数明显不足额）报送给X镇政府和A县农业局且获得批准。朱某在土地调换之际尚持同意态度，但在此时却转变为拒绝认可：其一，朱某认为村民会议上表示同意的成员人数未达标，村委会和彭某是以签名不

---

〔1〕 2017年12月31日访谈。

〔2〕 2004年《土地管理法》第14条第2款规定："在土地承包经营期限内，对个别承包经营者之间承包的土地进行适当调整的，必须经村民会议三分之二以上成员或者三分之二以上村民代表的同意，并报乡（镇）人民政府和县级人民政府农业行政主管部门批准。"

足额的材料呈交有关机关,违规之举隐患重重;其二,经过一段时间的耕种,朱某发现虽然两块土地面积相等,而且彭某是用平地调换己方坡地,但是彭某的土地被连成整片而己方换得的平地却成为远在一方的“飞地”,多有不便。朱某遂向A县人民法院提起行政诉讼,要求撤销X镇政府和县农业局的批准行为,借此让承包地调换退回起点。

A县人民法院行政庭经审理发现,在反映村民会议上村民同意情况的材料上,作同意表示的村民数确未达到村民会议2/3以上成员之标准。鉴于在土地承包经营期限内,对个别承包经营者之间的承包地适当调整须经村民会议2/3以上成员或2/3以上村民代表同意乃是法定前提要求,X镇政府和县农业局在审批时未发现相应材料具有瑕疵确属失察,故在法律层面应判决撤销X镇政府和县农业局的批准行为。然而,通过现场考察,行政庭办案法官发现彭某已将涉案的2亩坡地用于开发温室大棚,且已种植了价值不菲的大量经济作物;而调换给朱某的2亩平地虽距离朱某的其他土地较远,但地势平坦、肥力较高,适宜耕种。

因此,摆在眼前的难题是:如果A县人民法院简单地作出撤销判决,彭某将遭受巨大的经济损失,而朱某则失去2亩良田,朱某与彭某、村委会之间的矛盾亦可能进一步激化,恐非上策。X镇政府和县农业局坦承未仔细核对材料、确有失察之责,但也表达了其担忧:承包责任制施行已久,农户和土地状况均已发生明显变化。新一轮承包涉及村民较多,若径直撤销批准行为易造成连锁反应,从而危及农村土地承包的稳定性。

A县人民法院综合各方意见后研究认为,直接判决撤销批准行为极易发生案结事不能了的僵局,以协调方式处理本案更宜。经反复工作,在朱某和彭某磋商一致并经J村召开村民会议且由2/3以上成员同意的基础上,将朱某和彭某各自承包的土地进一步适当调换,既使得两户承包地均能连片,又确保争议土地继续保持现有归属状态,实现共赢;X镇政府和县农业局撤回原批准行为,根据新的具有真实性、合法性的申请材料重作批准行为。在此基础上,朱某主动申请撤诉,A县法院则裁定同意撤诉。作为尾声,A县人民法院分别正式向J村村委会、X镇政府、县农业局出具了书面司法意见。一方面,要求J村村委会今后在土地承包事宜中应严格依法依规,特别是确保相应材料的真实性和合法性,并对彭某进行了批评教育;另一方面,要求X镇政府、县农业局在今后的行政审批工作中加强核对,[1]避免失察风险。

霍某讲述的则是一起原告面临败诉风险,但是法院却难以简单一判了之的案件。原因在于,被告行政机关的行政行为是具有合法性的,但另一行政机关的关联行为却存在弊病并成为引发案件的源头。下面请看H有限公司违法用地案。

案例2:H有限公司违法用地案

H有限公司(以下简称H公司)于2006年通过招商引资渠道进驻A县城郊的J产业园区。2007年,H公司因存在违法占地情形而被A县国土资源局课以行政处罚。H公司对处罚决定不服,遂向A县法院提起行政诉讼。A县人民法院行政庭经审理发现,被告县国土资源局的处罚决定在事实根据与法律依据两方面均堪称有理有据,无论是实体还是程序均合法有效,故理应判决原告H公司败诉,依法驳回其诉讼请求。但是,A县人民法院通过法庭调查了解到以下不容回避、值得慎重考虑的情况:H公司之所以出现违法占地情况并非出于恶意,而是由于A县商务局在招商引资时承诺为其及时办理相应用地手续事宜,但之后因发生局领导班子变动等缘故而导致手续办理迟滞;可是H公司兴建厂房、扩大生产的迫切需求又刻不容缓,遂无奈采取了“先上车,后补票”的下策。

如果A县人民法院机械司法,径直驳回原告H公司的诉讼请求,非但不能实现司法定分止争、规制权力的宗旨,反倒可能给H公司以当地在“关门打狗”的恶劣感受,并由此加剧纠纷冲突,给A县经济社会的良性发展带来一系列不安定因素。鉴于此,A县人民法院决定以协调方式处理本案,既敦促县商务局切实依照招商引资承诺对H公司履行办理各项手续的义务,又协调其他相关机关对此予以积极配合,尽快依规办理前述手续。在为H公司解决困难的基础上,A县人民法院

[1] 诚然,对行政机关在此类行政审批中的审慎义务要求需适度。对于本案这样的情况来说,对应的材料审查工作通常是形式审查而非实质审查。例如,需要多人签名的文件在形式上是否显示为由具备相应身份的人员足额签署,至于签名的真实性则应由材料递交者或对应申请者负责。

指出其占地行为确系事出有因,但仍属违法行为,在今后的经营中应避免以类似错误方式面对问题。H公司表示认可,同时对A县人民法院的协调工作表示感谢,遂接受了县国土资源局的处罚结果,并提出了撤诉申请。本案协调处理成功。

从前述两个案例来看,A县人民法院都以协调这一案件制作术对法律进行了“软执行”。不难发现,一方面,协调确保了法律的基本原则和立法目的得到实现,较为有效地回应了当事人合理诉求和维护了当事人合法权益,故可谓之对法律的“软执行”而非“不执行”;另一方面,协调本身并非《人民法院组织法》《行政诉讼法》所明确规定的一种审理运作方式,在此意义上来说它是“超越法律”的,并且它在运用过程中也的确存在一定程度的法律规避,故可谓之对法律的“软执行”而非“硬执行”。诚然,“硬执行”主要是基于“公权力不得处分”原则的要求,但从世界范围来看,这一原则实际上并非绝对的“金科玉律”:在美国有大量的刑事案件通过辩诉交易途径解决,而刑事诉讼对于公权力运作的合法性要求不亚于行政诉讼;大陆法系亦拥有行政诉讼和解规定,如德国《行政法院法》第106条与我国台湾地区“行政诉讼法”第219条。[1] 进言之,在行政诉讼中,协调与合法性审查并不必然具有互斥性。事实上,法院对纠纷双方经协调而达成的和解协议的内容予以审查,亦可在相当程度上实现行政诉讼的合法性审查功能。故而,相对常规裁判而言,协调虽属不同的结案方式,但仍是合法性审查的结果。[2] 对于这两个案例,下文将进一步探讨。

三、协调的动因分析

立足于前文,我们将对协调的动因进行分析。换言之,以下问题需要探究:法院为什么选择协调?作为原告的行政相对人、作为被告的行政机关为什么接受协调?从某种意义上来说,协调乃是三方博弈,最终“合谋”的结果。因此,理应从法院、原告、被告三方在行政诉讼的具体情境中的立场和处境入手,分析和揭示三方的行动逻辑,同时对相应的宏观结构因素进行发掘和审视。

---

〔1〕 参见林莉红:《论行政诉讼中的协调——兼评诉讼调解》,载《法学论坛》2010年第5期。

〔2〕 参见王睿倩:《完整构建我国的行政诉讼调解制度》,载《湖北社会科学》2009年第5期。

（一）法院运用协调的动因

概而论之，法院尤其是处于司法一线的基层人民法院运用协调的动因有两点。

1. 司法权威和司法能力不足

在2013年开启的新一轮司法改革前，各地法院在不同程度上面临司法地方化的困扰。就基层人民法院而言，它们在人、财、物等方面对所在县域有所依赖，使基层行政诉讼容易受到当地其他机关的不当干扰。于是，基层人民法院在行政审判中面临双重压力——既不能违背法律、上级法院对其作出的依法裁判之要求，又需要与当地部分充斥着地方保护主义和官本位思想的行政机关领导相周旋。置法律于不顾，特别是违背法律的禁止性规定，这是万万不可的；可是，如果一再与当地某些法律意识淡薄的"头头脑脑"硬碰硬，他们就容易（特别是在败诉后）对法院产生抵触情绪，甚至滥用行政职权刁难法院和法官。面对权力较小的部门和普通乡镇政府，基层人民法院直接依法裁判的难度较小；而面对一些权力较大的部门和重要乡镇政府，基层人民法院则可能力不从心。李某是这样表达对该阶段行政审判和协调结案的看法的：

> 过去行政审判确实面临很多难题，局面远不如现在。要让那些以"重要部门"作为被告的案件顺利开展，最好先由院领导代表本院和县长、分管副县长通个气，他们支持法院依法办案的话就容易了。如果他们态度不理想，那就需要向县委、县人大常委会作汇报请示。[1]

关于汇报请示，李某作了进一步说明：

> 在汇报请示中，一要说明本案的相关事实和法律规定，并提示行政机关败诉的可能性和相应法律后果；二要阐释不依法裁判的代价，包括法院相应工作人员会承担的法律责任，对原告、当地社会所产生的严重危害。动之以理，晓之以法，争取县委和县人大常委会支持法院工作。必要时还可以向上级法院寻求支持，借助他们的态度和立场增强自己

---

〔1〕 2017年12月31日访谈。

的话语权。[1]

李某关于该阶段行政审判所面临的困境的叙事是中肯的。毕竟,当时基层人民法院的编制、财物在较大程度上需要依靠所在县域,贸然和“重要部门”搞得太僵,容易吃“办公经费不拨,基建用地不给”等亏。是故,在该阶段中,基层人民法院选择将相当数量的行政案件以协调方式结案也就不难理解。正如李某所言:

> 协调处理的话,行政机关作了必要的纠错和让步,但是在形式上避免了败诉——这一来相关负责人感觉大面上过得去,更重要的是因为是自行纠错而不是被判行政违法,不会直接影响绩效考核。[2]

由此可见,在2013年新一轮司法改革开启前,基层人民法院在部分行政诉讼案件中是以侧重于“案结事了”而非“规则之治”的出发点来选择协调处理的。

采取协调结案,有利于作为被告的行政机关理解法律、尊重法院,更能接受行政诉讼这种权力约束机制。相比之下,对于协调处理的案件,行政机关会主动纠正其违法、失当行为,缓解同行政相对人的矛盾;而对于判决结案的案件,一些败诉的行政机关会表现出“磨洋工”的态度,拖拖拉拉、想方设法不履行法院的判决。而且,当时基层人民法院的司法权威和执行能力相对有限,执行难的严峻形势是客观存在的,基层人民法院也对为行政相对人全面保驾护航有心无力。所以,基层人民法院不得不务实地慎重考虑案件的后续执行问题。但值得肯定的是,自新一轮司法改革开启以来,司法执行被纳入社会诚信体系建设的重要组成部分,法院系统的执行能力和执行权威得以大幅提升,全国上下对“老赖”的打击全面而严厉,法院系统对于包括行政机关失信在内的情形都可以有力处置。霍某也发表了自己对协调结案的看法。在其看来,各方愿意一同接受行政协调的原因如下:

> 说到底,老百姓打官司是为了维权,打赢官司却执行得不顺畅,难

---

〔1〕 2017年12月31日访谈。

〔2〕 2017年12月31日访谈。

> 免让人更加不满和失望。从这个角度来说，协调对法院和双方当事人来说都是一种退而求其次的理性选择。法院避免了执行难，行政相对人的主要目的得到实现，行政机关也有台阶下，即便有些具体问题不够尽善尽美，但整体称得上皆大欢喜。[1]

总而言之，协调是彼时受案法院囿于司法权威和司法能力不足，而采取的一种突围之道。换句话说，面对依法裁判和自我保护的双重压力，协调成为法院平衡两者张力，相对调和原告、被告双方利益，尽可能维持司法合法性和审判权正当性(legitimacy)的一种积极行动。从法院的角度来看，协调在当时的情境下既尽可能满足了原告的正当诉求，又避免了同行政机关猛烈碰撞，还省去了判决书制作和案件执行的麻烦，以及规避了案件在上级法院二审中被改判或发回重审的风险。因此，它是相对合理和有效率的。

2. 避免机械司法，实现行政审判的社会效果

对于案例1“朱某土地承包经营权调整案”来说，A县人民法院需要面对的行政机关是X镇政府和A县农业局；就案例2“H有限公司违法用地案”而言，A县人民法院需要面对的行政机关是A县国土资源局，以及潜在的A县商务局。A县人民法院在它们面前无疑处于强势地位，并且在案例2中，如果依法判决，胜诉方将是作为被告的A县国土资源局。然而，A县人民法院却对两起案件都选择了协调结案，这显然不能归因于司法权威和司法能力的不足。事实上，从结果导向的角度出发，在这两起案件中，A县人民法院和涉案各方都会面临因对法律“硬执行”而产生的一系列负面影响乃至双输、多输的结果困境，这无疑是与司法追求社会效果的初衷相悖的。对于这样的案件，协调同时满足了司法对实质理性的要求和社会对实质正义的需求。

我们可以反过来设想：如果A县人民法院径行判决，对法律“硬执行”将会形成怎样的复杂局面。毕竟，司法并不仅是纯粹的技术性活动，其实质乃是对利害的再分配和再调整。当某种司法产品能够获得相关主体的普遍接受，方才能够真正实现司法的正当性。正如喻中教授所言：“法律就是公意的体现，体现公意的法律就是可接受性的法律。这就是说，法律本身也要追求可接受性；只有得到广泛接受、普遍认同的法律，才是正当的法律。可

[1] 2017年12月31日访谈。

见,司法活动对可接受性的追求,就是在根本意义上体现法律的价值与功能。"[1]

对于案例1,A县人民法院如果径直判决撤销原批准行为,任由朱某和彭某、J村村委会之间的冲突升级,显然是一种不负责任的做法。因此,有一个协调者能够最终引导各方得出合作共赢的方案就十分必要了。相对而言,A县人民法院更适合担任协调者。J村村委会此前在调换土地和材料申报中的违规失当行为使其不适宜担任协调者,且还有"运动员与裁判员一肩挑"之感(J村村委会在整个事件中对于朱某和彭某双方的土地调整并非客观、中立的态度,而是积极、主动帮助彭某促成调换的态度);同理,X镇政府和A县农业局尽管在职能上具有相应的亲和性,但因为此前的失察之举,由它们再来协调解决双方的纠纷也显得略有不便。从效率的角度来说,既然协调的结果已经出现,那么一步到位地由X镇政府和A县农业局自行撤销原批准行为,同时,根据新的真实、合法的申请材料重新作出批准行为,而原告朱某撤诉即可。毕竟在达成协调的情况下,A县人民法院确无必要再判决撤销原批准行为,并责令两家行政机关重新作出新的批准行为。

对于案例2,A县人民法院如果是径行判决驳回H公司的诉讼请求,H公司显然是难以真正心服的——即使其对A县国土资源局不作非议,也势必对促发这一结果的A县商务局有所抵触,而且这一判决结果难免为A县的招商引资活动蒙上一层阴影。试想,与其让H公司先经历此次败诉后,再另行起诉A县商务局未履行相应职能,并判决A县商务局败诉,还不如"一站式"服务地为H公司排忧解难。通过协调的方式,H公司原本需要分作两个案件、进行两次诉讼的难题被合二为一解决,效率提升、讼累下降,并且H公司和A县商务局均在形式上各自避免了一次败诉。由此可见,协调对特定案件来说具有将纠纷的末端处置转化为源头治理的功能。

平心而论,前述两个案例反映出在特定情况下,协调具有有效降低诉讼成本和定分止争效果较强的积极一面。据悉,2006~2012年,尽管全国行政诉讼案件的总量较低,但是其中引发申诉、信访的案件比例却不容乐观。例如,2009年时全国法院行政诉讼一审案件占全部一审案件总数的2%不

[1] 喻中:《像法学家一样思考》,陕西人民出版社2012年版,第83页。

到,然而行政申诉、信访案件却占到法院系统全部申诉、信访案件的18%。[1] 同时,从部分法院的调研情况来看,协调方式起到了降低申诉、信访率的效果。例如,江苏省镇江市中级人民法院通过抽选5%的协调撤诉案件进行回访后发现,以协调和解方式解决的案件,在结案后无一发生缠诉、缠访情况,并且都得到了及时履行。[2]

(二)原告、被告接受协调的动因

结合前文中的田野资料可以发现,协调并非单纯依靠法院的实践智慧和行动偏好,还需要双方当事人的默认、配合,最终形成三方"合谋"方可尘埃落定。[3] 原告提起行政诉讼是旨在维护自身的利益,如何以最小成本实现最大利益往往是原告的基本考量。就微观角度而言,社会行动往往源自理性选择,行动主体"将自己的行为建立在这样的基础之上:哪种手段对于实现他们目标而言是最有效的。在资源相对稀缺的社会环境下,这意味着要不断权衡可选择的手段与目标之间的关系并从中进行选择"。[4] 由于"行政管理关系是反复多次博弈关系,行政相对人一般不愿意与管理者交恶",[5]故而出于担心赢得一时却招致"秋后算账",原告更倾向于在被告行政机关有所让步、己方基本利益得到保障的情况下见好就收。进言之,就原告而言,只要其基本利益能够尽快实现,无论是法院采用判决结案还是自己申请撤诉结案,这并非关键所在。

被告接受协调是因为深知自身的行政行为存在合法性瑕疵,如果拒绝协调,法院依法裁判的结果必然是己方败诉。行政诉讼制度实施之初,部分行政机关及其工作人员乃是出于担心"丢面子""损威信"而产生对行政审判和败诉后果的抵触情绪;随着时间推移,行政机关接受协调更多是出于顾虑败诉所导致的实际后果。一方面,被告行政机关担心败诉会"牵一发而

---

[1] 参见吕艳滨、王小梅、栗燕杰:《行政诉讼法学的新发展》,中国社会科学出版社2013年版,第197页。

[2] 参见江苏省镇江市中级人民法院行政审判庭:《行政诉讼协调和解机制运作情况的调研报告》,载《人民司法》2006年第10期。

[3] 参见吴英姿:《司法过程中的"协调"——一种功能分析的视角》,载《北大法律评论》2008年第2辑。

[4] [美]鲁思·华莱士、[英]艾莉森·沃尔夫:《当代社会学理论:对古典理论的扩展》(第6版),刘少杰等译,中国人民大学出版社2008年版,第303页。

[5] 吴英姿:《司法过程中的"协调"——一种功能分析的视角》,载《北大法律评论》2008年第2辑。

动全身",造成行政诉讼纷至沓来、不堪负荷的示范效果,让"相关工作不好开展";另一方面,被告行政机关在行政诉讼中的败诉率往往会作为行政绩效考核的一个负面评价指标,过高的败诉率将被上级考核部门理解为该行政机关运行欠佳,并会严重影响相应工作人员的晋级、升迁和奖金等待遇问题。故此,接受协调,被告行政机关虽然承认错误、作出了必要让步,但是得以避免留下败诉记录等各种问题,还能够同原告和法院都保持相对友好的关系,这显然不失为明智之举。

综上,正如美国学者乔治·霍曼斯提出的理性原则所示:理性原则在实践中往往表现为"经验法则",即行动者在决策时常以过去的经验为基础,会选择其当时所认知到的结果的价值乘以获得该结果的概率较大的一种行动。[1] 协调在一定程度上是"超越法律"的,但这并非法院和原告、被告双方不懂法律的结果;相反,它是法院和双方当事人在权衡究竟是不折不扣地"遵循法律",还是在"超越法律"巧妙变通所能取得的收益更佳这一基础上所进行的理性选择。三方的行动策略均是在既定条件下最大限度、最高效率地实现自身预期目标,彼此接受且把握更大的结果便成为"合谋"结果。毕竟,协调在实质上是一种特殊的调解,而"调解所追求的更主要是冲突权益的处置及补偿结果"——亦即其重点在于消弭冲突。[2] 正如英国学者罗杰·科特威尔所言,调解具有如下特性:"首先,在调解中,纷争当事人通常会选择双方都能接受的第三方。其次,第三方不会试图将从某些外部渊源获取的规则施加给纷争当事人,而是根据纷争当事人提出的观点和需求设计出一种妥协的规则。最后,调解人会有意识地努力让所有当事人都同意由他/她所提出的纠纷解决方案,由此任何一方当事人看起来都不是完全错误或者完全正确的。这样,当事人都能够从纠纷解决结果中获得满足。"[3]

四、代结语:行政审判的稳步前行

从建设国家行政法治、提高行政审判水平的角度来说,协调这样一种审

---

[1] 参见[美]鲁思·华莱士、[英]艾莉森·沃尔夫:《当代社会学理论:对古典理论的扩展》(第6版),刘少杰等译,中国人民大学出版社2008年版,第280~284页。

[2] 参见顾培东:《社会冲突与诉讼机制》(第3版),法律出版社2016年版,第40页。

[3] [英]罗杰·科特威尔:《法律社会学导论》(第2版),彭小龙译,中国政法大学出版社2015年版,第207页。

理运作方式是“超越法律”的，其性质是一种对法律的“软执行”，在一定程度上意味着对行政相对人合法权益的维护和对行政机关行政违法的规制有所柔化，故难以作为治本之道。因此，开展司法改革，确保“遵循法律”的裁判稳步前行成为行政审判的主流，而“超越法律”的协调转化至补充机制，正是2013年新一轮司法改革开启以来的趋势。在这一新的历史阶段，我们看到了行政审判的显著进步。

前文通过表1、图1、图2对1990～2017年全国法院行政诉讼一审结案中的撤诉情况进行了呈现。对其分析可知，自2013年新一轮司法改革开启以来，全国法院行政诉讼一审结案中的撤诉率出现了明显下降趋势，由2013年度的41.87%持续降至2016年度的19.69%，2017年度的撤诉率20.90%虽然相较于2016年度的撤诉率19.69%略有回升，但是仍低于2015年度的撤诉率21.60%。2013～2017年，行政诉讼一审平均撤诉率仅为26.86%，达到历史最低水平，且2015～2017年3年的撤诉率均保持在20.00%左右。破解行政诉讼中的原告立案难、胜诉难是新一轮司法改革的重点之一。在这一历史阶段，A县的行政诉讼一审协调撤诉、原告胜诉情况见表3、图5、图6。需要说明的是，原告胜诉案件，是指被诉行政行为被判撤销、变更、确认违法或无效，以及被告行政机关被判履行法定职责或进行行政赔偿的案件。

表3　2013年新一轮司法改革以来A县行政诉讼一审中的协调与原告胜诉情况

年份	结案数/件	协调案件数/件	协调率/%	协调成功案件数/件	协调撤诉率/%	原告胜诉案件数/件	原告胜诉率/%
2013	21	21	100.00	5	23.81	3	14.29
2014	22	22	100.00	9	40.91	3	13.64
2015	26	13	50.00	8	30.77	4	15.38
2016	66	27	40.91	20	30.30	15	22.73
2017	88	35	39.77	22	25.00	19	21.59
2018	106	36	33.96	23	21.70	24	22.64

资料来源：A县人民法院研究室2013～2015年度行政审判统计信息、C县人民法院2015～2018年度行政庭A县辖区统计信息。

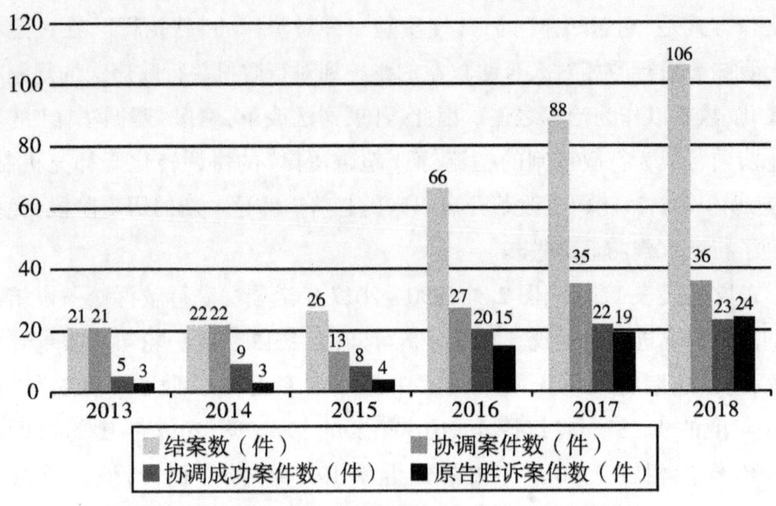

图 5　2013 年新一轮司法改革以来的 A 县行政诉讼一审协调及原告胜诉情况变迁

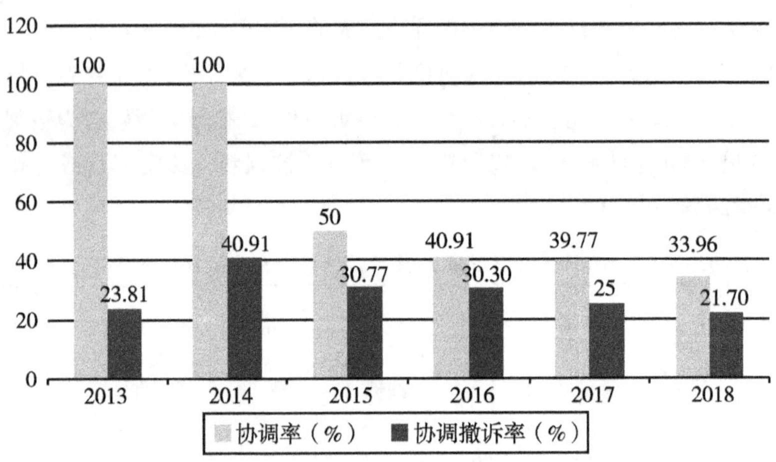

图 6　2013 年新一轮司法改革以来的 A 县行政诉讼一审协调率与协调撤诉率变迁

从表 3、图 5、图 6 可知,2013 年、2014 年 A 县人民法院仍优选对全部行政诉讼案件进行协调处理,在协调不成的情况下再作裁判。值得注意的是,2014 年度的协调撤诉率较 2013 年度有明显上升,从 23.81% 迅速增长到 40.91%,而 2013 年、2014 年的原告胜诉率分别为 14.29%、13.64%,均在 14% 左右。2015 年 5 月 1 日起,因为推行行政诉讼集中管辖、异地审理的司法改革措施,所以 A 县境内的行政诉讼案件转由同市 C 县人民法院审理。对于 2015～2018 年的 A 县行政诉讼情况,我们可以发现以下显著变化。

第一,2015~2018年,A县的行政诉讼案件数呈现明显的持续递增状态,一审结案数由2015年度的26件迅猛增加至2018年度的106件。无疑,2016年堪称一道分水岭,在此之前,2013~2015年3年的结案数均为20余件,尽管呈现持续增长趋势,但是历年增幅较小;相比之下,2016~2018年3年的结案数则堪称年年突破新高,分别破纪录地达到66件、88件、106件。2018年度结案数106件,是2013年度结案数21件的5.05倍。

第二,2015~2018年,对于A县辖区的行政案件,C县人民法院不再尝试协调处理,而是有选择性地挑选其中的部分案件进行协调。因此,在此期间,A县的行政诉讼协调率呈逐年下降趋势,从2015年度的50.00%下降至2018年度的33.96%,4年间的平均协调率为41.16%。与之相应,协调撤诉率也出现了明显下降趋势,从2015年度的30.77%逐年下降至2018年度的21.70%,4年间的平均协调撤诉率为26.94%。

第三,2015~2018年,A县辖区的行政案件原告胜诉率有所上升,4年来的胜诉率均高于2013年度和2014年度。进言之,2016~2018年3年的原告胜诉率均超过20%,最高值为2016年度的22.73%,最低值为2017年度的21.59%,平均值为22.32%。相比之下,2013~2015年的原告胜诉率分别为14.29%、13.64%、15.38%,3年平均值为14.44%,与2016~2018年的平均值比起来相差了7.88%。

毋庸置疑,前述新现象是值得肯定的。它反映出自2013年新一轮司法改革以来,行政审判日益“遵循法律”而非“超越法律”,作为原告的行政相对人更加积极地维护自身合法权益。近年来,交通的日益便捷也使行政诉讼的集中管辖、异地审理具备可行性,当事人的诉讼成本也被控制在合理的范围之内。结合集中管辖与异地审理制,以及立案登记制、省级以下法院人财物统一管理制、司法公开制(庭审直播、裁判文书上网等)、被告行政机关负责人到庭诉讼制、领导干部干预司法活动问责制等措施,行政审判所面对的地方保护主义和行政不当干预壁垒被逐步破除,法院系统得以在依法行政审判的正轨上加速前进。通过审判权对行政权的规制,法院敦促行政机关依法履职,在行政活动中严格执法、合理作为。因此,A县委、县政府数次组织以依法行政为主题的学习活动,由A县人民法院遴选资深行政法官并以A县和同市其他区县的行政诉讼情况(尤其是行政机关败诉案例)为主要材料,向本县各行政机关负责人及法制工作人员普及法律知识、进行警示教育,借此提升当地公共行政人员的法律意识和法律素养。不言而喻,这正是当前我国社会治理不断法治化的缩影。

国内计量法学发展现状的回顾与反思

赵书文* 陈 东**

100 多年前,美国的霍姆斯大法官就预测:“对于法律的理性研究而言,现在的主流是对法律进行‘白纸黑字’的解读,但将来必定属于那些精通统计学和经济学的人。”[1] 100 多年后,我们发现,这个预言正在一步步成为现实:浏览英美国家的法学研究领域,运用统计学知识分析法律现象的法学定量分析研究在近十几年已经开始蓬勃兴起。“现有文献表明,虽然在二十世纪三四十年代也有一些学者将定量和计量的方法引入到法学领域”,[2] 但“域外建制性的实证研究基本上是近十多年的事,当代实证法律研究 20 世纪 90 年代晚期才在美国法学圈崛起,并在 21 世纪获得迅猛发展。……对传统法学研究范式局限的认知已成为晚近世界法律研究者的共识,在规范法学研究之外寻求研究方法的创新已是世界性趋势”。[3] 如果回顾国内,北京大学法学院的白建军老师发表在《中国法学》2000 年第 4 期的《论法律实证分析》堪称中国法学领域定量分析“里程碑式”的作品,这是国内法学权威期刊首次公开发表定量分析方面的文章。自此,中国法学界

---

* 西北师范大学法学院副教授,法学博士。

** 西北师范大学法学院 2017 级法理学研究生。

〔1〕 Oliver Wendell Holmes, *The Path of the Law*, Harvard Law Review 110, p. 1001(1997).

〔2〕 屈茂辉、匡凯:《计量法学的学科发展史研究——兼论我国法学定量研究的着力点》,载《求是学刊》2014 年第 5 期。

〔3〕 “2004 年《实证法学杂志》(Journal of Empirical Legal Studies)由康奈尔法学院编辑出版,第一届美国实证法律研究年会于 2006 年 10 月在德克萨斯法学院召开,截至 2016 年共召开了 11 届。时至今日,实证法律研究已成美国法学界主流研究范式之一,越来越多的青年学者从事实证研究。而首届欧洲实证法律研究年会于 2015 年 6 月在阿姆斯特丹大学法学院召开,首届亚洲实证法律研究年会定于 2017 年 6 月在台北召开。”左卫民:《一场新的范式革命?——解读中国法律实证研究》,载《清华法学》2017 年第 3 期。

在一些学者和老师的带领下,[1]开始逐步运用实证分析方法中的定量分析方法来拓展中国法律研究领域的新空间、新领域。“近十多年来,法律实证研究受到越来越多的关注,甚至是较高程度的青睐,法律实证研究的一些成果也开始在主流学术刊物上出现。”[2]随着大数据时代到来,诸如中国裁判文书网、法律统计年鉴等数据平台的建设,相关法律数据信息公开程度的加大和获取难度的降低,法学领域的定量分析研究成为中国法学研究领域中的一支新生力量开始崛起,并且必将对中国法学研究产生深远的影响和积极的作用。

一、传统法学研究范式面临的窘境

“法学”究竟属于“人文学科”还是“社会科学”,抑或二者兼具,这在法学研究领域存在较大纷争,“法学”学科归属的分歧直接影响法学研究的范式。有学者认为,法学属于人文学科,是一门“理解性的、个人主义化的、与价值评价密切相关”[3]的学科。然而,也有学者认为法学是一门社会科学。[4] 当然,还有学者认为,法学兼具社会科学和人文学科双重属性。[5]

长期以来,在国内法学研究领域中,传统法学研究范式在相当程度上把法学归为“人文学科”,这种传统法学研究范式中的主观价值判断是主基调,研究者的个体特色凸显。研究者通过思维逻辑判断、推理进行法学问题研究,研究结论只是在逻辑层面可以自洽,至于在社会实践层面是否合理可行,具有一定的实践价值和意义,则无法验证。这使得传统法学研究范式面临如下窘境。

首先,长期以来,这种研究范式被作为国内法学研究的主流范式,其主导下的学术研究论文中,多出现“笔者认为……”“我认为……”等之类的主

---

〔1〕 例如,北京大学法学院的白建军教授、清华大学法学院的何海波教授、中国政法大学的陈卫东教授和李本森教授、四川大学法学院的左卫民教授、华东政法大学的程金华教授、上海交通大学法学院的徐向华教授、湖南大学法学院的屈茂辉教授,等等。

〔2〕 左卫民:《一场新的范式革命?——解读中国法律实证研究》,载《清华法学》2017年第3期。

〔3〕 参见[德]G. 拉德布鲁赫:《法哲学》,王朴译,法律出版社2005年版,第122页。

〔4〕 参见白建军:《论法律实证分析》,载《中国法学》2000年第4期;屈茂辉、肖霄:《法学何以是社会科学——法学的社会科学属性再论》,载《湖湘论坛》2018年第2期。

〔5〕 参见刘作翔:《迈向民主与法治的国度》,山东人民出版社1999年版,第387页;王麟:《法学知识的属性与进步》,载《法律科学》2000年第2期。

观性判断和结论,也缺乏证明这些判断和结论的事实依据。“法律的生命不在于逻辑,而在于经验”,法学研究当然不能脱离实践经验而自说自话,实践才是检验真理的唯一标准,尤其是应用性法学研究的结论成果必须要经过实践检验才能被证明该种研究是否具有价值和具有多大程度的价值。没有科学、充分的事实依据予以佐证的观点和结论是难以称之为“科研”成果的。而且,国家和地方在各类“社会科学”基金资助中,一直把法学研究当作其必不可少的组成部分,但这也使国内法学研究的窘境一览无余:一方面,国内法学研究缺乏科学根据;另一方面,它却被纳入“社会科学”研究中。[1]

其次,这种“重结论,轻依据”的传统研究范式在很大程度上使法学研究的学术共同积累和学术争鸣受到了很大制约,法学研究者容易根据自己的主观“前见”对研究对象进行分析、下结论,而不需要在实践中寻找支撑结论的依据。这种研究范式中,研究者的个人“前见”就显得举足轻重,那些擅长逻辑分析和归纳的学者则在这种研究范式中具有明显的优势,他们的研究成果往往是长篇大论、洋洋洒洒和娓娓道来,执着于逻辑的建构和自洽,而罔顾事实依据和实践的检验。由于每位研究者“前见”的参差,故此,对于同一研究对象,不同的研究者经常会得出异于他人的观点和结论,较少有人在借鉴他人的研究结论的基础上再进行实质性深入研究和推进,学术积累的速度慢,实效比较低。另外,这种研究范式也会使学术争鸣受到限制,学术论争的前提应当是具有一定的学术共识和学术积累,然而,研究者过于个性化的研究结论和成果使得学者之间的隔阂已然产生,遑论学术交流、争鸣和借鉴了。

最后,由于研究结论和成果所需要的事实和证据并非传统法学研究范式中的必要条件,研究者只对自己的话语逻辑能否自洽负责,故此,以传统研究范式进行的法学研究,其更多的是博览群书,而少有实践中的调查研究。这使这类研究只需要收集到丰富的文献资料即可满足研究的大部分需求。换言之,这种研究范式下的研究者只需要丰富的文献资料即可搞研究,而无须在社会实践中“奔波”调研,“苦苦”寻求问题的事实证据,免受“调研之苦”。可见,传统研究范式相较于社会实证的研究范式而言,其成本付出

[1] 科学分为自然科学和社会科学,自然科学和社会科学虽然有不同之处,但是二者都属于科学的下位概念,都具有科学的一般特性:有客观证据予以证明,结论具有可重复性。

是比较少的。这导致了在当下各类“社科基金”项目中,尤其是国家级别的“社科基金”项目在结项过程中及之后,如何“消化”掉课题的批准经费成为课题负责人“头疼”的事情。这是因为国家社科项目的研究经费如果余额过多,会被国家社科办质疑课题的研究质量而有可能难以结项;另外,剩余的课题经费若在规定期限内没有合理、合规地使用,则面临被收回的后果。

二、计量法学发展的机缘

传统法学研究范式之所以面临上述诸多窘境,根本原因在于仅仅把法学归类于“人文学科”。在国内,除把法学归类于“人文学科”外,还有与之相对应的另外两种分类:一种认为法学应当属于“社会科学”,另一种认为法学应当兼具“人文学科”和“社会科学”的属性和特征。这两种分类都有一个共性,即认为法学应当具有“社会科学”的属性,它们都要求在进行法学研究时(尤其是应用法学)注重法学的实践性和实证性,法学研究过程中的结论和成果都应当有充分、科学的客观依据,而不应当仅具有思辨性。这两种分类均认为法学应当具有“社会科学”的属性和特征,在当下强调这一点显得尤为必要,这对于解决传统法学研究范式面临的窘境具有积极的作用和意义。需要指出的是,后两种分类虽然是对“法学是人文学科”分类的矫正,而且法学兼具“人文学科”和“社会科学”二者的属性和特征的分类更具有全面性和综合性,但是,由于传统法学研究范式的长期存在和影响,“矫枉”必须“过正”才可以使法学的“社会科学”属性和特征在法学研究领域获得普遍的接受与实践。因此,当下再如何强调法学的“社会科学”性都不为过,对“法学属于人文学科”分类的矫正是十分必要的。基于此,在当下法学研究领域中,凸显“法学属于社会科学”的分类更具有现实意义和价值。

法学既然被认为是一门社会科学,与自然科学一道同属于科学,那么,就应当用科学的思维和科学的规范来对待。《新韦伯斯特国际百科全书》对科学的定义为:“科学是自然、个体、社会人类行为的系统研究。科学在很多主要特征方面不同于其他知识学科,如艺术和人文学科。科学是基于观测,观测可以直接通过感官或借助工具,如显微镜或望远镜,来增加感知力而获得。科学要求仔细地收集和整理数据。总之,科学使用严谨的方法来解释所观测的事情。科学方法依赖这样一种逻辑使之从证据中得出结论和用实验来检验解释。”[1]费里斯·里奇(Ferris Ritchey)的《统计想象》中对科学的定义为:“科学是解释经验现象的一套系统方法。经验意味着可观测、可测量;现象就是事实,即自然存在的事情。”[2]可观测的和可测量的经验现象包括自然条件、过程、事件、行为、结果、想法、观念和感受等。既然法学被作为一门社会科学,在进行研究时就应当遵循科学的思维和科学的规范。科学的思维意味着我们在做研究时应当像科学家那样尊重客观规律,以事实为依据,以方法为手段,以解释为目的。科学的规范则意味着我们在做研究时应当遵循一套系统的方法。科学之所以能够提供令人信服的知识和理论,源自科学是以证据说话的,而提供这些证据的方式就是科学的研究方法。传统法学研究范式在法学研究领域发生的尴尬和无奈,呼唤着我们急需用科学的思维和科学的规范来对待我们称为“科学”的法学。

“法学属于社会科学”这一观点要求法学研究应当运用社会实证的方法,以客观事实作为证据证明研究中的观点和结论,这就要求研究者必须掌握定性研究和定量研究的方法手段。定性研究和定量研究相较而言,定性研究的难度远远大于定量研究,一般的法学研究者没有丰富的社会阅历和经验,是很难保证定性研究的质量。而定量研究的难度则不及定性研究,并且这种研究的确定性比较强,因此定量研究方法比较容易学习和掌握。除定量研究和定性研究方法之间的难易程度与确定性的差别之外,当下的社会发展也给予了法学的定量研究难得的契机,即大数据(Big Data)时代的来临,这使数据来源越来越丰富且数据的结构化越来越明显,通过定量分析方法对法学领域内的研究对象予以分析研究变得越来越便利和必要。基于此,计量法学应运而生。

三、计量法学的兴起和发展

运用数据作为证据的研究大多在自然科学、经济学、教育学、心理学、管理学和社会学等领域。随着白建军教授、左卫民教授等一批法学人士的积极推动和大力促进,加之法学内部和外部环境的变化,以及法学研究自身转型方面的需要,国内法学研究领域中的定量分析文章自2000年之后也开始

---

[1] Michael D. Harkavy, *The New Webster's International Encyclopedia*, Trident Press International, 1999, p. 971.

[2] Ferris Ritchey, *The Statistical Imagination—Elementary Statistics for the Social Sciences*, the McGraw-Hill Companies Inc, 2006, p. 14.

逐渐增多,法学领域内的研究也开始注重运用数据作为证据。另外,北京大学白建军教授牵头的“北京大学实证法务研究所”、张永和教授牵头的“西南政法大学人权研究院”、湖南大学屈茂辉教授牵头的“数理—计量法学研究中心”、四川大学左卫民教授牵头的“法律实证研究所”、东南大学刘艳红教授牵头的“人民法院司法大数据研究基地”和程金华教授牵头的“华东政法大学法律实证研究中心”等,国内这样一些专门研究机构也对法学定量分析的发展和带动产生了积极影响。上述研究机构基本上形成了以固定的年会或研讨会进行法学定量分析研究和交流的主要形式。在国内,法学定量分析开始逐渐兴起主要缘于以下几点。

第一,传统思辨式法学研究方式不足。法学传统研究范式的研究者在没有调查研究的情形下就以自己的主观判断代替了研究问题的结论。这种主观式的、没有客观根据的研究范式使一些法学研究的结果和结论显得似是而非,无法验证是否具有科学性和可行性。没有数据作为证据的论证显得非常苍白无力,正常的学术交流和探讨由于颇多的主观色彩而不能有效地形成学术共识,学术的积累和推进由于缺乏客观支撑而显得非常困难。这表现在:法学传统研究范式的研究者在自己的论文发表之后,就很少再进行更新和深入的研究,又转而寻找另一个知识兴趣点(当然,别人更无跟踪研究和深入研究的兴趣);另外,法学同行之间的观点无法进行实践检验,各说各话,也就无法在研究者之间形成有效的学术争鸣,更是难得有就某一篇文章所提出的问题进行持续的互相论争,形成新的知识产出的情况;再者,其忽视了所研究问题的可检验性,这就使这种研究套路在“法学是一门社会科学”的学术基本共识面前显得无奈和缄默。以上这些问题是传统法学研究方式自身不足导致的。法学研究的方式亟待完善和更新,需要一种能够提供客观证据的研究方式。

第二,中国问题意识的凸显。21世纪初,以已故学者邓正来先生为代表的国内法学研究领域内的学者就提出了“中国法学向何处去”的时代论题。这一论题的提出,使法学研究者开始检讨和反省法学研究领域中的一个重大核心问题:法学研究中的中国问题意识为何?在过往的传统思辨式法学研究中,西方的普遍理论和话语知识一直是我们讨论法学问题的对象。抽象意义上的“权利”“义务”“平等”“自由”等成为我们研究的目标和中心,这种研究对于国内法学研究的启蒙的确起到积极作用。然而,当这种单一的研究方式达到一定水平和程度时,就会表现出过于饱和状态,法学研究的产出就会出现边际效应递减的趋势,投入和产出开始呈现越来越严重的不对等,法学研究的"屋檐效应"开始显现。因此,我们急需一种能够开拓法学研究的新范式,来弥补这种传统研究范式能力不足的缺陷。如何把中国问题作为中国法学研究的中心,这对每一个法学研究者而言,都是一个必须面对的时代问题。对此,笔者认为,运用中国的素材即中国的数据作为研究中国问题的根据,这是实现中国法学研究中国化的有效途径之一。当然,能够把中国问题作为研究对象的研究方法不仅是定量分析,作为一种法学研究方法,社科法学也是针对中国现实问题而展开的一种实证性质的法学研究方式,它对于引导中国法学以中国问题为核心的研究趋势和方向无疑是有益的。然而,如果与定量分析法学比较而言,社科法学的客观性、证据的说服力也是不能与计量法学相比较的。计量法学认为:"对法律现象的研究应当采用一种客观性、科学性更强的方式,通过对较大范围数据的收集、整理、分析和运用,力图反映法律制度运作的实际状态,揭示其背后的客观原因。……社科法学借用社会科学的理论和知识来阐释法律,尽管有其合理性,但是这种阐释主观性可能较强。"〔1〕因此,相较而言,法学领域内定量分析方法的出现无疑能够作为一种非常有益的工具,辅助国内法学领域的学者围绕中国问题进行深层次的开拓。

第三,先行者的引领和示范作用。一种新的研究范式的出现、发展和兴起离不开对这种新范式有高度敏锐觉察力的学者的努力和示范。计量法学最早兴起于英美国家,早在20世纪三四十年代,发达国家就有一些学者将定量和计量的分析方法运用于法学研究中。1949年,李·洛文杰在《计量法学:未来的发展》一文中提出了"计量法学"名称,此时的计量法学尚处于萌芽状态。计量法学的形成时期是20世纪八九十年代,21世纪初至今是计量法学的成建制的兴起阶段。在上述三个阶段不同时期,学者、律师等都在积极探索运用统计学的知识对法学进行研究,这在很大程度上推动和促进了计量法学的发展。〔2〕国内自2000年法学权威刊物《中国法学》发表了中国法学定量分析研究的开篇之作以来,〔3〕据笔者在中国知网数据统计,

〔1〕 左卫民:《一场新的范式革命?——解读中国法律实证研究》,载《清华法学》2017年第3期。

〔2〕 参见屈茂辉、匡凯:《计量法学的学科发展史研究——兼论我国法学定量研究的着力点》,载《求是学刊》2014年第5期。

〔3〕 参见白建军:《论法律实证分析》,载《中国法学》2000年第4期。

笔者分别以“实证分析”、“实证研究”和“样本”为关键词进行了检索，在《中国法学》期刊上分别有1篇、27篇和7篇，在《法学研究》期刊上分别有12篇、45篇和9篇，在《中国社会科学》期刊上共有9篇。由于实证研究中既有定性研究也有定量研究，经过检查，剔除了定性分析方面的文章，真正意义上定量分析研究方面的文章只有20多篇。虽然法学定量分析方面的文章就总量而言并不算多，尚属“小众”，但这毕竟具有“破窗效应”。定量分析作为法学研究的新范式已经在国内得到广泛认可，国内核心期刊发表的法学定量分析方面的文章呈现逐年递增的趋势。

第四，大数据时代需要计量法学。江必新在第四次全国法院司法统计工作会议上谈到“大数据源于万事万物和社会生活的方方面面，又反过来影响和决定着我们的一切”。大数据时代的到来意味着信息公开的领域越来越多，这使数据的获取变得比以往更容易和便捷，包括法学在内的社会各行各业都开始大量地以数字化的方式标识自身的存在，数字化生存方式成为这个时代的一大特征。因此，不懂得数据分析就无法理解和参与这个行业的变革与发展，自然也就无法推动和促进这个行业在数据时代的纵深发展。在法学领域，“法律活动的公开性也令其越来越‘大数据化’，如中国裁判文书网的出现及大范围地公布司法裁判文书，使之成为中国司法乃至整个法律大数据的最新也是最重要的表现形式。此外，一批关注法律大数据的法律实务与学术研究方面的机构、个人均开始投入大数据的收集、分析和应用进程”。[1] 在当下数据量激增和数据越来越公开的大背景下，在国内法学研究领域内开始逐渐形成以计量法学为研究范式的学术共同体，法学领域内许多年轻的学者也开始纷纷以中国问题作为研究和分析对象，以计量法学作为研究的兴趣点和法学学术新的生长点。法学定量分析逐渐在法学领域内成为一种新气象，实为大数据时代对法学定量分析研究的需要的印证，在这方面，刑事法学领域内的研究结果纷呈，走在了法学其他专业的前面。[2]

---

〔1〕 左卫民：《一场新的范式革命？——解读中国法律实证研究》，载《清华法学》2017年第3期。

〔2〕 笔者对《中国社会科学》、《中国法学》和《法学研究》三大刊物的粗略分析对比发现，法学领域内的量化分析的研究论文几乎都是刑事法律领域内的文章，基本散布在具体的刑法学和刑事诉讼法学领域内。其他的法学专业领域内的量化分析研究论文非常之少。

四、计量法学发展面临的问题及对策

法学定量分析虽然已经成为一种不可逆的新的研究范式，然而，就研究队伍的体量而言，能够熟练地运用定量分析方法在国内法学研究领域依然是小众，计量法学的发展依然存在许多制约因素。

第一，亟待进一步扩充研究者队伍。通过对法学三大权威刊物上发表的计量法学方面的文章统计发现，目前在国内法学定量分析的先行者虽然分布在不同的高校和学术机构，但是他们都有一个共同的特点，即都具有海外(尤其是英美国家)的学术背景和学术经历。[1] 通过跟踪分析，我们可以大胆推测，这些学者的海外学术经历和知识背景与他们在国内进行的法学定量分析研究的密切度显著相关。这些从事法学定量分析的学者人数少，队伍规模小，影响力毕竟有限，力量还比较单薄，这也正是当下国内计量法学发展面临的尴尬和窘境。因此，亟须在计量法学领域培养和吸收年轻的新生力量，扩编研究队伍。

第二，亟待进一步改革法学专业的课程设置。从目前国内法学本科和研究生的专业课程设置来看，几乎没有哪一所大学专门为法学专业的学生开设了数学、统计学方面的课程。学生根本不会运用统计学方面的知识技能进行法学问题的研究，基本上还是按照传统的规范法学研究套路进行学习和写作，这就使计量法学的传承和发展面临如何薪火相传的问题。如果没有年轻学生的参与和加入，我们无法想象今天所极力倡导的计量法学还能够走多远。据了解，国内对法学专业的学生开设数学或者统计学课程的大学几乎没有。湖南大学自2009年开始在校内实施大文大理的学科专业改版，这在一定意义上有利于法学专业的学生有机会进入计量法学领域进行科学研究，为有志于从事法学定量分析研究的学生开启了一扇窗。因此，笔者认为，应当在高校为法学专业的学生开设数学或统计学方面的课程，这

---

〔1〕 白建军教授有美国纽约大学和日本新潟大学的学术经历和背景；湖南大学法学院的屈茂辉教授有美国华盛顿大学的访学经历；左卫民教授有美国耶鲁大学、哈佛大学、哥伦比亚大学和德国马普所的访学经历；刘艳红教授有德国萨尔大学法学院的访学经历；程金华教授毕业于美国耶鲁大学法学院，获得法学博士学位。此外，在国内法学定量分析领域内的其他知名学者也均有海外的学术经历和知识背景，如中国政法大学的李本森教授获得美国印第安纳大学法学院硕士和博士学位；首都经济贸易大学法学院的王剑波教授有美国密歇根州立大学的访学经历；湖南大学法学院的文姬副教授有日本成蹊大学法学部的访学经历等。

符合教育部近来提出的对本科生增负的要求。此外,这对于国内法学研究的发展和战略布局既具有现实意义,又具有长远的战略意义。

第三,亟待进一步培养精通统计和法律的复合型人才。从当前国内法学研究领域从事定量分析的学者发表的论文来看,定量分析方法的掌握和运用参差不齐,整体水准尚处于初级阶段,这主要与从事该领域研究的相关人员的知识背景和学术经历有关。在国内,就量化分析所需的知识储备现状而言,从事法学定量分析研究的学者基本可以分为三大类。第一类是本科或研究生阶段在国内接受的是传统的研究范式训练,没有系统地接受过统计学方面的专业学习,后来通过自学的方式获取定量分析方面的专业知识,这类没有接受过系统的、规范的量化专业知识的学者人数较多。第二类是少数学者接受过国外的系统的方法训练和学习,或者有过海外学术经历、背景,受过英美国家规范的学术传统影响,或者在本科阶段就接受过数学或统计学方面的专业学习。[1] 第三类是从法学之外的专业跨界过来的学者,这些学者虽然接受过系统的、专业的量化分析训练,能够熟练地掌握统计学方面的技能,具备较丰富的法学量化分析技术能力,但是,其对于法学领域的知识储备略显不足,在研习的深度上有待加强。因此,在法学定量分析领域如何尽快培养法学专业知识和量化分析知识交叉的复合型人才,是国内计量法学发展壮大所面临的一个现实问题。这个问题如果不能得到有效解决,会拖延国内法学定量分析研究这项事业的发展,延缓国内法学和国外法学对话交流的时机。

第四,亟待进一步提升统计学知识和技能,跟踪前沿知识领域。从纵向来看,国内计量法学领域业已取得了较大的发展,公开发表了不少优秀的法学定量分析方面的文章,这为法学领域的研究起到良好的示范作用。然而,也有诸多现实问题亟待解决。一个突出的问题就是统计学知识技能的掌握还不普及、不均衡,“二八定律”在法学定量分析领域体现得非常明显:只有少部分学者精于统计学和法学,许多曾经钻研传统法学研究的人员在统计学知识技能方面面临知识淘汰、更新和提升的困境。例如,许多转型从事定量分析的研究者在对样本进行研究时,描述性统计做得还比较充分,但是推

---

[1] 例如,程金华教授和李本森教授在美国接受过系统的定量方法学习,左卫民教授、刘艳红教授、王剑波教授和文姬副教授等有过丰富的访学经历,以及屈茂辉教授在本科阶段学的就是理科专业,而且有过美国的访学经历,但是,这类学者毕竟是少数人。

断性统计则略显不足。换言之,研究者就样本研究样本,没有从样本过渡到总体,对样本的“外推”功能关注不够,这使我们的研究结论的适用范围只能局限在样本上,结论的适用范围受限。这在很大程度上制约了研究水平的发展和研究结论的推广效果,使研究投入和产出不匹配。法学领域内统计学知识技能的亟待更新和提升还表现在复杂的统计知识技能尚无法普及开来,除上述极少部分学者外,大部分研究人员无法运用复杂的统计知识技能对法学领域内的法律现象进行深入的分析。这会阻却国内法学的量化、精确化分析,以及国内法学与国外法学之间的对话与交流。譬如,统计学中的通径分析和结构方程模型(Structural Equation Modeling,SEM)在社会科学领域中是非常有用的两个知识模块,与简单回归和多元回归相比较,通径分析是一种统计分析能力更加强大的分析工具,它还可以进一步揭示简单回归系数与多元回归系数之间的数量关系。结构方程模型在社会科学领域中的功能还要强大,它是一种十分通用的、主要的线性统计建模技术。20世纪60年代就出现在发表的研究论文中,到了90年代初期才开始得到广泛应用。“结构方程模型没有严格的假定限制条件,同时允许自变量和因变量存在测量误差……在社会科学中,许多变量注入智力、能力、信任、自尊、动机、成功、雄心、偏见、保守等概念并不能直接测量……并且这些潜在变量的观察标识总是包含了大量的测量误差……只有结构方程模型既能够使研究人员在分析中处理测量误差,又可分析潜在变量之间的结构关系。”〔1〕从根本上来看,上述这些制约因素源于量化分析知识技能不普及、不均衡。因此,需要进一步提升和加强统计学的知识与技能。

第五,积极跟踪量化前沿问题和动态。目前,国内计量法学领域对量化分析的前沿知识和理论的新动向、新动态关注度不够。从宏观上看,我们面临对传统统计知识的补漏和借鉴国际量化分析前沿趋势的双重任务。一个典型的事例是,2018年1月22日,代表国际最高水平的美国顶级政治学期刊《政治分析》(*Political Analysis*)在官方推特上宣布,从2018年开始的第26期起,禁止使用“P. Value”。这一事件引起了统计学、政治学、社会学等使用定量分析的学科内部激烈的争论和密切关注,而国内法学领域基本上处于“集体性忽视”的状态,该事件几乎没有引发法学界的关注和讨论。而

---

〔1〕 郭志刚主编:《社会统计分析方法:SPSS软件应用》(第2版),中国人民大学出版社2015年版,第345页。

事实上,这个事件具有标杆性作用,它的发生绝对不是一个简单的个案,也绝对不仅是局限于政治学专业的事情,它很有可能引发其他专业领域量化分析研究的"多米诺骨牌"效应,导致量化分析的标准和要求提高。总而言之,国内法学定量分析今后的走向和发展很有可能受其影响,国内外法学学术的交流门槛很可能最终被抬高。中国法治有"追赶"国外的任务吗?因为在国内从事法学定量研究,其中一个关键的角色就是"P. Value",如果玩不转P值,研究成果就难以发表。在平时的论文写作过程中,不乏有人为了"P. Value"能够达标而不惜对数据"刑讯逼供"。但是,就是这样一个关键性角色的命运发生了重大的变化,在国内法学领域却没有引起争论和密切关注。这样的局面只有一种可能解释:不是不想争议和关注,而是无力争议和关注。在此事件后,接踵而来的是2018年10月31日,国际社会学顶级期刊《美国社会学评论》(*American Sociological Review*,*ASR*),首次对定量分析所涉及的"P值和单/双尾检验、中介效应、交互项分析、多元多变量、指标测量和方法测量"等方面进行了讨论,并公布了权威性的编辑提示建议。然而,迄今为止,国内法学领域依然没有跟踪和关注又一次发生的同类事件,同样是保持了缄默。虽然上述关于"P. Value"的事件发生在政治学和社会学领域,但是这毕竟具有导向性影响和作用。可以预见,上述事件的发生对于国内从事定量研究的学者,无论是哪一个专业(包括法学),都具有深远影响。

总之,国内法学定量分析研究领域应当大力普及、提升量化分析知识技能,各个高校的法学院应当为法科专业的学生专门设置应用统计学之类的课程,并将法学与应用统计学的知识结合起来教授和学习,培养精通法律和统计的复合型人才。

◎理 论 探 讨

民国北京地区铺底权法典化命运及思考

王钰璋*

引　言

（一）问题的提出

铺底权是历史上盛行于我国部分地区，尤其是北京地区的一种民间习惯。尽管在不同时期、不同地区，铺底权的形态、特征各有不同，但其均是由铺面房买卖、租赁过程而产生的一种特殊权利。简言之，铺底权是“支付租金，永久使用他人铺房之物权也”。[1] 在铺底权关系中，往往有房主、铺主（或铺底权所有人）。房主拥有铺面房的所有权，铺主则为铺房的实际使用者。租房营业的商号在歇业或无法继续经营时，将字号、家具、货底、设备、房产租赁权等有形或无形的财产转倒给他人，即为铺底。铺底的出现对商业发展有积极意义。在传媒落后的时代，频繁更换店址、招牌，会使稳定顾客群流失，不利于店铺口碑的养成。而房主若以收回铺房相要挟、向商号增租，也会为商号的发展增添困难。铺底的存在，使得房主无法随意增加租金、收回铺房，商号可以长期经营而无失去铺房之忧。这对依赖地段、铺房的商号来说至关重要。北京老字号的瑞蚨祥、张一元、六必居、同仁堂等都受益于此。同时，优秀的铺房、商号常年形成的良好口碑和稳定的顾客群也是重要的资本。铺主在急需资金时，可以通过抵押等手段换取资金。当铺主有意放弃经商时，也可以通过售卖铺底回本。

但铺底权的出现，也导致了房主与铺主之间的矛盾。当铺底自铺面分离而出，成为独立的权利时，房主的铺面房所有权被削弱，并逐渐演变成空有铺面房所有权而无实际对铺房的掌控能力的情况。而在房价上涨、通货膨胀的大环境下，房主无法增租，也使房主的生活难以为继。房屋老旧后，

---

* 首都经济贸易大学法学院法学理论专业硕士研究生。

〔1〕 倪宝森：《铺底权要论》，倪宝森律师事务所1942年版，第1～2页。

房主无力维修,铺主不愿维修,使铺房损毁坍塌,既影响了城市建设,又产生了安全隐患。同时,铺面房所有权和铺底权可以单独交易,也导致了"一房二主"甚至"一房多主"的情况出现,"发生纠葛,势如乱丝,而官家无法受理,竟致积年累月,与讼不完者"。[1]

铺底权历史悠久、问题复杂,在清末民初的法制变革过程中,获得了立法者和学者们的关注。尽管经过了大理院判例的承认和地方政府成文法规的创设,一度成为法定权利,铺底权最终还是在民法的编纂中被摒弃,并逐渐消亡。这一现象不得不引起我们的注意。铺底权是本土形成的习惯性权利,是商业发展所产生的商业习惯。铺底权的创设为商铺经营带来了稳定性,降低了频繁搬迁所增加的营业成本,也便利了商号积累口碑、培养用户群体。铺底权在某种程度上促进了"老字号"的形成与发展。就这一点而言,铺底权本身是具有一定的合理性的。

清末民初的法律变革,是中国由传统法律体系走向近现代世界主流法律体系的转型,也是中国内生的文化与外来的文化碰撞、交融的过程。在这期间,一些传统的文化、习俗被保留下来,并在日后成为"优秀传统"的一部分被推广;另一些传统的文化、习俗则或是被外来文化改造,或是在二者的碰撞中消亡,与中国历史上很多风俗习惯一同被时代所抛弃。铺底权也无可避免地被卷入外来的西方法学规则与中国本土习惯的"交锋"中。可以说,铺底权在近代法律变革中的命运,正是这个时代西方法学话语体系与中国法学体系碰撞和交融的缩影。

在法律变革的过程中,铺底权先是被主流体系所吸纳,之后又被拒之门外。这一变化反映了中国法律体系的怎样变化?又带来了怎样的影响?没有被成文法典所接纳是否意味着铺底权习惯的彻底消失?本文通过对这些问题的研究,来探讨成文法典对习惯拒绝所带来的对法治的影响。

(二)文献回顾

民国时期以来,铺底权引发的社会问题引起了学者的兴趣。在大理院以判例形式承认铺底权的效力后,铺底权进入了法学研究的视野中,并逐渐有了一定的研究成果。北京政府时期至国民政府时期,法学界对于铺底权的讨论几乎贯穿了整个中华民国的历史。这一时期的铺底权研究,受社会

---

[1] 敏:《社会调查:房租》(八),载《晨报》1927年4月1日。转引自卢忠民:《近代北京商铺的铺底与铺底权》,载《中国社会历史评论》2011年第12卷。

环境的影响,多关注讨论铺底权的存废。对于铺底权的由来虽亦有涉及,但因条件有限、资料收集困难,说法多有抵牾。尽管如此,诸人论述,成果可观,为后世学人的研究奠定了基础。

中华人民共和国成立后,政府为解决铺底权遗留问题,制定法规,至此铺底权逐渐淡出人们的视野。铺底权研究也呈现出一片空白。迨至数十年后,始有学者通过文章介绍铺底权。随着对清末民初契约的研究,更多学者将目光投向这一昙花一现的民间习惯,铺底权研究始有转机。这其中,铺底权多作为历史问题为学者所讨论,法学学者则少有专就铺底权的法律地位探讨者。因此,以法学视角探究铺底权的文章,或专引前人论述,或珍惜笔墨,所论未能深入。

在目前所见论述铺底权问题的著作中,以包荣第在 1922 年《法政学报》上所刊的《评论北京铺底之习惯》为最早。该文对铺底权的现实情况、字据样式、法院判例多有介绍,颇有参考价值。包氏文章对铺底权的存续及铺底税的征收反对激烈。之后王凤瀛的《老佃铺底为我国特有之物权(老佃铺底之性质参照大理院判例要旨汇览第一卷一零九五一一四页)此种制度应否保存如不应保存则其已存之权利关系如何应如何整理》、邱志瀛的《论铺底权》、胡长清的《铺底权之研究》、黄顺敏的《北平市铺底权之研究》等文章,或长或短,皆主要结合铺底权的发展现状,就铺底权的合理性进行探讨。上述论著皆为发表在刊物上的文章,篇幅有限。民国时期以书籍形式讨论铺底权问题的,仅有倪宝森的《铺底权要论》及沈鸿勋的《北京市之铺底权》。沈氏著作是根据其在电台演讲稿整理而成,较为简略。倪氏书成书晚,论述全,对铺底权之源流、根据、法源、性质、分类、效力、取得、存续、变更、消灭等加以探讨,又附有法院判例及相关成文规定,提纲挈领,内容翔实,参考价值颇高。

近年来,学人对铺底权的研究虽各有所长,但研究多专精一领域。近来专门论及铺底权的论述,以丁世华的《旧北京的房屋铺底权》及《民国时期北京不动产物权公示制度的形成及特点——兼论"铺底权"他项权利登记》为最早。《旧北京的房屋铺底权》刊于《北京房地产》,对铺底权的定义、发展历史进行了概述。吴丽平所著《清代北京铺底研究》及《民国北京铺底研究》、张小林所著《清代北京城区房契研究》、刘小萌所著《清代北京商业契书的种类与内容》及《北京商业契书的类型与研究价值》,则结合遗存的契书对铺底权发展加以梳理,偏向于历史学的研究论述;金伏海的《续租权与铺底权之比较》从比较法的角度,将中国的铺底权和法国的续租权加以比较;左增信的《从一起案件了解到的"铺底权"的历史》记述了作者自身在司法实务中遇到的铺底权问题,为我们以现代中国法律的视角为切入点讨论铺底权提供了案例;邓亦兵的《清代前期京城房产交易》以经济史的视角对清代前期京城房产的交易进行了研究,其中亦对铺底权进行了较为系统的论述;王红梅的《法理与习惯支配下的民间破产程序——以民初商事公断处处理破产案件为例》以案例为中心,论及民国初期商事公断处在处理破产案件时对涉及的铺底权的处理;徐海勇的《商铺转让费法律性质辨析》以比较法的角度,探究商铺转让费的渊源,论述了铺底权制度的发展。

阅读文献后,笔者整理发现,当前学术界对于铺底权历史的争议主要集中在以下两个方面,即铺底权存在的区域、铺底权产生的时间。

铺底权在历史上存在的区域和其产生的时间,是研究铺底权历史极为重要的部分,也是讨论铺底权演化发展的关键因素。关于这一方面的研究,民国时期诸学者成就最丰硕,后世学者对此也有继承发展。

关于我国历史上存在铺底权的地区,就目前所见之论述而言,此类研究成果民国学者所占比例最高。民国诸学者中则又分两派。一派认为铺底权是北京地区特有的习惯,如包荣第("铺底为北京特有之习惯"〔1〕)、倪宝森("铺底权为我国旧都独有之物权"〔2〕)等。这一观点多少得到了当时官方的认可,京师税务公署于1923年编写的《铺底税须知》中也说铺底权"外省是向来没有的"。另一派则认为铺底权非北京地区专有,而是散见于全国多地。这派学者有邱志瀛("京津有铺底权永久存续之习惯"〔3〕)、王凤瀛("北地京津一带及南方广东等处,均有此种习惯"〔4〕)、胡长清("水陆通商地方繁盛街市的店铺,多有铺底的习惯,如河北的北平、广东的广州、江西的南昌均有此种习惯存在"〔5〕)等。

近年来,学人对这一历史问题的研究,多引用上文所述学者论作。一些

---

〔1〕 包荣第:《评论北京铺底之习惯》,载《法政学报》1922年第1期。

〔2〕 倪宝森:《铺底权要论》,倪宝森律师事务所1942年版,第1~2页。

〔3〕 邱志瀛:《论铺底权(京津习惯)》,载《法律评论》1927年第48期。

〔4〕 王凤瀛:《老佃铺底为我国特有之物权(老佃铺底之性质参照大理院判例要旨汇览第一卷一零九五一一四页)此种制度应否保存如不应保存则其已存之权利关系如何应如何整理》,载《法学会杂志》1923年第10期。

〔5〕 胡长清:《铺底权之研究》,载《法律评论》第6卷第52号(总第312期)。转引自金伏海:《续租权与铺底权之比较》,载《比较法研究》2006年第4期。

学者在前人基础上辅以自己推断,或结合新资料,使这一研究有所发展。

在这些学者中,支持铺底权为北京[1]独有的观点的,有丁世华("在铺房所有权上设定铺底权,从全国范围来说,为北京所独有"[2]);反对该观点的则有卢忠民("不可能只存在于北京一地,只不过北京比别处较盛而已"[3])、左增信("在大城市,特别是北京市存在过的一种房地产领域的现象"[4])。其他作者或二者择一,或二者并举,所引用的也多是以上学者的成果。

铺底权曾存在于北京地区,这一点毋庸置疑。清代至民国时期遗存的契书,以及民国时期的诉讼案例、规章等,都是佐证。至于北京以外的地区所存在的铺底权习惯,通过史料的查找,也能够得到线索。

以广东省广州市为例,林启宣在《旧广州的"铺底权"》一文中回忆了广州市"自民国初年,以至解放,流行于广州社会"[5]的铺底权(有趣的是,该文作者认为铺底权是"广州特有的习惯,不仅全国其他地区无之,即广东本省之各市、镇、县、乡也没有这种习惯")。商户承租铺面后耗巨资修建或装饰铺面,租赁期满业主收回铺面后无力补偿商户修建铺面的出资,便任由租户"另招人赔承铺底"。这种铺底权的存在,使承租人能够在出资增加了铺面的经济价值后,得到一定的补偿。该权利不因铺屋买卖、业权易主而受影响,实质上成为设立在铺面上,又独立于铺面所有权的一种新的权利。这与北京地区流行的铺底权具有相似之处。《广州市市政公报》于1921年7月刊登的《铺底顶受习惯说明书》也详细记载了广州铺底顶受这一"原因复杂、相沿日久"的习惯。

---

[1] 今北京地区建置,在历史上多有变化。据《北京志·建置志》载,清代今北京地区属直隶省、顺天府、宣化府。民国初年,北洋政府仍以北京为都,废顺天府,设京兆特别区,1928年迁都南京后,改北京为北平,设北平特别市。北平特别市仅辖城区及近郊,原京兆特别区废,属县改隶河北省。1930年北平特别市降为北平市,属河北省。1949年10月1日后,北京作为中华人民共和国首都,成为中央直辖市,后部分河北省属县划归北京市,形成今北京市行政区域。本文中所涉北京、京师、北平市、北平特别市、伪北京特别市等称谓,因时期不同,其包含范围亦不同,请读者注意。

[2] 丁世华:《旧北京的房屋铺底权》,载《北京房地产杂志》1995年第10期。

[3] 卢忠民:《近代北京商铺的铺底与铺底权》,载《中国社会历史评论》2011年第12卷。

[4] 左增信:《从一起案件了解到的"铺底权"历史》,载中华全国律师协会编:《第三届中国律师论坛论文集(实务卷)》,法律出版社2003年版,第88~94页。

[5] 林启宣:《旧广州的"铺底权"》,载广州市政协学习和文史资料委员会编:《广州文史资料存稿选编(九)》,中国文史出版社2008年版,第418~419页。

除广州市外,我国其他城市也有铺底习惯存在的痕迹。例如,广西梧州县、[1]广东阳江县[2]有类似于北京铺底权的“铺底顶手”和“商业楼房的长期租赁权”的习惯;伪“天津特别市”曾于1944年10月12日颁布规定,禁止委托商店的“铺底转兑”;广东中山县[3]曾设立中山登记局,管理包括铺底顶手装修等业权登记;笔者所见的民国时期广东台山县、新会县和原隶属广东省、现为海南省辖下的琼山县等地方政府开具的“铺底顶手登记簿”“铺底顶手登记完毕证”及民间契约亦可作为旁证。

值得注意的是,远在太平洋对岸的美国,亦有铺底习惯存在的痕迹。1936年《外交部公报》上曾有驻金山总领事馆所撰的《金山华埠“铺底”制度之流弊》报告,[4]言及金山华埠有所谓“铺底”顶费制度,相沿已有80余年。作者断言此种制度“不适于美国社会”,又援引2月16日金山《江尼古报》访员爱云氏所发表的《金山华埠“铺底”之流弊》专论一篇。

由该专论不难看出,美国华埠的铺底“非经美国法律与商业习惯所公认”,乃是产生已有三代之久的、为团结自卫免受白人业主压迫而产生的“华侨社会旧习惯”。

笔者以为,铺底权是适应商业发展而出现的民间商事习惯,而非一地政府的创设。铺底权产生的缘由是商业的繁荣,不受限于地域划分,因而不具备只在北京出现的必然要素。出现在我国多地的铺底权,有的可能是随着各地的商业交流而传播到本地的,有的可能是本地商业发展自然催生出的产物。在铺底权尚存的民国时期,学者们对此观点不一,或许是因为当时交流不便、信息闭塞,因此,京外地区铺底权的存在不为人所知,而作为清末民初时期首都且铺底权繁盛(“北平商家十之七八,均有铺底”[5])的北京受

---

〔1〕参见梧州市地方志编纂委员会:《梧州市志·文化卷》,载广西地情网:http://lib.gxdfz.org.cn/view-b21-296.html,最后访问日期:2020年12月2日。

〔2〕参见马宁:《民国中后期县域社会商业纷争研究——以粤西阳江县商铺租赁纠纷案为例》,载《社会科学论坛》2016年第4期。

〔3〕参见陈禹:《民国时期的中山县地政》,载中山政协:http://zszx.zsnews.cn/Article/view/id/29175.html,最后访问日期:2020年12月2日。

〔4〕参见驻金山总领事馆:《金山华埠“铺底”制度之流弊》,载《外交部公报》1936年第3期。亦可参见外交部情报司:《美国金山华埠“铺底”制度之流弊》,载《国外情报选编》1936年第154期。

〔5〕邹泉荪:《邹泉荪谈救济平市商业贷款担保问题》,载《北平晨报》1936年1月13日。转引自卢忠民:《近代北京商铺的铺底与铺底权》,载《中国社会经济史研究》2011年第2期。

到了大多数学者的瞩目。[1]

关于铺底权产生的年代问题,历代学者亦有不同见解。大致有两种观点:一者以为铺底权产生于明代,另一者以为铺底权始于清代。

持前一种观点的声音较少。金伏海认为“铺底权盛行于明清商界,至民国时期历久不衰”;[2]邓亦兵引用王惠恩文中介绍的1922年7月六必居补契文书所载“本号铺底系于前明时代嘉靖九年(公元1530年)□月,用价银共三千两整,倒得前手字号六必居郭姓粮店。倒得后改开今业”,[3]判断铺底权自明代便已存在。

持后一种观点的,近年来有卢忠民:“铺底始于清代乾隆年间”;[4]左增信:“‘铺底’起源于清朝的乾隆年间”;[5]丁世华引民国京师税务左右翼公署调查结果,也赞同铺底起源于清朝乾隆年间的说法。[6] 张小林则依据“分息铺面房”出典认为康熙年间便有铺底权出现。[7] 此外,近年尚有其他文章论及铺底权产生年代,但多直接引用上述几位学者的观点,并无新论据。

在铺底权尚存的年代,较官方的观点认可铺底权起源于清朝乾隆年间。这大概与上文提及的1922年京师税务左右翼公署的调查有关。这一结论是该署根据“开办铺底转移税时从民间所持字据追寻出的端倪”[8]判断出来的。后续对于铺底权产生年代的判断可能正是这一“调查结果”的延续。《满铁调查月报》二一卷一〇号[9]引述北京律师沈鸿勋的演讲《北京市之铺底权》称铺底权为“北京二三百年以来相沿用的用益物权”;[10]1923年监

---

〔1〕 值得注意的是,不同地区的铺底习惯有所不同。本文侧重北京地区铺底权在清末民初法律变革中被官方在立法中接受与摒弃的命运反复,故不再论述各地铺底习惯之差异与成因。

〔2〕 金伏海:《续租权与铺底权之比较》,载《比较法研究》2006年第4期。

〔3〕 邓亦兵:《清代前期京城房产交易》,载《中国社会经济史研究》2013年第3期。

〔4〕 卢忠民:《近代北京商铺的铺底与铺底权》,载《中国社会历史评论》2011年第12卷。

〔5〕 左增信:《从一起案件了解到的“铺底权”历史》,载中华全国律师协会编:《第三届中国律师论坛论文集(实务卷)》,法律出版社2003年版,第88~94页。

〔6〕 参见丁世华:《旧北京的房屋铺底权》,载《北京房地产》1995年第10期。

〔7〕 参见张小林:《清代北京城区房契研究》,中国社会科学出版社2000年版,第183页。

〔8〕 丁世华:《旧北京的房屋铺底权》,载《北京房地产》1995年第10期。

〔9〕 参见[日]草野靖:「舊中國の田面慣行:田面の轉頂と佃戸の耕作權」東洋史研究34巻2号(1975)66頁。

〔10〕 沈鸿勋:《北京市之铺底权》,律师沈鸿勋事务所1941年版,第1~10页。

督京师税务公署编印《铺底税须知》,[1]认为铺底权是“由前清乾隆年间兴的”;1951年4月的《人民日报》刊载《贯彻保护房屋与发展工商业的政策　北京市发布“铺底权”纠纷处理试行办法》[2]和《合理解决“铺底权”纠纷》[3]两篇文章,也认为铺底起源于清朝乾隆年间。

铺底权是在经济的发展中逐步孕育而生的,并在实践中不断丰富、完善、变化,最终形成民国时期的格局和样式。铺底权产生、发展及废止的各个时间节点的确认,还有待于对相关时段的契约文书的发现和整理。目前得到多数认可、所见最早的铺底契是清朝乾隆二十五年(公元1760年)[4]的,至少证明铺底契的产生不晚于清朝乾隆年间。

一、作为习惯性权利的铺底权

铺底权是商业发展到一定程度的产物。最初,铺底权的本意在于“保护铺主,提倡商业”,[5]是为了保护工商业者“不因房东收房而影响营业”。[6] 就商业经营而言,一个能够长久使用的铺面房尤其重要。

首先,商家在租赁铺面房后,往往会根据自己经营的行业对铺面房进行改造修饰,这一过程需要投入大量的财力、物力。如果房主可以随意收回铺面房,则商家在装修过程中投入的资金无法收回,又需要另寻铺面,从头做起,损失可想而知。

其次,在资讯传播不发达、交通落后的旧时社会,频繁搬迁对商号经营的打击十分巨大。能够长久使用的铺面房可以使商家安心经营,从长计议,利于商号培养稳定的客户群体,形成良好口碑。而在商业经营中,良好的口碑意味着消费者更倾向于购买并向他人推荐该商号的商品或服务。北京地区的许多老字号,自清代至民国,数十年乃至百年在同一铺面经营,凭借着

---

[1] 倪宝森:《铺底权要论》,倪宝森律师事务所1942年版,第67页。

[2] 《人民日报》评论员:《贯彻保护房屋与发展工商业的政策　北京市发布“铺底权”纠纷处理试行办法》,载人民日报图文数据库(1946～2019):http://data. people. com. cn/rmrb/19510416/1,最后访问日期:2020年12月2日。

[3] 《人民日报》评论员:《合理解决“铺底权”纠纷》,载人民日报图文数据库(1946～2019):http://data. people. com. cn/rmrb/19510416/1,最后访问日期:2019年12月2日。

[4] 参见吴丽平:《清代北京铺底研究》,载《首都师范大学学报》(社会科学版)2011年第4期。

[5] 包荣第:《评论北京铺底之习惯》,载《法政学报》1922年第1期。

[6] 《人民日报》评论员:《合理解决“铺底权”纠纷》,载人民日报图文数据库(1946～2019):http://data. people. com. cn/rmrb/19510416/1,最后访问日期:2019年12月2日。

铺底权的保障，培养了大批长期客户，获得了社会的认可。同时，铺底权的存在又限制了房主对租金的随意上涨。北京作为清末民初时期的首都，商业发达，非常繁华，对于商家来讲，租赁到繁华地段的铺房并非易事。一旦租得房屋，自然不愿随便放弃，如果房主以收回铺房相要挟，肆意哄抬房租，商家也只得忍气吞声。但房主一味追逐利益而不断抬高租金，无疑加大了商家经营的成本，小本经营的商家将难以存活。长此以往，商业发展必然受到限制。设立铺底权后，房主既不能随意收回铺房，又不得任意抬高租金，从这一点来讲，铺底权的存在对于北京地区商业的繁荣发展功不可没。

最后，铺底及与之紧密相关的口碑、信誉和客户，都是具有价值的。因此，当铺主急需资金时，可以通过抵押、出倒等手段，用铺底换取资金，以解燃眉之急。在北京历史上，这种铺底交易屡见不鲜。新铺主获得原铺主倒出的有形、无形财产后，继续使用原字号，在原地点，经营内容不变，是十分常见的现象。《道光都门纪略》中记载的“京师铺户，或数年以及数十年，多改东易主，旧者少而新者多”，[1]便是这种现象的体现。例如，北京的著名老字号六必居，原是郭姓所开粮店，后在明嘉靖年间出倒，而字号未变。[2]

以铺底换取资金，不仅可以使铺主获得东山再起的资本，也方便铺主自商海抽身。当铺主有意放弃经商时，可以通过售卖铺底回本。铺底作为一种特殊的财产，减轻了商人经商时担心赔本的顾虑，方便了更多人投身商海。

不过，铺底的这种“保本”能力也并非时时有用。大环境、大背景的变化对其影响颇大。例如，国都南迁以后，北京地区商业日趋萧条，铺底倒卖便大不如前，卖者多而买者少。曾经“当日停业，翌日即有人倒妥”[3]的盛况，已变为停业一年无人过问。在这种情况下，商家希冀于倒卖铺底回本无异于天方夜谭。

当然，铺底权能够为相关者所接受并风靡一时，绝非只对商家有积极影响，对于房主而言，铺底权的存在也有积极意义。旧时房屋维修不善，极易坍塌焚毁。房主维修、重建铺房，需要投入大量资金，当房主资金有限时，维修、重建房屋困难重重，损毁的房屋又无法出租，最终导致房主的生活难以

[1] 李家瑞编：《北平风俗类征》，商务印书馆1937年版，第423页。

[2] 参见王惠恩：《介绍几件六必居文书》，载《中国历史博物馆馆刊》2000年第2期。

[3] 卢忠民：《近代北京商铺的铺底与铺底权》，载《中国社会历史评论》2011年第12卷。

为继。而设立铺底权后,房屋的日常维护均交予商号,坍塌焚毁的重建工作也可由商号负责,房主得以免去诸般劳苦,又可稳定收取租金,商家安心经营,无后顾之忧,可谓一举两得。

二、1912年后铺底权的法典化进程及命运

对于邱志瀛来说,铺底权本是个完全陌生的概念。只有在研究民律物权篇后,方知此种习惯,以至于"有无限之感"。[1] 可见,即便是当时"盛行京市"的铺底权,对于普通人来说依旧是比较陌生的。无怪乎《都门纪略》《旧京琐记》《北平风俗类征》等介绍旧时北京风俗的著作也对此少有着墨。

不过,因袭已久的铺底权在商界影响颇大。清末民初以来,铺底权纠纷时有发生。民国成立后的第二年,京师地方审判厅便审理了伊林诉玉斌等铺产纠葛一案。[2] 到了1916年,作为全国最高司法审判机关的北京政府大理院首次在审判中认定"铺底为租主就于铺房上所有之一种权利",[3] 使原本仅为民间习惯的铺底权事实上变成了法定权利。在此之前,清政府对铺底和铺底权并无立法规定,仅通过"凡官房铺面房间,不准认买。住房之门面房,有小铺面者,准人认买"[4] 等规定作出限定,防止官房铺底的买卖。

距离北京2000多公里外的广州,也制定了《广州市清理铺底顶手办法》《广东都市土地税条例》《铺店有无铺底顶手金注册办法》《广州市改良铺底顶手习惯条例》,[5] 通过制度将铺底权规范化。广州市铺底权之繁盛不弱于北京,1918年广州市拆城筑路,因涉及街道旁建筑多设有铺底权,引起群众集会上书,"大有'一路哭'现象";[6] 1924年广州实行统一市内两旁马路业权,以便向商户抽收铺底捐,引起商民强烈反对。全市商团及各县民

---

〔1〕 邱志瀛:《论铺底权》,载《法律评论》1927年第5期。

〔2〕 参见吴丽平:《清代北京铺底研究》,载《首都师范大学学报》(社会科学版)2011年第4期。

〔3〕 吴丽平:《民国北京铺底研究》,载《历史档案》2012年第1期。

〔4〕 故宫博物院编:《钦定总管内务府现行则例二种》(第5册),海南出版社2000年版,第19页。

〔5〕 参见黄素娟:《国家政权建设与民国时期广州城市土地产权变迁(1911~1935)》,载《社会》2018年第2期。

〔6〕 张泽浦:《广州拆城筑路之"一路哭"现象》,载广州市政协门户网站:http://www.gzzxws.gov.cn/gzws/cg/ cgml/ cg9/200808/t20080826_3961.htm,最后访问日期:2019年12月2日。

团定于1924年5月28日全城罢市,反对政府决定,引起了轰动中外的"商团事变"。[1]

(一)北京政府时期铺底权的法典化尝试

民国初期,通过一系列大理院判例和京师商事公断处《拍卖铺底房东接租办法六条》、监督京师税务左右翼公署《京师铺底转移税修正章程》的制定施行,北京地区的铺底权得到了官方的规范。

大理院是北京政府的最高审判机关,彼时本应履行立法职权的国会难以正常履职,因此大理院的判例和解释例就成为弥补国会立法职权空缺的"救时砭剂"。在缺乏国会立法、司法审判亟须规范依据的情况下,"地方法院恒视中央最高法院之见解以为标准",[2]各级法院如无特殊意见,一般同意最高法院的判决,"无形中形成大理院之判决而有实质的拘束力之权威"。[3] 大理院选择"具有创新意义,或能补充法律之不足,或能阐明法律真意,且见解具有抽象规范价值"[4]的案例登于公报,或编成判例要旨汇编。这些判例要旨在法院的判决书中,往往被直接引用。这是特殊时代背景下的特殊状况。大理院对铺底权的判例,正是通过这种方式成为审判机关审理铺底权相关案件时援引的审判标准和依据。

最初,无论是受到了"一田二主"的田面权、田底权的影响,又或者单纯是商用房辗转租倒中衍生出的创想,铺底权的本意都在于"保护铺主,提倡商业",[5]是为了保护工商业者"不因房东收房而影响营业"。[6] 然而,发展到民国时期,遍布城乡的铺底权已经成为北京地区城市建设的一大阻碍。"京津埠面,朽败不堪","北京僻巷中五六十年未能倒出者,比比皆是","终年几无一人过问"。[7] 对于房东来说,因设有铺底权的房屋"不能任意利用",故"以租与店铺为戒",[8]又导致经商者无处寻觅经营场所,反而阻碍

[1] 参见中山学术文化基金会:《中山先生建国宏规与实践》,台北,中山学术文化基金会2011年版,第91~92页。

[2] 黄荣昌:《最近大理院判令判解分类汇要》,上海中华图书馆1924年版,第1页。

[3] 胡长清:《中国民法总论》,中国政法大学出版社1997年版,第35页。

[4] 张道强:《大理院判例、解释例——民国初期的司法机关"立法"》,载《三峡大学学报》(人文社会科学版)2006年S1期。

[5] 包荣第:《评论北京铺底之习惯》,载《法政学报》1922年第1期。

[6] 《人民日报》评论员:《合理解决"铺底权"纠纷》,载人民日报图文数据库(1946~2019):http://data.people.com.cn/rmrb/19510416/1,最后访问日期:2019年12月2日。

[7] 包荣第:《评论北京铺底之习惯》,载《法政学报》1922年第1期。

[8] 同上。

了商业的繁荣发展。

在这种情况下,因铺底权纠纷而诉讼者"日有所闻",前文提及的1913年10月京师地方审判厅判决伊林诉玉斌等铺产纠葛一案,以及同年12月16日京师高等审判厅判决单如川等因租房纠葛一案都是典型案例。面对这种情况,法院依据"法律无明文者依习惯法,无习惯法者依条理",[1]"于无碍善良风俗及公共秩序之中,兼取商人之利益及商业之发达",[2]根据北京地区铺底权这一习惯作出了判决,将北京铺底权"认为物权"。[3] 到了1916年,大理院先后通过上字第八百〇五号("铺底为租主就于铺房上所有之一种权利,铺房即因此受种种之限制,则租主对于业主取得此种权利,自不能不有其取得之原因。例如,原有铺底之铺房,后租主继承前租主之铺底,抑业主受有租主之押租,或因为他事由新为租主设定铺底")、上字第八百七十三号("凡铺东于其所租铺房隙地添盖房屋者,苟房东别无异议,即当然发生铺底权")、上字第一千二百七十号("铺底之构成,系以铺房之永久使用为必要之原素,至家具之所有权或其使用权,虽非构成铺底所必要,而亦常为其构成原素之一种"[4])三则判例,就铺底之发生、铺底之构成等内容予以明确。自此,尽管没有立法院立法上的确认,但在大理院创例视同立法的情况下,本为民间流行习惯的铺底权,正式具有了法律效力。

与此同时,京师商事公断处也通过《拍卖铺底房东接租办法六条》进一步规范铺底权。商事公断处是民初附设于商会的仲裁机构。在民国初期法律体系不健全的特殊背景下,商事公断处成为民初"组织规范、运作正常的民间司法体系",在商事纠纷领域发挥了独特作用。[5] 京师商事公断处拟定铺底权的相关办法,与当时的时局有关。1912年2月,京保津兵变爆发。曹锟所部哗变,在北京大肆哄抢,掠抢商民,后兵变又波及天津、保定,引起轩然大波。据时任京畿五路备补军管带的冯玉祥回忆,乱兵"大举纵火,接

---

〔1〕 郭卫:《大理院判决例全书》,台北,成文出版社有限公司1972年版,第29页。

〔2〕 邱志瀛:《论铺底权》,载《法律评论》1927年第5期。

〔3〕 司法部公报处:《铺底权与所有权同属一人不得更为登记函》,载《司法公报》1927年第239期。

〔4〕 包荣第:《评论北京铺底之习惯》,载《法政学报》1922年第1期。

〔5〕 参见王红梅:《法理与习惯支配下的民间破产程序——以民初商事公断处处理破产案件为例》,载《南京大学法律评论》2016年第2期。

着南北两城也陆续起火”。商铺遭焚遭抢,商户因此损失银 1700 余万两,[1]造成了大量的债务纠纷。在债务纠纷的处理过程中,铺底权成为重要问题。铺底是铺户的资产之一,拍卖铺底所得金额往往成为偿债的一种方式。但在铺底拍卖、进而转手给新铺主后,房主借机向新铺主要求增加租金的问题逐渐凸显。例如,刘孟举与章姓房主纠纷一案中,刘孟举拍得原铺主何寿泉铺底,请求章姓更换租折。但章姓借机将租金由原本的 5 元增加为 20 元。此种现象并不罕见。京师商事公断处为解决这一问题,于 1915 年 5 月 18 日拟定了《拍卖铺底房东接租办法四条》,[2]两个月后又将“四条”扩充为“六条”。[3] 针对房主增加租金的问题,《拍卖铺底房东接租办法四条》规定禁止涨租,《拍卖铺底房东接租办法六条》又调整为至多不超过原租额 4/10,承认了涨租的行为。后者又规定了若房主不与新铺主订立租约,则京师警察厅可先行向铺主颁发营业执照。地方审判厅、警察厅可传谕房东赴地方审判厅声明理由,听候裁决。京师步军统领衙门在其所管辖的外城营汛地面也要协助接租“六条”的执行。[4] 对于前文提及的刘孟举与章姓房主纠纷一案,京师地方审判厅便依据《拍卖铺底房东接租办法六条》,判决刘孟举只需按“六条”规定增加租金即可。

《拍卖铺底房东接租办法六条》针对铺底权问题衍生出的涨租问题作出了规定,但毕竟针对性较强,无法适用于所有铺底权纠纷。《拍卖铺底房东接租办法六条》通过强制规定的手段限制了房主涨租的金额,保护了新铺主的利益。与此同时,北京正处于“黄金时代”,“房租高涨,地价飞腾”。[5] 一方面是市场行情的飞速上涨,另一方面是《拍卖铺底房东接租办法六条》对租金涨幅的限制。因此,房主与铺主间的矛盾并没有得到缓解。

自 1935 年起担任北平特别市商会主席的邹泉荪提及民国初期铺底权

---

〔1〕 参见司法部:《考核商事公断情形报告书》,载《司法公报》1926 年第 224 期。转引自张松:《民初商事公断处探析——以京师商事公断处为中心》,载《政法论坛》2010 年第 3 期。

〔2〕 参见司法部:《核覆拍卖铺底房东接租办法批》,载《司法公报》1916 年第 62 期。

〔3〕 参见司法部:《核准拍买铺底人对于房东接租简章批》,载《司法公报》1917 年第 70 期。

〔4〕 参见司法部:《请查照拍买铺底人接租简章予以协助咨》,载《司法公报》1918 年第 87 期。

〔5〕 魏树东:《北平市之地价、地租、房租与税收》,台北,成文出版社有限公司 1977 年版,第 514 ~ 528 页。

与契税之间的关系,认为“铺底权曾有一度纠纷,争执有无,经法院对此项特殊习惯,确定为正当产权,同时行政方面,亦准税契承认为产权”。[1] 1921年3月,由法学家凌昌炎提议,铺底转移税的征收被提上议程。[2] 铺底转移税的征收对象不限于《拍卖铺底房东接租办法六条》所针对的经拍卖的铺底,而是整个北京的铺底。同年10月,监督京师税务左右翼公署正式设立铺底转移税处,制定《京师铺底转移税章程》,呈财政部创办铺底税,[3] 规定倒价铺底、家具铺底、建筑铺底、倒空铺底、活租铺底、定期租铺底、永租铺底、押租铺底、分业铺底、帮伙铺底、处分租铺底、折债铺底,按倒价或建筑价的2%税契。另外,还规定8月31日前城乡内外旧有铺底,由铺底权人持铺底连套字据呈报审验,免纳契税并发给铺底税执照;9月1日以后设立的铺底,按价税契后发给铺底税执照,“以定权利”。[4] 此后,到1923年1月,铺底契税分为倒价铺底和建筑铺底两种,税率仍为定值的2%。

北京地区的铺底税,自1912年起便已存在。彼时的铺底税是对停业的商铺转手倒卖家具、铺底征税。[5] 自1921年起,铺底转移契税正式成为北京地区法定的税种。铺底转移税的征收,就目的而言,更多是增加政府收入。值得注意的是,铺底转移税的设立过程中,监督京师税务左右翼公署征求并吸纳了京师总商会的意见。例如,将原定为15%的铺底转移税下降至2%;铺房全部拆改后房主增加租金不得超过原租额4/10,油饰和修改门面、天灾导致的房屋重建,房主则不得增租等。铺底转移税确立后,税务左右翼公署与京师总商会大力推广,铺主也因《京师铺底转移税章程》保护了自己利益而大力支持,铺底转移税得以顺利征收。

京师税务左右翼公署在铺底转移税设立过程中吸纳了京师总商会的意见,使《京师铺底转移税章程》侧重保护了商人利益,得到了商人的支持,自然征收顺利。同时,铺底权固然已经由铺面房产权中分立出来,成为独立的

[1] 邹泉荪:《邹泉荪谈救济平市商业贷款担保问题》,载《北平晨报》1936年1月13日。转引自卢忠民:《近代北京商铺的铺底与铺底权》,载《中国社会经济史研究》2011年第2期。

[2] 参见吴丽平:《民国北京铺底研究》,载《历史档案》2012年第1期。

[3] 参见中国第二历史档案馆编:《中华民国史档案资料汇编》(第5辑第1编),凤凰出版社1998年版,第243~244页。

[4] 倪宝森:《铺底权要论》,倪宝森律师事务所1942年版,第57页。

[5] 参见丁世华:《旧北京的房屋铺底权》,载《北京房地产》1995年第10期。

权利,但并非与铺面房产权无关。铺底不能在不存在铺房的情况下单独存在。《京师铺底转移税章程》保护了作为商人的铺主利益,同时,损害了房主的利益。房主对铺底权自然反对激烈。对此,学者包荣第断言:“房客间之争执却将因是而日益加多,社会上之纷扰亦将无时或已,是可断言者。”[1]铺底转移税一出,“北京市民纷纷集会,反对铺底税甚厉,并拟将铺底习惯根本推翻,以维权益”;[2]商会方面则极力维持铺底税,借以维护铺底习惯。

北京铺底问题发展至民国初期,成为一大社会问题,固然与晚清以来北京房价逐年上涨、战乱波及等原因有关,政府的政策也起到了至关重要的作用。1913 年,京师警察厅颁布《呈报建筑规则》,规定新建、添盖、翻盖房屋,均需携带房契到京师警察厅呈报,由京师警察厅颁予建筑执照。而房主借此机会,以房契相要挟,要求增加租金。房主“少有藉口,即加要挟”,使铺主不得不付出增加租金、重贿房主的代价。[3] 而在此之前,根据北京铺底习惯,除添盖外,不需增租。维持了百年的旧习惯因政策的变动而发生变化,使此前长期出租铺房而不得增租的房主有了提高收入的机会。而在缺乏法律规范铺底习惯的情况下,铺主的利益受到了影响。《京师铺底转移税章程》的出台,限制了房主增租,使铺主得以不受房主增租之苦,看似公平,实则不过使房主、铺主各自权利此消彼长,未能解决根本问题。铺底权得以加大,房主的铺面房产权便随之受限,使铺主受惠,而置房主之损失于不顾。因此,学者包荣第在《法政学报》上撰文批判,以为铺底权于国家“收入甚微”,又“只利于铺户,而于房主之权力概置不顾”。[4] 铺底转移税“不久定当废止”,铺底权这一“恶习”也“断无任其继续存在之理由”。

《京师铺底转移税章程》出台后“房东群起而攻,纷纷反对”,[5]对此,京师税务左右翼公署在呈验手续中增加了“会同房东赴左右翼税务公署内铺底转移税处呈验”的要求,欲以此减少纠纷的发生。但这一举动未抚平房主不满,引起了京师饭庄行、钱业行、干果杂货行、布行、米面庄行、金银号商会的反对。商会认为,修正后的呈验手续不仅复杂,还为房主趁机刁难提

[1] 包荣第:《评论北京铺底之习惯》,载《法政学报》1922 年第 1 期。

[2] 同上。

[3] 参见吴丽平:《民国北京铺底研究》,载《历史档案》2012 年第 1 期。

[4] 包荣第:《评论北京铺底之习惯》,载《法政学报》1922 年第 1 期。

[5] 吴丽平:《民国北京铺底研究》,载《历史档案》2012 年第 1 期。

供机会。在铺底习惯损害房主利益的前提下,房主对铺主予以刁难再正常不过。1923年1月,京师税务左右翼公署公布施行了《京师铺底转移税修正章程》,该章程要求京师城乡内外所有铺底商号在铺底转移时,铺主须于铺底契约成立1个月内会同房东赴税务左右翼公署内铺底转移税处,呈验铺底字据遵章报税;而房东若无故延迟或者不前来报税,则默认为承认铺底。铺主或由商号开据证明,或取具铺保担保,均可来报税。修正后的章程还对违反章程规定的行为作出处罚规定。同时,京师税务左右翼公署还制定了《铺底验照章程》,凡1931年8月31日前京师城乡内外旧有铺底商号须遵章验领铺底执照。查验旧有铺底得分等差缴纳执照费,分10等级自1元至10元。验照各商铺,铺底倒价在1000元以下者,应缴纳注册费国币4角,由1001元起每增加1000元应增纳注册费国币2角。

从1929~1932年捐税统计来看,铺底转移税分别占当年年度总捐税的0.11%、0.15%、0.10%、0.11%,近似于猪羊小肠兽骨税、贫民捐,远高于厕所捐、烟阁公益捐,初高于后逐年低于营业执照费、田赋(见表1)。

从1929~1932年的情况来看,铺底转移税收入较为稳定,不过收入也确实有限。1933年9月起,北平市政府开始修正《北平市铺底转移税章程》,适用范围由京师城乡内外改为市区内,主管机关由税务左右翼公署下属铺底转移税处改为财政局第二科捐税股;10月,又规定铺底转移税匿报罚金由原来的2倍、3倍、4倍、5倍,改为1倍、2倍、3倍、4倍。1934年1月,北平市政府公布了《修正北平市铺底转移税章程》。曾任军事委员会委员长行营秘书长兼第二厅厅长的杨永泰于1934年6月10日向军事委员会南昌行营摘陈了时任冀晋察绥统税局副局长的关吉玉呈送的整理北平财政意见,因契税中新建、添建及改建房屋均负纳税任务,拟将铺底转移税并入契税中征收。这份意见被评为"颇有可采",[1]并"转令北平市政府核议具报"。1934年7月11日,北平市长袁良向国民政府军事委员会南昌行营递送了税制整理计划书,其中可见沿袭前京师左右翼税局、由财政局征收的铺底税。[2]计划书中称铺底税"商民称便""可免除纠纷",因"仍为财产转移税之一种",且"与契税上日趋相同",故拟"归并契税内与买、典、建筑、永租

[1] 中国第二历史档案馆编:《中华民国史档案资料汇编》(第5辑第1编),凤凰出版社1998年版,第243~244页。

[2] 参见中国第二历史档案馆编:《中华民国史档案资料汇编》(第5辑第1编),凤凰出版社1998年版,第245~246页。

表 1　1929 ~ 1932 年北平市税捐收入情况(部分)

单位:元

项目	1929 年	各捐税占当年总捐税/%	1930 年	各捐税占当年总捐税/%	1931 年	各捐税占当年总捐税/%	1932 年	各捐税占当年总捐税/%
房捐	1, 257, 380. 87	36. 09	1, 314, 898. 15	37. 95	1, 389, 871. 68	35. 03	1, 417, 644. 36	34. 57
铺捐	372, 116. 60	10. 68	357, 807. 28	10. 32	368, 446. 15	9. 28	366, 448. 70	8. 93
田赋	3209. 50	0. 09	10, 080. 47	0. 29	7737. 58	0. 19	8544. 22	0. 20
营业执照费	1936. 08	0. 05	8522. 44	0. 24	8615. 82	0. 21	8887. 79	0. 21
贫民捐	6542. 00	0. 18	5830. 00	0. 16	5686. 00	0. 14	5558. 00	0. 13
猪羊小肠兽骨税	3555. 53	0. 10	6316. 66	0. 18	5049. 51	0. 12	5257. 74	0. 12
铺底转移税	3969. 82	0. 11	5258. 36	0. 15	4260. 52	0. 10	4753. 82	0. 11
烟阁公益捐	3211. 00	0. 09	2404. 00	0. 06	2485. 00	0. 06	2828. 00	0. 06
厕所捐	2232. 80	0. 06	4202. 70	0. 12	1592. 85	0. 04	—	—
全年总捐税	3, 483, 316. 62	100. 00	3, 464, 628. 52	100. 00	3, 966, 754. 41	100. 00	4, 100, 323. 34	100. 00

资料来源:北京市地方志编纂委员会:《北京志 · 财政志》,载北京市数字方志馆:http://www. bjsfzg. org. cn/ read/ISBN7 – 200 – 04179 – 3。

各名目,按照现行税率征收之”。[1] 在准备废除包括牲畜税、牙税、肠骨税、贫民捐、厕所捐等税捐的情况下,保留铺底转移税,可见,当时北平市仍无调整铺底习惯的想法。1935年8月,北平市政府又对铺底转移税作出修正,铺底税执照遗失补领,登报声明遗失,满7天取铺保,按原铺底价银征收5%补照费后补发新照。

总体来讲,通过《铺底转移税章程》的颁布和对铺底转移税的征收,结合1922年5月11日北京政府公布的《不动产登记条例》,9月1日京师地方审判厅创办不动产登记制度,对铺底权保存登记,发给不动产登记证明书,以在诉讼时成为对抗第三人之要件的行为,铺底权的地位得到了进一步的保障。尽管舆论界和学术界对铺底权存在诸般质疑,在没有进一步法律修订的情况下,铺底权的存在是合法的。但鉴于铺底权已经被上升为和铺面房产权同等的权利,铺底原本依存于铺面房的关系被极大弱化。铺底权造成的“一房两主”甚至“一房多主”愈加严重,房主徒有铺面房所有权的“虚名”,“业主只能听命于铺客,不能行使其主权,遇有欠租情事,仅可督促,无由撤退,反客为主……因有底权存在,即受房客挟制,房屋所有人,受损太甚”。[2] 同时,租金上涨所受的限制严重,导致在房价不断上涨的情况下,房东收入没有变化。《铺底转移税章程》及其后的修改不过是扬汤止沸,房主与铺主之间的矛盾并未平息,二者相持不下,遂如水炭。[3]

(二)国民政府时期铺底权的法典摒弃及影响

1937年7月7日,日军挑起卢沟桥事变,发动全面侵华战争;7月平津沦陷,12月日本侵略者扶植王克敏等人在北平成立伪中华民国临时政府。在此之后,北京地区铺底税继续征收,由财政局发卖铺底税契。1940年8月,伪北京特别市财政局公布“修正北京特别市铺底转移税章程”,适用范

---

[1] 中国第二历史档案馆编:《中华民国史档案资料汇编》(第5辑第1编),凤凰出版社1998年版,第245~246页。

[2] 王凤瀛:《老佃铺底为我国特有之物权(老佃铺底之性质参照大理院判例要旨汇览第一卷一零九五一一四页)此种制度应否保存如不应保存则其已存之权利关系如何应如何整理》,载《法学会杂志》1923年第10期。转引自卢忠民:《近代北京商铺的铺底与铺底权》,载《中国社会历史评论》2011年第12卷。

[3] 参见王凤瀛:《老佃铺底为我国特有之物权(老佃铺底之性质参照大理院判例要旨汇览第一卷一零九五一一四页)此种制度应否保存如不应保存则其已存之权利关系如何应如何整理》,载《法学会杂志》1923年第10期。转引自卢忠民:《近代北京商铺的铺底与铺底权》,载《中国社会历史评论》2011年第12卷。

围仍是市区内有铺底商号于铺底转移时。

抗日战争胜利后,北平市地政局于1946年3月1日起进行公私土地总登记,虽然《土地法》及《土地登记规则》中未对铺底权进行规定,但登记时仍将其作为他项权利进行登记。但在通货膨胀、货币贬值的大背景下,无法增租无疑导致房主与铺主间的矛盾继续升级,土地所有权登记时出现了诸多问题。1946年11月,北平市地政局停办铺底权他项权利登记,并电请地政署解释铺底权性质,但终无解决办法。到1947年地价税开征时,因地政局未收到废除铺底税的指令,只得按照新业主是否承认铺底权来登记地价税。[1] 同时,北平市政府对沦陷时期敌伪政权征收的各项税捐进行整理,并于1946年5月8日发布《关于废除铺底转移税布告》,宣布"北平市原征铺底转移税,于法无据,且税收有限,迹近苛扰",于是即日停征铺底转移税。至此,在北京地区存在了20余年的铺底转移税正式消失了。

值得一提的是,日本侵华时期,敌伪军政部门征用房产,一些铺面被强征强租,北京恒丽号绸缎庄便被日军部队强租,建筑遭拆毁改建。抗战胜利后,恒丽号绸缎庄股东向北平市政府房产清理委员会递交呈请,声明自己拥有西单北大街4号前部的铺底权,以及后部的房地产权。但之后该铺面被国军后勤总部第六兵站总监部招待所占用,股东与河北平津区敌伪产业处理局进行交涉,被告知需领购日本人在铺面院内自行增建的房屋。股东们据理申辩一年未果,被河北平津区敌伪产业处理局下达最后通牒,只得交付法币350.6万元,并于次年拿回铺面。由该案例可见,尽管铺底权一度成为铺主的"护身符",甚至超过了房东的铺面房所有权,但面对国民政府,仍效力不足。包荣第笔下民国初年内务部收用民房无视铺底权,铺户提起诉讼无果而终的"不公孰甚"的情况30年后仍未改变。

根据1930年公布的《民法物权编施行法》,物权编施行前发生的物权,除施行法特别规定外,不适用物权编之规定。铺底权尽管在我国部分地区长期存在,又曾经大理院判例得以确认其地位,但其仍未被《民法物权编》规定。因此,在《民法物权编》正式施行后,铺底权不得被创设。但在《民法物权编》施行前,大量的铺底权便已被创设,甚至很多铺底权创设的年代早于民国成立,如北京著名的老字号张一元,其铺底于清光绪二十六年(公元1900年)便已被购买。因此,铺底权问题一直持续到北平和平解放后。

---

[1] 参见黄顺敏:《北平市铺底权之研究》,载《土地改革》1948年第1卷第8~9期。

尽管国民政府时期,铺底权未被国家法律所吸纳,外来的西方法学规则似乎胜过了中国的本土习惯,但事实上,铺底权这种根深蒂固的民间习惯并未因国家法律未予认可而消失在社会生活中。北京政府时期以成文法规范铺底权的尝试尽管并不完善,但这种尝试有积极的一面。北京政府试图规范铺底权,以解决铺底权长期在民间流行而无规制所带来的社会问题。国民政府在法律的创制过程中无视了铺底权这一已被部分地区长期接纳采用的习惯,直接导致了铺底权的失控。铺底权所导致的房主与铺主间的矛盾,并非二者自我调节可以解决。在缺乏法律规定的情况下,这种矛盾只会愈演愈烈,并最终阻碍商业的发展。

(三)1949年后人民政府对铺底权的处置

1949年4月5日,新成立的北平市人民政府发布《关于房租问题的布告》,明确了人民民主政府承认私人房产所有权,并予以法律保护。人民法院也制定了《关于处理各种民事案件的标准草案》,其中对处理房屋纠纷的原则,包括房屋租金、房主收房、追索欠租、房屋典当及铺底权等都作出规定。截至1949年年底,北平市人民法院共受理房屋案件2603件,占全部民事案件的41%,其中主要是房屋租赁纠纷、房屋所有权纠纷和因房主收房而引起的纠纷。在这一时期,因铺底权发生纠纷的房屋案件积压数量很大。1949年10月21日的《人民日报》便刊登一则题为《依据保护房屋所有权政策 处理铺底权纠纷 京人民法院判决房屋案一件》的新闻。[1] 本案中,被告刘某卿于1947年3月1日租到原告大同银行北京分行前外大街二十被号房屋一所,开设箱子铺营业,双方言明每月租金为伪法币10万元,倘有拖欠,任凭房主收房。同年12月增租为伪法币50万元。自翌年10月起被告即未交租。在开始欠租时,原告就通知被告履行租约,而被告终未履行,因此原告请求被告腾房;被告对原告所持理由无可否认,唯称他有铺底权,要原告出1300袋面粉的搬家费,才给腾房。[2] 这是一起典型的因铺底权而导致房主权益受损的案件。人民法院认为,"如果因为有铺底权而竟把

---

〔1〕《人民日报》评论员:《依据保护房屋所有权政策 处理铺底权纠纷 京人民法院判决房屋案一件》,载人民日报图文数据库(1946~2019):http://data.people.com.cn/rmrb/19491021/4,最后访问日期:2020年1月8日。

〔2〕参见《人民日报》评论员:《依据保护房屋所有权政策 处理铺底权纠纷 京人民法院判决房屋案一件》,载人民日报图文数据库(1946~2019):http://data.people.com.cn/rmrb/19491021/4,最后访问日期:2020年1月8日。

房子把持起来,永为己有,无形中取消了房主的所有权,是违反我们今天保护房屋所有权的政策的",[1]判令被告将房屋腾交与原告收回,并补交欠租,同时为照顾被告的营业不受损失,原告应酌量补助其相当的搬家费。

通过本案可以看出,人民法院对铺主因有铺底权便将铺房永久占有的行为是持否定态度的。自民国以来,铺底权人拥有不受房主约束任意转倒铺房的特权,致使房主的产权逐渐萎缩,影响房主的利益,成为当时北京市房屋建设和工商业发展的障碍。例如,1950年6月21日,北京市人民法院向市政府提交名为《请早日决定铺底权办法》的报告,其中说:"本市铺房之铺底权与房主租赁、出卖、修建等矛盾问题,在处理上问题很多……现本院积存铺底权案件一百六十余起,当事人屡次催促,既不能进行调解及判决,若其私下和解又办不到,而当事人除在本院催促外,并向报社提出,报社又将原件转来,要求答复。可是我们总无一定办法,以致无法置答。长此下去,不惟对解决铺底权问题上有迟滞,同时在经常拖延不决的情况下,房主房客铺底权人间不免也有些财产人事的变动,愈积愈繁,愈难解决。由于以上原因,只仍行请示,早为决定处理办法。"

针对铺底权问题,北京市人民法院于1949年11月会同市人民政府研究室、市总工会和市工商联等8个有关单位成立了"铺底权处理委员会",从有利于城市建设和工商业发展、保护当事人合法权益、妥善处理纠纷的原则出发,通过调查研究提出解决问题的意见。[2] 1950年4月6日,北京市政府研究室向市政府报告:"关于市人民法院所拟处理铺底权的初步意见,我们已经研究提出意见。惟处理现在大量存在的特殊问题,关系政策很大,我们提议请列入行政会议讨论。"在北京市政府第五十一次行政会议讨论后,1951年3月8日,市人民政府向政务院提交了《送检〈北京市人民政府关于铺底权纠纷处理试行办法〉》的请示报告,并抄送最高人民法院及中央人民政府华北事务部,又由市政府秘书所函告北京市人民法院,内部掌握试行。同年4月16日,由北京市人民政府通过《人民日报》发布了《关于铺底权纠纷处理试行办法》,其规定自办法公布之日起,禁止铺底权的创设、买

---

[1] 《人民日报》评论员:《依据保护房屋所有权政策　处理铺底权纠纷　京人民法院判决房屋案一件》,载人民日报图文数据库(1946~2019):http://data.people.com.cn/rmrb/19491021/4,最后访问日期:2020年1月8日。

[2] 北京市地方志编纂委员会:《北京志·审判志》,载北京市数字方志馆:http://www.bjsfzg.org.cn/read/ISBN7-200-07460-4,最后访问日期:2020年12月2日。

卖、租赁、典、质等行为。对于在原有房屋的基础上新建、添建或重建的建筑铺底,则尽可能使其权利合一,铺底权人营业自用的铺房,须与房东重定租约,合理调整租金;出租与第三者营业使用的,应继续租与现使用人,与铺房所有人另定租约,原租约定有期限者,在期限内仍为有效,但须直接向该铺房所有人交租,铺房所有权如经分割,现使用人应按其权利比例分别交租。对建筑铺底以外的一般铺底的铺底权人营业自用的铺房,与房东重定租约,铺底权即消灭。对此,《人民日报》的专栏短评认为,这个试行办法充分地贯彻了保护房屋与发展工商业的政策,将使北京市长期存在的铺底权纠纷逐步地获得合理解决;同时指出,铺底权问题"由来已久,情况复杂",试行办法不可能解决所有的铺底权纠纷,在处理过程中还要根据具体情况加以补充修正,希望房东与铺底权人双方按试行办法精神自行合理解决。[1] 政务院则在1951年4月27日下发政省齐字第54号批复,同意公布试行;北京市人民政府于5月8日向北京市人民法院、工商局、地政局等单位发出正式通知,开始施行。

《关于铺底权纠纷处理试行办法》的颁布为全市各级人民法院审理这类案件提供了依据,从而提高了审理案件的质量和效率。仅1951年4月25日至5月31日,全市各级人民法院受理铺底权案件207件,审结165件;其中,判决的有76件,占46.06%;调解的有57件,占34.55%;撤诉的有30件,占18.18%;其他方式处理的有2件,占1.21%。

1951年8月2日,最高人民法院民事审判庭致函北京市人民政府,要求对《关于铺底权纠纷处理试行办法》第14条进行解释。北京市人民政府责成市政府研究室对最高人民法院进行答复,进一步明确了试行办法的意义。

此外,同样存在铺底权问题的广州市,其人民法院在处理时,对铺底顶手、永租、包租、转租、分租、共租等租赁权纠纷案,一般改由业主与居住住客重新订约交租,取消二房东身份,铺底顶手的由业主酌量向住户补回顶手价格。

三、铺底权法典化未竟之后的生存形态及思考

尽管铺底权的法典化最终失败,但这并不意味着铺底权完全成为一个

---

[1] 参见《人民日报》评论员:《合理解决"铺底权"纠纷》,载人民日报图文数据库(1946～2019):http://data.people.com.cn/rmrb/19510416/1,最后访问日期:2020年12月2日。

历史名词,不会对现实产生影响。事实上,直到近年仍有涉及铺底权的诉讼案例,法院根据《关于铺底权纠纷处理试行办法》作出判决。在上述案件中,铺底权人继承人向房产产权人继承人提起析产继承之诉。法院审理认为,根据1951年北京市人民政府《关于铺底权纠纷处理试行办法》的规定,铺底权人所享有的铺底,在权利合一时,已经转化成对该房产的共同共有所有权。该案中两造均为原铺底权人、房产产权人的法定继承人,均有继承权,因此将涉诉房产依1951年判决所定份额划清归属。[1]

值得注意的是,由于铺底权存在时间有限,相关的诉讼反映一定社会历史情况,属于有代表性案件,按照1991年最高人民法院发布的《关于人民法院诉讼档案保管期限的规定》,档案应永久保存。

铺底权的余韵并非只回响在司法领域。从某种角度上讲,铺底权仍以另一种形式对现代社会产生影响。前门大街曾是北京繁华的商业地带之一,进入新世纪后,前门地区房屋老旧、公共设施陈旧、人口稠密,急需进行改造。尽管进行了改造,但"原生"的老字号并未离去。有关专家共认定了13家"原生"老字号。这些老字号由区政府出资补助,还在一定期限内得到租金减免。[2] 对于政府来说,让老字号回归原址,恢复"老北京"前门大街的样貌,有利于打造前门大街的人文特色;对于商家来说,老字号都是"靠口味和口碑相传的老北京小吃的小门脸",因此"最看重的是前门地区长久积攒的人气",[3]原址开张,有助于继承传统、维持口碑、维系客户;对于消费者而言,店铺的搬迁会带来不便,"以后搬走了没地找了"。[4] 消费者在"老地方"品尝"老味道",既体验了传统,又享受了便利。尽管铺底权已经一去不返,前门大街的商铺也不再依靠铺底权来维持长久经营,但商号与经营地点二者之间已经形成了紧密联系。老字号具有的地域性特征,使人们产生了对地域空间特征的认同感。[5] 老字号同老字号建筑一起,成为一种城市地标,"拴住的是这个地区的人与时间连续体之间所共有的经历。随

〔1〕 参见左增信:《从一起案件了解到的"铺底权"历史》,载中华全国律师协会编:《第三届中国律师论坛论文集(实务卷)》,法律出版社2003年版,第88~94页。

〔2〕 参见高素英:《多方政策扶持"老字号"回归前门地区》,载《中国经营报》2007年11月19日,第C02版。

〔3〕 者婧:《前门老字号半数将在旧地选址》,载《北京现代商报》2006年3月9日,第008版。

〔4〕 同上。

〔5〕 参见李培志、黄孝东:《"老字号"的文化特质:记忆隐喻与空间认知的维度》,载《社科纵横》2014年第5期。

着时间的堆积,空间成了地区,它们有着过去和将来,把人们捆在它的周围"。[1] 前门地区的一条龙、都一处、月盛斋、全聚德、瑞蚨祥等,都成为这种特殊的地标。这些商号自明清民国起便凭借铺底权在此长期经营,逐渐成长为广受认可的品牌。时至今日,尽管铺底权已不存在,它的"遗泽"却依旧影响这些商号。老字号在其铺址经营,成为附近居民乃至全社会的习惯,而这种习惯,便是源于铺底权这一曾经的民间习惯。

纵观清末以来铺底权的地位变化,我们得以管窥近百年来中国法律,特别是民法的变迁。铺底权由普通的民间习惯,变为大理院判例承认的物权,再到《民法物权编》施行后失去物权地位,最终在中华人民共和国成立后,铺底权问题得以解决。铺底权既是一个特殊的例子——其他民间习惯鲜有这般"跌宕起伏"的经历——又是清末以来诸多民间习惯的缩影:它们有的历经千百年,有的刚刚走出襁褓;有的辐射全国,有的仅为一地风俗。在近现代法律体系的建设中,它们或被抛弃,或被改良。

清末民初是中国大变革的时代,国家的各个方面都发生翻天覆地的变化。法律的近代化,尤其是民法的近代化,也是其中的重要一环。无论中国古代的法律体系是"民刑不分、诸法合体",还是单纯的刑事法律文化,现代民法体系与古代中国的法律体系终究存在巨大的差别。在清末民初开启的法律近代化进程中,民事习惯如何被民法所接受或摒弃,是一个重要的问题。铺底权作为在很长一段时间内流行于包括北京地区在内的全国多个地域的民间习惯,具有一定的影响力,并在事实上造成了一定的社会问题。着眼于铺底权在清末民初民事法律编纂过程中的地位,有助于我们思考民事习惯与民法的关系,也有助于我们理解法律在创制制定过程中的国家特色。

民事习惯是一种长期存在于社会生活中并起到重要作用的规范。无论是国家制定法覆盖范围有限的古代,还是法律体系完备的今天,习惯都影响着人们生活的方方面面。在古代,中华法系延续千年,辐射包括朝鲜、日本和越南等多个国家,可谓人类法律史上浓墨重彩的一笔。但进入近代后,传统的中华法系逐渐被抛弃,西方文明的法律体系被引入。许多在中国从未施行的法律规范被写入国家的成文法,而这些对于从未接触过这种法律规范的中国人来说,从法律的创制到为全民所接受、理解,需要一定的适应期。

---

[1] [英]迈克·克朗:《文化地理学》,杨淑华、宋慧敏译,南京大学出版社2003年版,第131页。

与这些外来的法律体系相反,本土内生的、具有本土特色的民事习惯,不需要国家政权的创制和承认,也无须成文。它们是“乡民长期生活与劳作过程中逐渐形成的一套地方性规范;它被用来分配乡民之间的权利、义务,调整和解决他们之间的利益冲突;习惯法并未形诸文字,但并不因此而缺乏效力和确定性,它在一套关系网络中实施,其效力来源于乡民对于此种‘地方性知识’的熟悉和信赖”。[1]

在国家法律缺位的情况下,习惯确实可以予以补充,有效得到习惯流行地区的认同和遵守,对社会发展起一定积极作用。但习惯也并非在所有时候都展现其积极的一面,本文重点讨论的铺底权便是一例。铺底权创设时为了保护工商业者经营不受房主影响,在一定时期内促进了商业的繁荣发展。但发展到后期,铺底权却成为阻碍社会发展的绊脚石。在房价上涨、通货膨胀的情况下,铺主只需付给房主几十年前约定的租金,便可长期占有铺房,甚至出租房屋赚取差价。例如,房主金承汉有铺房 90 户,半数不能收租,全年房租收入竟不够交地产税;崇内大街 240 号有铺房 24 间,每月房租 6 袋面粉,其中 5 袋归铺底权所有人,房主仅能收得 1 袋。[2] 在这种情况下,铺房需要修补时房主自然没有动力,而铺底权所有人又认为自己没有产权,修补房屋是房主责任,也导致了大量房屋因年久失修而损毁倒塌,这无疑不利于城市的发展建设,且对商业造成了负面影响。事实上,类似于铺底权的例子还有很多,早于铺底习惯被革除的习惯也有很多。国民党元老胡汉民对此评论:“中国人的惯习,有许多要立刻革除,不用商量的。”[3] 坏的风俗习惯妨害社会的进化、进步,影响社会安宁,造成社会堕落,[4] 这也并非危言耸听。

对于清末民初致力于社会改革的学者、政治家来说,如何使中国一改旧面貌,使之成为不落后于世界的现代国家,是一项重要的使命。这一使命反映在法律范畴,便是近现代法律的创设。早在清末民律的起草过程中,西方法律制度与本国风俗习惯的关系就已经受到了关注。法律文化的引进,是

---

[1] 梁治平:《清代习惯法:社会与国家》,中国政法大学出版社 1996 年版,第 1 ~2 页。

[2] 参见《人民日报》评论员:《贯彻保护房屋与发展工商业的政策 北京市发布“铺底权”纠纷处理试行办法》,载人民日报图文数据库(1946 ~2019):http://data.people.com.cn/rmrb/19510416/1,最后访问日期:2020 年 12 月 2 日。

[3] 任独人:《改良风俗习惯运动》,载《新广西旬报》1928 年第 2 卷第 13 号。

[4] 参见任独人:《改良风俗习惯运动》,载《新广西旬报》1928 年第 2 卷第 13 号。

一种“选择、抗拒、改造与融合”[1]的过程。在这个过程中,本土诞生的风俗习惯自然不能被完全摒弃,也不能将西方法律全盘拿来。德国法学家萨维尼认为,习惯是法律的基础,只有认清习惯及其所反映的民族精神,才能制定出适合该特定民族的法律。在法律创制过程中,是不应忽视习惯的,清末民初的法律制定者们显然也意识到这个问题。从清末光绪年间开始,清政府启动了民商事习惯调查,此项调查在全国各省铺开,其规模之大、收获之丰,当为中国历史上的首次。此项调查一直持续到1910年,民事习惯调查草案初稿始完成。不过,随着辛亥革命、清室逊位,《大清民律草案》并未施行。尽管这是中国历史上一次重要的民法创制尝试,但也并非至善。著名法学家江庸便认为《大清民律草案》必须修正,其理由有“其内容全系直接继承外国,大部分模仿日本法,而于本国法源,毫不措意。如《民法 债权篇》于通行之‘会’,《物权篇》于‘老佃’、‘典’、‘先买’,《商法》于‘铺底’等全无规定,而此等法典之得失,于社会经济,消长盈虚,影响极大”[2]等。由此可见,尽管民商事习惯调查历时数年,有一定收获,但在制定《大清民律草案》时,制定者仍然“直接采用外国法,不合本国之民情风俗”,民商事习惯调查的成果仅在有限范围内被吸收。当然,这与当时“立法事业尚属草创”,经验不足有关。无论如何,尽管《大清民律草案》成为“未参酌我国习惯,颇多扞格”的“不能认为适宜之法案”,[3]其依然成为中国法律史上的一座里程碑,清政府启动的民商事习惯调查也为之后的法律制定提供了参考。

民国建立后,由于政局混乱,法律的创制并不顺利。不过在此期间,仍有数次民事习惯调查启动。民国时期的民事习惯调查发轫自1917年。尽管政府对民事习惯调查寄予厚望,认为调查结果可成为“将来编制法典之基础”,但该次习惯调查最终均因“时局纠纷”而归于沉寂。[4] 1930年7月,南京国民政府在制定民法典时因认为亲属、继承两篇与习惯关系甚大,

---

[1] 黄源盛:《法律继受与近代中国法》,台北,元照出版有限公司2007年版,第39页。

[2] 谢振民编著:《中华民国立法史》,新北,正中书局股份有限公司1937年版,第905~906页。

[3] 参见杨幼炯:《近代中国立法史》,商务印书馆1936年版,第379~380页。

[4] 参见汤铁樵:《各省区民商事习惯调查报告文件清册叙》,载《司法公报》1927年第232期。

故“发交各地征求习惯”。[1] 但这些民事习惯调查成果有限,甚至不如清末民商事习惯调查。如前文所述的铺底权,便没有反映在南京国民政府司法行政部编纂的《民事习惯调查报告录》中。两次习惯调查的成果也并未能有效反映在民事法律编纂中。铺底权在民国时期的民法创制中一度被纳入立法者的视线。时任民法起草委员会编修的胡长清认为,铺底权之存在应当被承认,但因为其于保护店铺所有人似嫌过薄,应当对铺底权之种类略加限制,以示取缔。[2] 从胡长清在民法草案起草后“立法院起草之新民法,毅然将不动产质及土地债务一并削除,而于第四章及第十章新设铺底权及典权之规定,不能不谓我新民法之一大创作焉”[3]的评论可以看出他对民法草案采纳铺底权的欢迎。但就最终结果而言,正式颁布的民法仍然没有接纳铺底权。

尽管清末以降的习惯调查成果大部分未能有效反映在民事立法中,但其反映了近现代法律创制过程中,立法者试图将本土法律资源和外来文明加以融合,“以立法作为契机和途径,完成传统到现代的无暇衔接”,[4] 既凸显本来民族之地位,又吸收输入外来之学说,这自然是有益的。[5] 旧法制的变革与新法制的创设绝非相互独立,传统文明与现代文明也并非对立。在传统与现代的衔接中,中国社会的内部因素起到无可替代的作用。在这其中,应当注意到,“正是中国社会内部因素和条件的综合运用,形成了中国法制变革的运动能力和运动方向”。[6] 中国的法律创设,终究是要作用于本国而非世界其他国家。

中国地域辽阔,民族多样,这产生了“百里不同风,千里不同俗”的社会现实。这种社会现实使国家法律的创制过程尤应注重对习惯的处理。习惯作为流行于一定地区的民间行为准则,当其可以被国家法律体系所接纳时应如何改造,被国家法律体系排斥后应如何解决民间遗留问题,都是立法者

---

〔1〕 杨幼炯:《近代中国立法史》,商务印书馆 1936 年版,第 379 ~ 380 页。

〔2〕 参见胡长清:《铺底权之研究》,载《法律评论》第 6 卷第 52 号(总第 312 期)。转引自金伏海:《续租权与铺底权之比较》,载《比较法研究》2006 年第 4 期。

〔3〕 胡长清:《铺底权之研究》,载《法律评论》第 6 卷第 52 号(总第 312 期)。转引自金伏海:《续租权与铺底权之比较》,载《比较法研究》2006 年第 4 期。

〔4〕 陈寒非:《民法典编纂中的民事习惯调查:历史、现实与方案》,载《福建行政学院学报》2015 年第 3 期。

〔5〕 参见喻中:《法家三期论》,法律出版社 2017 年版,第 1 ~ 3 页。

〔6〕 公丕祥主编:《当代中国的法律革命》,法律出版社 1999 年版,第 32 页。

需要进一步思考的。如果国家法律体系将习惯抛弃后又弃之不顾,以为这种习惯便会自然而然地在社会生活中消亡,将导致习惯难以规制,由此产生的问题无法解决。长此以往,会使民众失去对法律的信心,使法律的权威削弱,不利于法律的推广和施行。

结　论

回顾铺底权的历史,尽管期间有大理院通过判例对铺底权权利化,又有地方政府试图通过成文法规加以规制,其始终未被国家层面的立法所接纳。《拍卖铺底房东接租办法六条》和《铺底转移税章程》都不过是出于一时的需要而被创制,未能全面地解决铺底权问题。在民法编纂中,尽管一度出现"立法院起草之新民法……新设铺底权及典权之规定"的景象,但终究是昙花一现,未能出现在正式颁行的民法中。铺底权由一种普通的民间习惯,成为地方法规规定的权利,最终被民法所摒弃。这个过程所反映的不单单是铺底权自身的兴衰,也折射出许多中国传统风俗的命运。

风俗习惯之于法律的作用是不言而喻的。"从一般意义上,所有的法律最终都依赖于习俗和惯例。"[1]"立法制礼,必因风俗之所宜。"[2]完全无视本土风俗习惯而制定出来的法律,难免会出现脱节于现实的问题,习惯也并不会因法典化失败而自然地消失。民事习惯是在长期社会实践中形成的、人们共同遵循的行为规则,是中国人生活的规则与逻辑,其所体现的,正是人们的价值观念和道德观念。中国历史上经历了多次的王朝更迭和政体变迁,但这中间依然有中华文化"不变的底色"。[3] 这种"不变的底色"就体现在中华优秀传统文化中。习近平总书记指出,"中华优秀传统文化是中华民族的突出优势,是我们最深厚的文化软实力"。[4] 立法者在立法过程中,应尊重中华民族的文化传统,通过法律彰显我们的民族精神、民族特色,让法律具有中国精神。

---

〔1〕[美]伯尔曼:《法律与革命》,中国大百科全书出版社1993年版,第580页。

〔2〕张亮采:《中国风俗史》,朝华出版社2017年版,第1页。

〔3〕陈景良:《人民日报新论:寻求中国人"过日子"的逻辑》,载人民网:http://opinion.people.com.cn/n1/2016/1020/c1003-28792254.html,最后访问日期:2019年12月2日。

〔4〕习近平:《胸怀大局把握大势着眼大事　把宣传思想工作做更好》,载人民网"习近平系列重要讲话数据库":http://jhsjk.people.cn/article/22634049,最后访问日期:2020年1月8日。

当然,并非所有的习惯都是有益于社会的。一些长期存在的,不符合社会主义核心价值观、与现行法律法规冲突的习惯就应当被克服和摒弃,如近些年被社会关注的愈演愈烈的红白喜事滥发礼金、攀比斗富陋习等。这些陈规陋习的存在,恰恰反映出习惯调查的重要性。我们可以通过对存在的风俗习惯进行调查,来了解风俗习惯,把握风俗习惯的内涵。良好风俗中反映出的中华民族优良传统,可以成为中国特色社会主义法律体系的源泉;陈规陋习中反映出的落后思想、错误认识应被加以纠正,移风易俗,满足建设法治社会、和谐社会的需要。

我国《民法典》“物权编”规定了物权法定原则,物权的种类及内容,均由法律规定,个人不得创设。这种原则自然有其现实意义,但过于刚性的物权法定原则,也会在一定程度上产生负面影响。在社会进步、经济发展的当下,物权也会发生变化。旧有的、固定的物权并不一定能够适应社会的发展。在这种情况下,物权法定缓和原则成为一种新的选择。物权法定缓和原则可以对刚性物权法定原则进行修正。[1] 这样,既保证了物权法定原则,又能通过物权法定缓和原则对其进行补充,承认符合经济发展需要的新物权。

新物权的产生有时便是习惯的升华,铺底权便是这样的例子。尽管其作为民间习惯在这种升华的过程中未被法律吸纳,但这并非意味着法律对于习惯的否定。在《民法典》“总则”中,便有“处理民事纠纷,应当依照法律;法律没有规定的,可以适用习惯,但是不得违背公序良俗”的规定,认可了习惯作为法源的地位。类似铺底权这样的产生于习惯中的新物权,法律应如何对待,是值得思考的。“物权编”对于物权法定原则的认可和“总则”中对习惯的认可之间的矛盾,便是物权法定原则过于刚性导致的结果。如果通过物权法定缓和,对符合一定条件的新物权进行认可和规范,引导其对社会发展产生积极意义,未尝没有好处。

“道法自然”是出自道德经的哲学思想,所谓“道不违自然,乃得其性”。在法学领域,我们或许也可以思考“道法自然”这个问题。法律不是宇宙形成之初便存在的,而是人类社会发展到一定历史阶段才出现的社会规范。而在法出现之前,习惯已经起到规范人类活动的作用。习惯,正是根植于社

---

〔1〕 参见杨立新:《〈民法总则〉规定对修订分则物权编三个重大问题的影响》,载《西北大学学报》(哲学社会科学版)2017 年第 6 期。

会,适应社会发展状况的特殊规范。其“始于人类未有之前”,[1]早于法律的出现。在制定法律的过程中,习惯是难以绕开的。当立法者制定法律时,参考、吸纳习惯,区分当认可的、应取缔的和须放任的,[2]正是一种“道法自然”的行为。习惯与法律之间并没有不可调和的矛盾,使二者各安其位、各司其职,对于社会运行有积极意义。

在当今社会,铺底权已经没有了再次启用的必要,中国特色社会主义法律的创制,没有可能也不需要回到历史上的状态。但回顾中国立法历史,从中汲取中华法律文化的精华,紧扣中国国情和人文基础,让中国的法律尤其是中国的民法从中国的土壤中孕育成长,并最终使其具有中国特有的时代精神,是研究以铺底权为代表的中国民间习惯在近代中国法律创制中的地位的重要意义所在。

---

[1] 张亮采:《中国风俗史》,朝华出版社2017年版,第1页。

[2] 参见谢晖:《习惯的力量》,载《甘肃政法学院学报》2017年第4期。

论家庭关系的法律强制

——以"孝道入法"为研究对象

吴红叶*

引　言

根据现行《老年人权益保障法》第 18 条之规定,"家庭成员应当关心老年人的精神需求,不得忽视、冷落老年人。与老年人分开居住的家庭成员,应当经常看望或者问候老年人"。"孝道入法"在 2012 年修订本法时引起了热烈的讨论,这一问题引发了对家庭关系法律强制问题的深刻反思。"孝"作为中国传统文化的根基,是每一个中华儿女的内在品质。然而,近年来,随着社会经济的发展,人们为了自身更好的前程,远离家乡而减少了对父母的照顾,与父母之间的沟通出现了障碍,导致家庭矛盾不断加大,老年人情感性需求难以得到满足。针对这种家庭矛盾问题,将孝道写进法律,表面上貌似解决了老年人情感性需求问题,但并未真正实现立法的应有之义,不孝问题还是时有发生,相关的报道也不断增多,如"××老人死于家中多日无人知晓"。[1] 这样的报道让人看了非常痛心,也反映出当前社会的一大问题:"孝"何以实现? 因此,有必要从理论和实践角度分析《老年人权益保障法》第 18 条的合理性,探究何种家庭关系可以法律强制、何种家庭关系不可以法律强制的问题。

通过中国裁判文书网搜索"老年人权益保障法第 18 条",共有 207 份判决与此有关,而根据《老年人权益保障法》作出的判决自 2013 年到 2018 年

---

* 石家庄市深泽县纪律检查委员会、监察委员会科员。

〔1〕 参见《哈市一老人死在家中多日无人知晓　身体高度腐烂》,载新浪网:https://weibo.com/1787426065/Gkp2J7 HJ2? type = comment#_rnd1592827530500,最后访问日期:2020 年 3 月 8 日。

年底共有17,801份,第18条相关的判决占比仅为1.16%。[1] 可见,老年人诉诸法院解决与子女矛盾的案件很少,该条实施效果一般。近年来,媒体关于此方面的家庭矛盾报道不断增加,反映出老年人缺乏子女关心的问题普遍存在,但是最终诉诸法院的却少之又少。由此可见,老年人更多的是希望在家庭内部解决问题,寄希望于法院的主观意愿不强。

因此,本文拟通过对孝道法律强制的分析,进一步解释家庭关系的法律强制问题,引起相关学者对家庭关系中情感性需求法律强制问题的深刻反思。

一、问题的提出

(一)相关案例

通过中国裁判文书网搜索"老年人权益保障法第18条",共有207份判决与此有关。下面通过几个案例具体分析该法条。

案例一:原告丁某甲与被告丁某乙、丁某丙赡养费纠纷案。原告丁某甲现有2子,即本案被告丁某乙、丁某丙,均已成年。原告妻子去世多年,原告于2007年入住白山市康乐养老院,每月费用为650元。但原告无经济来源,故无法支付养老院每月650元的费用,因此,起诉2被告要求自2014年1月起每人每月支付给原告500元养老费;同时,要求2被告每年至少看望原告两次至三次。经过审理,法院认为,子女应当履行赡养老人的法定义务,根据原告在养老院的生活费用的实际情况,认定为每月50元,2被告每人每月应支付原告350元养老费,以满足老人每月700元的生活费用。同时,根据《老年人权益保障法》第18条的规定,判决2被告每年至少看望原告3次。[2]

案例二:原告赵一某与被告赵二某赡养纠纷案。原告赵一某与被告赵二某系养父子关系,原告将被告抚养长大,原告除被告外无其他子女,原告之妻也已去世,原、被告自2011年清明节之后再无联系,现在原告认为自己

〔1〕 资料来源:中国裁判文书网:https://wenshu. court. gov. cn/website/wenshu/181217BMTKHNT2W0/index. html? pageId = 13b270ea7f12333ddce01970a69b763f&s 21 = % E8% 80% 81% E5% B9% B4% E4% BA% BA% E6% 9D% 83% E7% 9B% 8A% E4% BF% 9D% E9% 9A% 9C% E6% B3% 95% E7% AC% AC18% E6% 9D% A1,最后访问日期:2019年3月8日。

〔2〕 参见吉林省安图县人民法院一审民事判决书,(2014)安白民初字第112号。

年老体弱,不能完全自理,需要他人护理,故诉至法院,要求判令被告每月支付原告护理费3000元,每月探望原告两次。经庭审查明,原告系退休职工,每月有退休金2000余元,享受医保待遇,并有存款6万~7万元,这些收入用于医疗、租房及其他日常生活已经足够。被告每月收入6000余元,但每月需要偿还房贷1800元。法院最终结合本案原、被告双方情况,酌情支持了被告每月给付原告护理费600元,并判令被告每月探望原告一次。[1]

案例三:原告孙某与被告王某赡养费纠纷案。原告孙某系被告王某的继父,刘某系王某的母亲,刘某与前夫于1987年9月12日生有一女王某,孙某与刘某于2005年4月4日结婚时,王某处于高中教育阶段,原告孙某称自2002年起,其与刘某、王某开始共同生活,被告各方面费用得到原告的支持,包括生活费和教育费用,被告对此不予承认。被告主张其自出生到上学期间,一直与姥姥、姥爷生活在一起。被告就读大专及大学期间学费是姨夫及姥姥筹措及助学贷款,但被告认可了2008年其读大专时,原告曾经给过其钱款。依据原《婚姻法》第21条的规定,子女对父母有赡养扶助的义务。而继父或继母和受其抚养教育的继子女之间也应当适用该规定。原、被告建立拟制血亲关系时,被告不满18周岁,2005年4月4日至2005年9月12日,其作为未成年人处于高中受教育阶段,根据一般生活经验需要家庭的资助,在法庭审理中,被告声称助学贷款和其他亲戚的资金支持是她生活费用的主要来源,但是其提交的证据不能支持她这一主张。被告的母亲和原告是夫妻关系,在此期间其母亲对被告的生活经济支持即为夫妻共同的经济支出,因此,在上述被告未成年这段时间,应当视原告对被告进行了抚养,被告也应当在适当范围内对原告承担相应的赡养义务。但原告主张的自2002年起原告就已经实际抚养被告,因此时尚未建立身份关系,无拟制血亲关系,因此,不是法定意义上的抚养关系。同时,对于原告每月回家探望一次的主张,被告表示同意。[2]

案例四:原告邱某与被告孙某、郑某赡养纠纷案。原告邱某90周岁,共嫁过3任丈夫,共生育3子1女,次子即被告孙某是原告与其第二任丈夫所生,3子即被告郑某是原告与其第三任丈夫所生。在原告的第三任丈夫健在时,2被告对父母的赡养有过口头约定,父亲跟随被告郑某生活,母亲即

[1] 参见天津市武清区人民法院一审民事判决书,(2015)武民一初字第4238号。

[2] 参见北京市石景山区人民法院一审民事判决书,(2014)石民初字第8594号。

本案原告跟随被告孙某生活,并一直按这一规定履行。2008年两名被告因房产问题发生纠纷,被告郑某与原告产生隔阂,被告孙某与原告共同生活期间因琐事产生纠纷。2016年春节前,原告搬离被告孙某住处,暂时居住于原告大儿子家中。原告年逾90岁,已无劳动能力,作为子女应当履行对老人的赡养义务。同时,法院结合原、被告住所的距离,生活状态及我国传统,综合认定2被告每月看望或者问候原告2次,并在春节、元宵节、清明节、端午节、七夕、中元节、中秋节、重阳节、腊八节等传统重要节日看望或者问候原告。[1]

案例五:原告万某诉被告刘某甲赡养纠纷案。原告万某膝下3子1女,被告刘某甲是其次子。原告万某称,其丈夫2000年去世,其多年来身体不好,轮流居住在子女家中。当到被告刘某甲家生活时,被告刘某甲不积极履行赡养义务。故诉请法院判令被告每月支付其赡养费用1元,每天到其病床前探望1分钟。而被告刘某甲辩称,其与母亲万某的赡养纠纷缘于其与哥哥刘某乙之间的房屋纠纷,哥哥刘某乙阻拦其履行赡养义务。最终,经法院审理认定,被告刘某甲在原告体弱多病不能独立生活且无经济来源的情况下不履行赡养义务,违反法律规定。原告请求被告向其支付赡养费1元,不超出被告应当承担的份额,是原告对其权利的一种处分,不违反法律规定。关于原告主张被告每天到其病床前探望1分钟的请求,因不符合客观实际情况,酌定被告每周至少看望原告一次。[2]

案例六:上诉人李某与被上诉人刘某探视权纠纷案。刘某与丈夫李某某共生育1子5女,上诉人李某是刘某的儿子。一审法院查明,2008年11月7日,刘某曾立过一份公证遗嘱,将其与丈夫李某某共同所有的房屋中应属于刘某的份额以及刘某所持有的某公司股份额指定李某一人继承。2011年9月,刘某的丈夫李某某去世,此后,刘某仍与李某居住,但是李某及其配偶很少照顾刘某的生活。2013年4月,刘某搬到女儿家生活。2013年5月21日,刘某撤销了上述公证遗嘱。刘某搬离李某家后,李某一直未支付过赡养费,也很少探视刘某。刘某向原审法院起诉要求李某至少每周探视一次。但李某称其尽到了赡养义务,照顾母亲的生活起居,在其住院期间也是日夜相伴。但李某在一审庭审过程中承认2013年4月之后没有向其母亲

[1] 参见浙江省开化县人民法院一审民事判决书,(2016)浙0824民初1384号。

[2] 参见河南省泌阳县人民法院一审民事判决书,(2017)豫1726民初1140号。

刘某支付过赡养费，只是偶尔探视过一次。基于以上事实，二审法院认为，原审法院判决李某至少每周探望刘某一次，符合法律规定，维持原判。[1]

这几个案例都是父母在年老之后身体出现各种问题，或者无劳动能力、生活无经济来源，或者缺乏儿女的精神关怀，需要儿女的物质赡养和精神赡养，但是由于多种原因，儿女不履行赡养义务，父母出于无奈诉至法院，请求儿女履行赡养义务。通过分析这些案例，可以从中发现一些问题。第一，这些案例大多是以要求赡养费为主，一并提出探望的请求，而单纯只要求探望的案例非常少。在上述案例中，案例六只提出了子女探望的请求，案例五要求每月赡养费 1 元，每天到病床前探望 1 分钟。其实质并不是想要子女给自己赡养费，而是希望子女多去探望父母。并且，综合 207 份案例来看，情况也是如此，单纯提出探望请求的案例相当之少。第二，《老年人权益保障法》第 18 条不只适用于亲生父母与子女之间，养父母与养子女之间、继父母与继子女之间也同样适用法定父母与子女之间的规定，他们之间的关系在法律关系上等同于亲生父母与子女之间的关系。在上述案例中，案例一是发生在亲生父母与子女之间的赡养纠纷，案例二发生在养父子之间，案例三发生在继父女之间。在法院作出判决时，案例二、案例三都支持了原告的请求，要求养子女、继子女履行对养父母、继父母的探望请求。同时，在案例四中，法官认为即使存在赡养协议，但是作为子女，也应当履行自己应当履行的赡养义务。第三，综合上述 6 个案例及 207 个案例的整体情况来看，进入二审和再审程序的案件有 42 件，占比达 20.3%，反映了在此类案件中，父母、子女之间的纠纷较大，情感裂痕较深。第四，从法院的判决结果来看，几乎所有的判决结果都支持了老人的探望请求，只是根据双方当事人的实际情况对探望次数、探望周期等进行了个别调整。第五，根据法院的判决依据，可以看出，作出赡养纠纷类案件判决的核心法条主要有原《婚姻法》第 21 条第 1 款第 2 分句和第 3 款，《老年人权益保障法》第 14 条，原《民法总则》第 26 条第 2 款。从这些法条的规定内容来看，都体现了孝道的理念。

家庭关系中最重要的关系之一就是父母与子女之间的关系，而“孝”是其中的重要纽带，只有子女尽孝道，年老的父母才能感受到亲情的温暖，才能有利于亲情、伦理道德的维系。同时，家庭的稳定对于社会秩序的稳定具有重要意义，“小家”和谐，“大家”才能稳定。因此，家庭关系历来是国家关

---

〔1〕 参见广东省深圳市中级人民法院二审民事判决书，(2013)深中法民终字第 2922 号。

注的重点问题。

《老年人权益保障法》第18条的规定要求子女不仅要做到在物质上赡养老人,而且要注重情感关系的维系。现代社会物质需求基本得到满足的情况下,父母最需要的就是子女的关心,如果子女不能让父母精神上得到满足,即使父母能够吃饱穿暖,对父母来说,这又有何用?立法者的立法初衷是希望通过法律的规定唤醒公众的良知,更注重对父母的关心。但是,立法的同时要注重法律在实际生活中的实施效果,而第18条没有具体实施细则,在法律实施中缺乏可操作性。正如在上述案例中,只判决对不履行赡养费的强制执行,而没有对不探望父母行为的强制执行。而且,“通过法院解决争端的方法本身有许多局限性,如只许讲法言法语,普通老百姓很难理解其中的意思。更重要的是,到法院解决争端是争执双方长久关系、全部关系的一个侧面,审判却只许谈争执的问题,不得涉及他们关系的其他方面,因而审判的结果从表面来看似乎是解决争端,但实际上往往扩大了他们之间的分歧,甚至使他们的关系全部破裂”。[1] 法院的判决只解决表面上的纠纷,有时父母、子女之间存在更深层次的矛盾,法院如果不能通过审判予以解决,那么判决只是表面上解决了纠纷,实际上双方的矛盾并未化解。通过分析207份判决书,笔者发现此类案件进入二审的比例较高,这也说明了上述问题。通过“冷冰冰”的法院判决,确定子女应当定期回家探望父母的义务,将原本属于父母、子女之间情感性的因素通过法律途径加以解决;但子女与父母之间的关系更多的是一种亲情伦理关系,父母并不希望通过法院“冷冰冰”的判决解决与子女之间的矛盾,且这并不能保证矛盾的化解。

(二)“孝道入法”的社会反响

2013年至2018年年底,全国法院系统根据《老年人权益保障法》第18条规定审结老年人赡养案件共207件。其中,2013年审结5件,2014年审结55件,2015年审结28件,2016年审结50件,2017年审结43件,2018年审结26件。2013年至2018年,根据《老年人权益保障法》第13条规定审结的案件共2073件,根据该法第14条规定审结的案件共8000件,根据该法第15条规定审结的案件共1344件,根据该法第16条规定审结的案件共271件,根据该法第17条规定审结的案件共66件,根据该法第19条规定审结的案件共604件,根据该法第20条规定审结的案件共143件,根据该法

〔1〕 朱景文:《现代西方法社会学》,法律出版社1994年版,第199页。

第 21 条规定审结的案件共 33 件，根据该法第 22 条规定审结的案件共 136 件，根据该法第 23 条规定审结的案件共 42 件，根据该法第 24 条规定审结的案件共 3 件，根据该法第 25 条规定审结的案件共 5 件，根据该法第 26 条规定审结的案件共 4 件，根据该法第 27 条规定审结的案件共 3 件。第 13～27 条规定在《老年人权益保障法》第二章"家庭赡养与扶养"中，依据第 13～27 条规定作出判决的案件共 12,934 件，第 18 条占比仅为 1.6%。[1]

2013 年至 2018 年年底，依据《老年人权益保障法》审结案件共 17,801 件，而该法第 18 条占全部审结案件的 1.16%，[2] 所占比例相当之小。

总体而言，自新修订的《老年人权益保障法》实施以来，老年人根据第 18 条维护自己权益的案件并不多，并且，多数老年人是在迫不得已的情况下提起诉讼，正如上述几个案例中所展示的情形，老年人的生活难以自理，而身为子女又不履行探望的义务，无奈之下，老年人才会选择法律的渠道解决与子女的矛盾，且多数老年人是在主张物质赡养的基础上提起的探望请求，是在自己的生活难以保障时将法律作为最后一种手段来行使。

以上数据也说明老年人诉诸法律手段解决情感性家庭关系问题的人极少，目前中国老年人普遍缺乏通过法律维护其情感需求的意识，这一立法在实践中并不能得到很好的实施。习惯理论认为，东方人厌诉，不愿意采取法律手段，他们认为法律是不道德的，他们更注重维护人与人之间的关系。大多数老年人对通过法律来解决子女"孝"的问题所持态度并不乐观。中国人自古以来都有厌讼的传统，古代社会中法律是刑和罪的代表，因而民众形成了畏惧诉讼的观念，这种对法律的畏惧一直延续至今，人们不会轻易选择用法律途径解决问题。同时，中国人也普遍存在"好事不出门，坏事传千里"的观念，在大多数情况下，父母不愿意使自己与子女陷入诉讼中，这将

---

[1] 资料来源：中国裁判文书网：https://wenshu.court.gov.cn/website/wenshu/181217BMTKHNT2W0/index.html?pageId=13b270ea7f12333ddce01970a69b763f&s21=%E8%80%81%E5%B9%B4%E4%BA%BA%E6%9D%83%E7%9B%8A%E4%BF%9D%E9%9A%9C%E6%B3%95%E7%AC%AC18%E6%9D%A1，最后访问日期：2020 年 3 月 9 日。

[2] 资料来源：中国裁判文书网，https://wenshu.court.gov.cn/website/wenshu/181217BMTKHNT2W0/index.html?pageId=13b270ea7f12333ddce01970a69b763f&s21=%E8%80%81%E5%B9%B4%E4%BA%BA%E6%9D%83%E7%9B%8A%E4%BF%9D%E9%9A%9C%E6%B3%95%E7%AC%AC18%E6%9D%A1，最后访问日期：2020 年 3 月 9 日。

不利于家庭的名声,因此,大多数人不会将家庭内部的矛盾诉诸法院解决。从另一个角度来说,现代社会子女为了寻求更好的就业机会,获得更多的经济收入,往往远离家乡,造成老年人独居的情况增多。子女忙于工作,往往可能忽视远在家乡的父母,而父母即使得不到子女的关心,也不忍心打扰子女,更不用说通过法律的途径寻求子女对自己的情感关怀。"孝"是人情伦理的体现,而法律是僵硬性的规定,通过"冷冰冰"的法律判决难以恢复被破坏的家庭关系,大多数父母控告自己子女的意愿不强,父母更多希冀于子女主动的情感关怀,而不是法律强制下的非自愿关怀。

二、传统社会与现代社会中的"孝道入法"

(一)传统社会缘何法律可强制孝道

1. 传统社会"孝"的演变

"孝"产生于中国传统社会的祖先崇拜。大量的文献资料表明,"孝"产生于周代,肖群忠先生在其著作《孝与中国文化》一书中作出了阐释:"孝在初始是从尊祖祭祖的宗教情怀中发展而来的。'祀祖'之开始,据《礼记·祭法篇》及《国语》的记载,认为是有虞氏,惟当时之祭祖是以其功德为准,而不以血统。到了夏氏以后,'效鲧而宗焉'才算真正对祖宗而祀。殷人则有'祖契而宗汤',但直至周初,祀祖才算是真正具有孝道之教化意义。"[1]周初尊祖敬宗即是"孝"的含义,通过宗庙祭祀实现对祖先的"孝","如果宗族灭亡,宗庙也就绝祀,周人认为这是最大的不孝"。[2] 尊祖和追孝维系了西周各个宗族内、各个宗族之间的稳定,在西周宗法制下,宗子有继承祖先的权利,同时,宗子有帮助、保护宗族成员的义务,而宗族成员必须支持和听命于宗子;大宗维护小宗,同时,小宗必须支持和听命于大宗,从而形成稳定的宗族关系,实现统治秩序的稳定。因此,尊祖和追孝成为统治者维护宗法制的工具,而尊祖和追孝正是孝道的体现,"孝"也就成为西周时期统治者维护统治的手段。

春秋时期,井田制作为"孝"的经济基础,分封制作为"孝"的政治基础,均已遭到破坏,"孝"作为宗法等级制度的核心此时必然受到极大冲击。宗法制的解体,导致大宗的权力下降,也带来祭祀中先祖地位的下降。同时,

---

[1] 肖群忠:《孝与中国文化》,人民出版社2001年版,第14页。

[2] 同上书,第19页。

随着社会生产力的发展,社会意识逐渐发生变化,祖先崇拜的意识减弱,对祖先的敬畏也相应减弱,人们的尊祖敬宗的观念也逐渐淡化。战国时期,家庭形态发生了变化,不再是宗族关系,而是建立在个体自然经济基础之上的五口或八口的小型家庭模式,在这种家庭模式中,如果父母年迈或者疾病,赡养他们的责任必然落到其子嗣身上。这是由其血缘关系所决定的,因此,这也成为子女"孝"的基本体现。于是,"孝"的含义相应转变为"善事父母"这一更加理性化的观念。

同时,"孝"在春秋战国时期受到儒家的青睐,首先孔子从宗族道德向家庭道德转化,更注重"善事父母",认为"孝"要建立在"敬"的基础之上,将行孝与守礼结合在一起,为孝道的合理性找到证成的人性依据。孔子的思想将"孝"立足于家庭道德,并未将"孝"与政治融合,但是之后的曾子在继承孔子学说的基础上,对儒家孝理论的发展做出重大贡献。曾子思想以"孝"为核心,并开创了儒家的孝治派。曾子认为"孝"是人们内心情感的真实流露,存在于人类的自然天性中。同时,曾子将尽孝与忠君融合,提出:"事君不忠,非孝也! 莅官不敬,非孝也!"[1]在曾子之后,孟子又将"孝"进一步政治化,主张以孝治天下。经过孔、曾、孟等人的发展,《孝经》成为儒家孝道理论的完成之作。《孝经》带有浓厚的政治色彩,其中,"夫孝,始于事亲,中于事君,终于立身",这一千古名句深刻反映了"孝"与忠君融为一体的关系,将"孝"作为治理天下的核心。

汉朝在传统社会中最看重"孝",以"孝治天下"而闻名。汉代将"孝"作为其政治统治的工具,提倡孝道,嘉奖孝悌行为,在政策方面推行一系列与孝有关的措施,包括"举孝廉,设孝悌、三老等乡官,以鼓励并保证孝道的执行;奖励孝子,免除孝子的徭役;实行养老政策,以教民孝;以法律维护父母之特权,严惩不孝行为"。[2] 同时,在人身权方面,父母对子女有绝对的支配权,子女相当于家庭财产的一部分,父母有权处置。在财产权方面,家长对家庭财产拥有绝对支配权,"父母在,不敢有其身,不敢私其财",[3]说明只要父母在,子女不能有自己的私有财产。财产权的另一体现是同居共财制度。同居共财制度是"收入、消费以及保有资产等涉及各方面的共同

---

〔1〕《大戴礼记·曾子大孝》。转引自肖群忠:《孝与中国文化》,人民出版社2001年版,第43页。

〔2〕肖群忠:《孝与中国文化》,人民出版社2001年版,第64页。

〔3〕《礼记·坊记》。转引自肖群忠:《孝与中国文化》,人民出版社2001年版,第71页。

计算关系,即以每个人的勤劳所得和由共同资产所得的收益为收入、支出每个人的生活万端——死者的葬祭也作为重要的一项包括在内——的费用、若有剩余则作为共同的资产加以贮存、如果出现不足则坐吃资产以保全生命的那样一种维持共同会计的关系”。[1]“同居共财关系对中国人来讲,总是一种纠缠不止的宿命的关系,与其说它是‘家族生活的常态’,不如说它就是家族生活。”[2]在家族生活中,所有收入归家庭所有,财产共同用于家庭支出,子女没有独立的财产支配权。由此,子女的人身、财产都受制于父母,听从父母的安排,子女在宗族血缘关系下,需要顺从父母,也即孝敬父母。

魏晋时期继承汉代传统,仍然主张“以孝治天下”,但是呈现忠孝冲突的局面。形成这种局面的原因:一是魏晋时期社会动荡,统治者本身就是不孝的典型,亲人之间相互残杀。而统治者这一时期倡导孝道无非为了使臣民忠君,但是“忠”只能针对乱臣贼子而言,对于前朝忠臣,无法谈忠君。因此,统治者借用“孝”来治天下,对于不服从者用“不孝”的罪名杀之。二是魏晋时期士族阶层的发展,这也是最根本的原因。东汉时期,官僚通过科举入仕,同时讲经授徒,门生弟子众多,从而使弟子与师傅之间由学业授受关系转变为权势依附关系。而这种强烈的权势依附关系造成了家族势力的强大。在动荡频繁的魏晋时期,统治者为维护其统治不得不给予这些家族优厚的待遇,政治向社会低头加速了社会的发展壮大,“忠”开始让位于“孝”。因为士族阶层是以经学入仕的,所以此时士族阶层标榜礼法,“孝”作为礼法的重要内容,就被提升到前所未有的高度。这一时期统治者将“孝”作为统治的工具,使“孝”开始具有欺骗性和虚伪性。

唐代是一个不太重“孝”的朝代,究其原因:一是唐代工商业经济逐渐发展,经济的繁荣必然带动思想文化的变化,人自身的价值逐渐凸显,思想得到解放。而儒家所倡导的孝道,包含保守落后的因素,与唐代的社会意识形态存在冲突。二是唐代佛教盛行,佛教所倡导的理念与儒家思想必然存在矛盾。三是唐代统治者本身就不是孝子,魏晋时期士族阶层已经解体,唐代统治者没有了必须宣扬孝道的理由。

宋朝时期,“孝”受到了政府的大肆宣扬,政府褒奖各种孝行,甚至各种

---

〔1〕[日]滋贺秀三:《中国家族法原理》,张建国、李力译,商务印书馆2016年版,第85页。
〔2〕同上。

“愚孝”都成为政府宣扬孝行的工具,“孝”在宋朝发展到了顶峰。由于元朝的统治者是蒙古族,是游牧民族,没有安土重迁的传统,因此,没有形成以血缘关系为纽带的相互依存关系,并且元朝统治者认为不需要通过推行孝道来维护其统治。明朝建立后,明成祖朱元璋吸取元朝灭亡的教训,大力推行孝道,将“孝”作为维护其统治秩序的重要工具。到了清朝,统治者作为满族人,意识到在汉族遗民中倡导忠君行不通,于是借助于“孝”这一工具,通过宣扬孝行实现忠君。宋明清时期,孝道的宣扬达到了历史高峰。这一时期,政治上,中国封建社会由兴盛逐渐走向衰亡,中央集权的君主专制制度进一步加强,要求社会树立起“三纲五常”的统治秩序。同时,宋明理学的兴起,也进一步宣扬了孝道。“孝”成为统治者宣扬忠君的工具,由于封建专制主义的进一步强化,孝道义务的宣扬更极端化、专制化,甚至愚昧化。绝对的顺从与愚昧将孝道的宣扬推向极致。

中国传统社会虽然有个别朝代对“孝”并不重视,但从历史整体来看,统治者大都重视“孝”的宣扬,将“孝”作为维护其统治的工具。总之,中国传统社会长期处于农业社会中,一家一户的小农经济发展形态决定了家族本位的社会形态,在家族中,逐渐形成了以父权为核心的家族发展模式。中国传统社会国家与社会一体,在家国同构的制度框架下,整个国家相当于一个家族,皇帝是这个家族的父亲,享有不容置疑的父权,其臣民就相当于其子孙,对父亲的尽孝就是对皇帝的尽忠,即中国古代社会统治者为了维护其统治而将“移孝作忠”作为重要的手段,“孝”成为维护宗法等级制度的基础,成为维护封建社会政治稳定的基石。

2.“孝”对中国传统社会的影响

“孝”在中国传统社会中具有非常高的地位,孝文化中包含亲亲、尊尊、仁、义、礼等中国传统伦理的基本精神,因而,“孝”的重要地位不可忽视。“孝”在中国传统社会中具有如此重要的地位,它主要在以下几方面发挥重要价值:

首先,中国传统社会是一个农业社会,属于一家一户、自给自足的小农经济,以家庭为单位进行生产和消费,农业生产依赖土地,但是土地的耕种仅靠个人能力是不够的,需要稳定的团体来共同运作,以血缘为基础的家庭就当然成为这种稳定的团体。在家庭中,家长拥有财产占有权和丰富的农业生产经验,慢慢形成了家长权威。这种关系固定以后,产生了侍奉家长、尊敬老人的传统,尽孝自然就成为稳固这种家庭关系的一种义务和责任。

其次,孝观念的形成,必然产生以血缘为基础的"家族本位""家族至上"的特点。在中国传统社会中,家庭是最重要的单位,孝观念的形成对家庭关系的和谐、稳定及延续起重要作用。在父权家长制的中国传统社会中,"父子一气,子分父之身而为身",[1]这表明了中国传统思想中将子之身视为父之身的延续,父与子同为一体,子难以脱离父的影响,也难以脱离家庭宗族的影响,家庭的兴衰关系个人的命运。同时,子女在政治、经济、生活、人格等方面都要依附于家庭,子女必须顺从父亲,不能违抗父亲的命令,子女听从父母、为父母尽孝成为家庭稳定的重要因素。

最后,孝观念的养成对于统治者实行"家国同构""君父一体""移孝作忠"的政策具有重要意义。家是国的基础,家是国的缩影,家族的稳定是国家政治稳定的基石。父亲相当于家庭中的皇帝,皇帝则相当于天下人的父亲,对父亲的"孝"即为对皇帝的"忠"。因此,国家的稳定靠的是家族的稳定,而家族的稳定需要孝道的维系。统治者为维护统治秩序,需要将孝道作为其理念。

观之中国传统社会,孝观念的养成主要基于两方面的因素。第一,经济因素。由于自给自足的自然经济的发展,中国传统社会形成了以家庭为主的社会结构,而在家庭中,父母对子女拥有绝对的权威,"孝"在维护和谐稳定的家庭关系中起到了重要的作用。第二,政治因素。统治者为了维护统治秩序,需要家庭秩序的稳定,而家庭的稳定又需要"孝"来维系,因此,统治者借助"孝"来实现其政治目的。

在传统社会中,由于宗法制下"嫡长子继承制"的影响,血缘关系成为维护宗法制的重要因素,也成为维系社会政治稳定的重要力量。在血缘关系下,父权制的家族传统,必然要求子女的顺从,从而形成了以"孝"为核心的家庭伦理秩序,而这种家庭秩序在宗法制的影响下,日益政治化,成为统治者宣扬"移孝作忠"的重要工具。儒家所倡导的"齐家治国平天下"也可解释这一问题。"齐家治国平天下"出自《礼记·大学》,原文为"古之欲明明德于天下者,先治其国;欲治其国者,先齐其家;欲齐其家者,先修其身;欲修其身者,先正其心;欲正其心者,先诚其意;欲诚其意者,先致其知;致知在格物。物格而后知至,知至而后意诚,意诚而后心正,心正而后身修,身修而

[1] 黄宗羲:《明夷待访录·原臣》。转引自[日]滋贺秀三:《中国家族法原理》,张建国、李力译,商务印书馆2016年版,第42页。

后家齐,家齐而后国治,国治而后天下平”。其意即齐家是治国平天下的前提和基础,只有“家齐”才能实现“治国平天下”。在家庭中,“孝”成为维系家庭秩序的手段,从而“孝”也成为维系统治秩序的手段。

(二)现代社会变迁对法律强制孝道的影响

1. 现代孝文化的变化

与传统孝文化相比,现代的“孝”已经发生了诸多变化,主要有以下几点。

一是代际关系的基础发生了变化。在现代社会,代际之间不再是不平等的有等级的关系,而是处于平等地位,拥有了人格和尊严。并且“孝”也不再像传统社会一样建立在父亲绝对权威的基础之上,而是更多建立在平等的血缘亲情交流基础上。子女对父母的听从也由原来的绝对服从转为相对服从,不再作为父母的附属,不再绝对受制于父母的想法,而是拥有更多的独立性,拥有独立思考判断的能力,对自己的事情能够自主作出决定;父母也不再试图通过控制子女来展现其作为父母的权威。

二是“孝”的形式发生了变化。在现代社会中,由于经济的发展变化,人口的流动性加大,子女可能会为了找到更好的工作而远离家乡,离开父母,老年人独居的情况也越来越多,“孝”已不能仅通过与老年人生活在一起这样的方式来体现,需要有更多的方式让老年人感受到子女的孝心。

三是“孝”在社会中的重要程度在下降。“孝”在古代社会占据首要、核心的地位。然而,到了现代社会,随着家庭结构变得小型化,父母、子女之间关系发生变化,“孝”的重要程度也在下降,“孝”不再作为统治者维护统治的重要工具,而是回归到家庭伦理道德的层面,依靠亲情的力量来维系,对于不孝之人,更多的是一种道德的谴责。

四是现代社会的“孝”更强调自律性。在传统社会中,孝道的教育是他律性的,只注重对孝道行为的训练,而忽视对子女孝行意义的教育,这种“孝”是受制于外的,是机械性的。而在现代社会中,个人的独立性很强,单纯依靠他律性的“孝”已经不可能,只有以自律的方式进行孝道教育,使子女理解善待父母,给予父母情感的关怀,才能让父母感受到亲情的温暖。

在现代社会中,子女实现了人身、财产的独立,拥有了更多的自主性,《老年人权益保障法》第 18 条规定的孝道作为一种情感的反映,应当靠道德自律实现。尽孝道的行为应当是人们内心自觉的情感性行为,而情感性家庭关系应当依靠人们内心的道德情感来约束,外在的强制行为无法约束人们的内心情感。

2.社会分工对家庭关系的影响

现代社会“孝”的内涵演变,主要是由于生产方式的变化,社会分工的发展,经济、政治制度的演变带来了社会意识的变化。“社会分工指人类社会活动中某些个人或某类人活动的专门化。”[1]社会分工的发展使社会朝专门化的方向发展,社会分工越来越明确,从而也促进了法律的发展变化,影响了法律在现代社会中的地位。而本文的论题是家庭关系的法律强制,分工导致家庭关系也相应发生了变化,影响了家庭关系法的变化。

(1)传统社会分工对孝文化的影响

涂尔干认为,传统社会与现代社会区分的主要标志是社会分工。“传统社会是靠机械连带性聚集在一起的。”[2]在机械连带的社会中,所有社会成员具有某种共同的意识,并且在这种共同意识的指引下形成共同的生活方式和理念。中国传统农业社会没有现代科技的发明,只能利用原始的农业劳动工具进行劳作,而传统社会小农经济受自然环境的影响较大,为了防范自然环境所带来的风险,人们需要团结起来发展农业生产,而以家庭为单位的劳作就成为首要的选择,从而形成以血缘家族为核心的生产生活单位。同时,在劳作过程中,由于没有科技支持,只能利用自然环境来促进农业生产,人们在劳动中不断积累经验,而家中的长者在实践中往往因经验丰富而成为生产生活的权威,父母也基于经验而使子女顺从自己、尊敬自己成为可能,这也使孝道得以发展。

从另一个角度来说,根据交换分工理论,在传统农业社会中,生产生活需要劳动力支持,而青年时期是人一生中精力和体力最旺盛的时期,青年面临“上有老下有小”的现实状况,需要承担起家庭的重任,为家庭进行农业劳作,随着青年一步步老去,他们的子女会承担起他们曾经承担的任务,进行农业生产劳作,并且养育下一代和赡养他们,如此循环往复,形成传统社会的发展模式。这种模式是代际之间付出和回报的反映,体现了权利与义务的相统一。对于每个个体来说,父母养育幼年的子女,并且子女在长大成人的过程中从父母那里学习成长的知识和经验。子女在具有了独立的能力之后,有了自己的家庭,养育自己的孩子,但是父母此时不断地老去,父母希

〔1〕 朱景文:《现代西方法社会学》,法律出版社1994年版,第92页。

〔2〕 同上书,第94页。

望从子女这里得到所需要的物质和精神的回报。在传统农业社会中,需要一代代的这种交换关系,也需要作为生产的主要力量的青年参与劳作,以维持代际之间的此种交换关系。血缘关系在传统农业社会中具有相当重要的作用:血缘关系促进了社会生产方式的稳固,以血缘关系形成的家庭作为生产单位,是更便利、更经济的一种方式。在子女的成长过程中,家庭提供给子女所需要的物质和精神财富,等父母年老后,再从子女这里得到其所需要的物质和精神财富。同时,老年人在其青年时期的劳作中积累了丰富的生产经验,子女需要老年人这方面的指导。因此,家庭成员之间具有强烈的人身依附关系。也因此,通过家庭中子女对父母的养老,实现父母"老有所依,老有所养"的状态。〔1〕

总之,在中国传统社会中,经济制度主要是个体经济,社会规模较小。农业、手工业都是在经验积累的基础上发展起来的,社会发展模式较为单一,因此,传统社会形成了共同的生活方式、生活价值理念,个性的发展受到阻碍,所有人形成了相类似的特征。一家一户的小农经济的发展,也使传统社会形成了以血缘关系为纽带的形态,个人的地位由其"身份"所决定,子女在传统社会中没有独立的法律地位,只能依附于父亲,依附于家庭。而传统社会中孝道得以长期成为统治者维护其统治的工具,正是因为自然经济形态的发展,影响了家庭的分工变化,从而使"孝"在家庭中有了存在的土壤。

(2)现代社会分工导致家长权威下降

到了现代社会,涂尔干认为,"现代社会是靠有机的连带性聚集在一起的,是一种更松散的联合"。〔2〕有机连带在特定的社会范围内是统一的,它建立在劳动分工高度发展的基础之上,个人依赖于社会,个人与个人之间的关系通过社会产生关联。现代社会由于工业革命带来的社会变化,劳动分工进一步深化,打乱了传统社会的孝养模式。首先,现代社会由于社会分工和生产企业的出现,个人走出家庭,进入社会参与生产,家庭成员之间不再像传统社会那样紧密团结在一起,个人的价值逐渐凸显。个人在社会中劳作,与陌生人一起完成工作,实现社会生产,从而使家庭的地位下降,家庭不

---

〔1〕 参见李中秋、马文武、李梦凡:《中国养老模式及其演变逻辑的经济学分析——基于交换分工理论的视角》,载《兰州学刊》2017 年第 3 期。

〔2〕 朱景文:《现代西方法社会学》,法律出版社 1994 年版,第 94 页。

再完全是个人进行生产劳作的中心,不再作为共同财产的集聚地,家庭对于社会经济发展的作用已经显著下降。其次,现代社会生产功能已经转化,科技的进步使农业生产大多靠机械化作业,家长的经验不再具有重要价值,家长的权威下降;子女作为与社会广泛接触的人群,不断学习新的知识经验,成为社会的骨干力量。在现代诸多科技面前,子女往往比父母学习能力更强,更能适应社会的千变万化。因此,家长在家庭中不再具有权威地位,子女对父母的人身依附性也随之减弱。最后,现代社会追求平等,父母、子女之间关系也是平等的,子女作为独立的人,享有自主决定的权利。子女对父母的"孝"成为基于情感而为的行为,统治者不能再将"孝"作为其维护统治的工具,"孝"成为人们的道德自觉行为。

综上,在现代社会中,经济发展形态多样化,子女拥有了经济上的独立性,家庭的观念就不再像传统社会那般重要,人们首先重视个人发展,然后才会把自己作为家庭的一员而发展。社会不再需要所有人的一致性,而需要带来社会进步的差异性。因此,随着社会分工的发展,人们开始从事不同的工作,积累不同的经验和社会理念,人与人之间不同的需求由此应运而生。法律作为连带性的工具,起到维护不同分工之间相互协作、相互依赖关系的作用,同时,使契约法的作用逐渐显现出来。正如梅因得出的关于法律进化的结论:"所有进步社会的运动,到此为止,是一个'从身份到契约'的运动。"[1]而具体到每个家庭,个人逐渐成为独立的个体,并产生相互之间的依赖。个人成为民事法律关系的主体,家庭在社会中的地位下降,个人不再完全依赖于家庭,子女尽孝不再受制于经济、政治等因素的影响,而成为一种依赖内心情感的道德行为,"孝"成为不需要依赖外在强制的、以主观自愿为基础的行为。因此,情感性家庭关系的维系成为子女应尽的道德义务,而不是法律强制。

3."熟人社会"向"陌生人社会"的演变

中国传统社会向现代社会的演变其实质就是"熟人社会"向"陌生人社会"的变化过程。"现代社会是一个复杂社会,但关系简单。而传统社会是一个简单社会,但关系复杂。"[2]这是著名的法人类学家格鲁克曼提出的关于简单关系与复杂关系的理论。他认为,在简单社会中,生产生活与复杂的

[1] [英]梅因:《古代法》,沈景一译,商务印书馆2010年版,第112页。

[2] 朱景文:《现代西方法社会学》,法律出版社1994年版,第115页。

血缘关系缠绕在一起,因此,人与人之间处于"熟人社会"中,导致相互之间处于一种复杂的关系中。而在复杂社会中,人与人之间的关联很少,处于"陌生人社会"中,缺少了血缘的纽带,没有了过多考虑的因素,相互之间是一种简单的关系。

传统社会以小农经济为主,交通不发达、人口流动较少,安土重迁的传统使人们的生产生活相对稳定,在这样稳定的生活范围内,每个人在自己生活的可接触范围内与人交往,长此以往,人们越来越熟悉,便形成自己范围内的"熟人社会"。在这种"熟人社会"中,人与人之间的关系是一种复杂的关系,主要表现为:人与人之间关系密切,共同生活在同一生活圈中,有些人甚至会相处一辈子,因此互相之间了解很深。在这种长期生活和交往中,会形成一种依赖关系,人与人之间的距离不断拉近,从而产生亲切的感情;但是,这种亲切的情感会成为部分人介入政治、经济的手段,从而使人与人之间形成强烈的人身依附关系。而且,在"熟人社会"中,人们长期面对相同的社会环境、相同的交往对象,会形成相同的价值观。在这种封闭的环境中形成的一致价值观念很难发生改变,也很难有新观念的产生,即使有,也会因为其与大多数人的价值观念产生差异而夭折。相同的价值观导致社会形成共同的道德标准,而统治者利用这种道德标准来教化民众,人们因此遵守此种道德标准,统治者便将此种道德标准作为调整社会关系的手段规定在法律中。"孝"作为道德标准的一种,成为传统社会维系社会稳定的手段之一。

现代社会以市场经济为主,人口流动较大,相互之间的沟通了解程度较低,人们之间交往并不密切,甚至有些交往只是一次或屈指可数的几次,无法形成深厚的感情。因此,人与人之间更多是利益的交往而缺少情感的交往。即使相互之间可能有较多的来往,但是由于现代社会分工的发展,人与人之间也不再像传统社会那样有很深的了解,因此,每个人不会对其他人产生过多的依赖或依附关系,经济、政治利益是个人努力的结果,不可能再像传统社会那样依附于人身关系。在现代"陌生人社会"中,人与人之间关系简单,传统社会中相互缠绕的各种关系被分解为简单关系,不同的关系适用不同的调整规则。在情感性关系中,只与个人的情感有关,不会掺杂其他利害关系。因此,在现代社会中,属于法律调整的领域应当归于法律调整,属于道德的领域应当由道德来支持。根据布莱克关系距离理论,父母、子女之间的关系是最亲密的关系之一,"孝"作为每个人应尽的道德义务,并非全部都可以由法律来调整,法律调整家庭关系应当有一定的限度。

三、"孝道入法"的限度

(一)法律维护道德的限度

道德的法律化是将道德上升为法律的意志。"道德的法律化,主要侧重于立法过程,指的是立法者将一定的道德理念和道德规范或道德规则借助于立法程序以法律的、国家意志的形式表现出来并使之规范化、制度化。"[1]道德的法律化与道德的法律强制概念接近。关于道德的法律强制问题,最著名的就是西方学者德富林和哈特的论战,在这场论战中,德富林和哈特对道德的法律强制分别持有不同的观点。德富林认为:"不可能从理论上对国家针对不道德行为的立法权进行限制,不可能对一般规则预先设置例外情形,也不可能明确不可变通的道德区域,从而使法律在任何情况下都不允许进入。社会有资格用法律保护自身免受威胁,不管是内部的还是外界的。"[2]因此,德富林主张法律可以强制道德。而哈特针对德富林的主张进行了评判,认为:"利用强制来保持道德现状,从社会历史的任何一点上来说,都会人为地束缚那种为社会制度赋予其价值的过程。"[3]道德的法律强制与道德的法律化都强调道德能否进入法律领域的问题,但是西方所探讨的道德的法律强制主要限于刑法强制领域,而道德的法律化不仅限于刑法领域,还包括其他部门法领域。因此,对于家庭关系的法律强制,笔者将从道德法律化的角度予以阐释。

1.道德法律化的局限

"一般来讲,道德的法律化主要通过三种方式来实现:一是立法将一定的道德规范直接上升为法律规范,即通过禁止性、义务性的法律规范直接反映特定的道德规范。二是立法规定法律主体必须遵守一般的道德规范(主要是社会公德)的原则,使一般的道德规范具有某种法律属性或法律效力的法律原则。三是立法规定准用性道德规范,使其成为国家立法的有效补充。"[4]我国《老年人权益保障法》第18条规定了子女应当经常回家探望

---

〔1〕 范进学:《论道德法律化与法律道德化》,载《法学评论》1998年第2期。

〔2〕 [英]帕特里克·德富林:《道德的法律强制》,马腾译,中国法制出版社2016年版,第17页。

〔3〕 [英]哈特:《法律、自由与道德》,支振锋译,法律出版社2006年版,第72页。

〔4〕 范进学:《论道德法律化与法律道德化》,载《法学评论》1998年第2期。

父母,对父母应当尽孝道,这主要体现了第一种道德法律化的方式:将原本属于道德的行为通过法律的规定上升为国家意志,将道德行为规定为义务性法律规范。然而,这种道德法律化的方式并不尽然符合社会的实际发展需求。

首先,有些义务在道德上很重要,但在法律上却难以执行。正如美国著名学者庞德曾举例说明:"有一个故事,一个英国教师说:'孩子们,必须心里纯洁,否则我就要揍你们。'这个故事为我们说明了问题。当罗马法企图把感恩当作一个法律义务,以及我们自己的法律企图对公司的发起人和董事要求符合一个无私德行的崇高标准时,它们取得的成功都没有比上述教师稍胜一筹。"[1]要求孩子内心纯洁应当是道德义务,而纯洁与否并不能单纯从表面行为得知,一旦对不纯洁的孩子施以惩罚措施,有可能会使孩子为了迎合老师而作出虚假的行为,这会孳生人的虚伪性和不道德行为。因此,有些道德只适合作为道德,而不能将其上升为法律的意志。同样,"孝道入法"应当有一定的限度,并不是任何孝行都可由法律规定,对于情感表达类的孝行,应当由道德来调整。并且,一旦情感性家庭关系由法律来调整,会使自愿的情感表达变得不自愿,给内心情感加上强制的阴影,情感怎能发自内心地表达,父母怎能感受到子女真诚的关怀?当法律将原本属于道德情感领域调整的孝道规定为法律义务时,则必然如同这位英国教师一样,没有实质性的规制效果。

其次,易孳生道德的虚伪性、抑制人的自由。当原本属于道德领域调整的行为受到法律强制,道德行为依靠法律来评价,不再以道德自身的评价标准为依据时,为了不违反法律的规定,人可能会为了迎合法律而作出虚伪的意思行为,使原本的道德行为具有了虚假性。当不孝行为受到法律的否定时,子女可能会履行经常回家探望的义务,但是子女并不一定是基于内心良知而对父母履行孝道,只是单纯由于法律的强制。这样产生的"孝"也只能是一种"虚假的孝",并不是基于情感而自发的行为,因此,可能孳生人性虚伪的一面。同时,原本属于道德领域的行为,被赋予法律的强制效力,使人丧失自由选择的空间,压制了人的自由。将孝道行为写进法律,并要求子女的履行方式为经常回家探望,将原属于道德的行为规定为法律,又规定了子

---

[1] [美]罗斯科·庞德:《通过法律的社会控制》,沈宗灵译,商务印书馆2010年版,第33页。

女履行孝道的方式,以这样一种方式来限制子女的孝道行为,这与社会的现实不符。现如今,多种沟通交流方式已经出现,如微信、电话等,对于远离父母居住的子女来说,通过微信、电话等方式经常与父母沟通,即使不能经常回家探望,同样能够满足父母的情感需求,要求子女必须回家探望的方式过于单一,使子女没有了选择尽孝方式的自由。千千万万个家庭有千千万万个不同的生活方式和情感表达方式,从而子女尽孝的方式也各不相同,法律只规定子女回家探望这一种方式显得过于单一。

另外,可能会导致司法成本的增加。随着社会法治理念的提高,人们会更多地选择法律的方式解决纠纷,如此,便将本应由道德调整的领域交由法律调整,从而产生大量的诉讼行为,增加司法诉讼成本,造成司法资源的浪费。

法律的制定只能设定最低的道德底线,只能对人的行为进行法律评价,而“孝”的症结在于人的内心,不在于外在的行为,仅靠法律的强制难以达到理想的结果。尽管在现实生活中有一些道德被制定为法律,但是不能因此就说道德可以直接转化为法律,法律应当给道德留有适当的空间,法律不是万能的,生活中暂时解决不了的问题并不一定就能通过法律手段解决。

2. 道德法律化的界限

道德在不同的历史时期有不同的内涵,因此,道德的法律化没有一成不变的界限,在某一段时间法律化的道德,在另一段时间可能成为完全的道德问题,不带有法律强制的色彩。道德法律化的范围受一定时期人们对法与道德关系认识的影响,也受当时社会经济、政治因素的影响。但是,道德的法律化不是毫无边界、可以恣意妄为的,而应当有适当的边界,遵循一定的原则和标准。

德富林提出的法律强制道德需遵循的5个原则为:“第一,容忍与社会完整统一相协调的最大限度的个人自由。这个原则当然不适宜于整个刑法,而只适用于其与良心相关的部分。第二,普通人感到义愤或者厌烦时,既已达到容忍的限度。德富林也承认,社会容忍道德背离标准的程度也是一代一代发生变化的。第三,立法者不应轻易改变法律。第四,尽可能充分地尊重个人隐私,但这并不意味着把所有私人的不道德行为从法律领域中排除出去,而是指个人隐私的权利主张有与公共利益相对独立的分量。第五,法涉及最低限度的而不是最高限度的行为标准,每个社会都会为它的成员设立比法律更高的价值标准。"[1]因此,并非任何道德都能够进入法律领域,道德法律化必须受到一定的限制。根据我国的社会实际,笔者认为,法律受到的限制应当有以下几点。

第一,法律化的道德应当是最低限度的,是对道德基本义务的要求。富勒将道德分为"义务的道德"和"愿望的道德"。"愿望的道德"是"善的生活的道德、卓越的道德以及充分实现人之力量的道德";[2]"'义务的道德'确立了使有序社会成为可能或者使有序社会得以达致其特定目标的那些基本规则"。"义务的道德"从最低点出发,"规定了社会生活中所必需的条件"。[3] 物质性需求是最低层次的需求,情感性需求是较高层次的需求。《老年人权益保障法》第 18 条的规定属于情感性的需求,属于"应然"的法则,而法律属于"实然"的法则,根据社会的实际需要而制定,作为情感性的"孝"属于人的较高层次的情感性需求,与法律作为最低的道德义务的要求并不相符。将作为情感性需求的"孝"规定为法律,很难获得实际的普遍遵守,其试图维护的社会普遍的孝行也不一定能够实现。

第二,法律化的道德只调整人的行为,不能调整人的思想、情感。法律只调整人的行为,正如马克思的一句经典名言:"对于法律来说,除了我的行为以外,我是根本不存在的,我根本不是法律的对象。"[4]作为情感性需求的孝道,其是人的内心情感的反映,法律对人的行为进行评价,难以评价人的内心情感。道德如果不表现为行为,法律不能对其进行制约。

第三,道德的法律化只能是道德的部分法律化,不能使其全部法律化。道德能不能法律化,与所处社会的实际需要有关;对于那些没有社会重大影响,没有对他人权利义务产生较大影响的道德,没有必要全部将其法律化。如果将全部的道德法律化,那么将导致人的思想和行为被奴役,不会有任何自由可言。因此,对于道德的法律化,不能无限制地将其全部法律化,应当为道德留有其应有的空间和自由。

第四,当道德表现为情感性需求时,道德不能被法律化。一方面,从人

---

[1] P. Devlin, *The Enforcement of Morality*, Revised, Oxford, Oxford University Press, 1965, pp. 17 - 19. 转引自[英]哈特:《法律、自由与道德》,支振锋译,法律出版社 2006 年版,第 90 页。

[2] [美]富勒:《法律的道德性》,郑戈译,商务印书馆 2016 年版,第 7 页。

[3] 同上书,第 8 页。

[4] 《马克思恩格斯全集》(第 1 卷),人民出版社 1995 年版,第 121 页。

的需求层次来看,首先是物质的或利益的需求,物质性的需求是可以量化的,可以通过法律的强制来实现。随着社会经济的发展,人的物质性需求逐渐得到满足,人开始追求更高层次的精神需求或情感性需求,而情感性需求往往是人的一种内心感受,每个人的生活状况决定了每个人不同的情感性需求,因此法律是难以量化的,也难以通过法律的强制来实现。另一方面,情感性需求指向的是人的内心,与人的道德良知相关,而法律只能规制人的行为,不能对人的思想进行控制,因此情感性道德法律无法强制。由此,作为情感性的家庭关系中的"孝",无法通过法律的强制完全实现。

(二)社会控制中的法律限度

1.社会控制的界定

法律属于社会控制的一种,社会控制"是依照一批在司法和行政过程中使用的权威性法令来实施的高度专门形式的社会控制"。〔1〕社会控制是社会生活的规范方面,是对不轨行为的否定。"不轨行为是受社会控制的行为。换句话说,社会控制界定了什么是不轨行为。行为受社会控制越多,该行为也就越发不轨。在这个意义上,不轨行为的严重程度是由它所受的社会控制的量决定的。社会控制的量也决定了不轨行为的比率。"〔2〕法律规定越多,说明越需要对之进行规制。但是,在"孝"方面,其属于道德的领域,法律的规制反而显得多余。虽然近几年子女不孝的事情屡见报端,但是这仍然只是社会现象中的一部分,大部分子女仍然孝敬父母,不能仅因为社会出现了部分不孝行为,就强制子女孝敬父母,以及规定孝敬父母的方式。《老年人权益保障法》第18条的"孝"属于家庭关系中的情感性关系,可以归于道德范畴来调整。德富林在其著作《道德的法律强制》中提出:"一个人若承认道德对社会是必要的,就必须支持运用那些维系道德的必要手段。这两个手段一是道德教化,一是法律强制。"〔3〕而法律的手段并不能保证实现情感性家庭关系的缓和,因此,借助道德的力量,可以

---

〔1〕［美］罗斯科·庞德:《通过法律的社会控制》,沈宗灵译,商务印书馆2010年版,第25页。

〔2〕［美］唐纳德·J.布莱克:《法律的运作行为》,唐越、苏力译,中国政法大学出版社2004年版,第10页。

〔3〕［英］帕特里克·德富林:《道德的法律强制》,马腾译,中国法制出版社2016年版,第32页。

对子女进行道德教化,通过感化的力量实现子女对父母的“孝”,满足父母的情感性需求。

2. 法律作为社会控制手段的局限性

法律作为社会控制的手段之一,有其自身的局限性,并不是所有领域法律都可以介入。

第一,“有些限制产生于许多严重侵犯重大利益的行为,其所使用的方式微妙离奇,而法律对这些利益,如果可能的话,会乐意给以有效的保障。比如,在家庭关系中,由于搬弄是非或阴谋暗算而产生的对个人利益的严重侵犯,往往因难以捉摸以至于法律手段也对此无能为力”。[1] 在家庭关系中,当涉及利益问题时,交由法律调整可以得到很好的处理结果,但是涉及个人情感问题,法律往往不能很好地处理,法律的强制性不能很好地处理具有情感因素的个人道德问题。

第二,“有一些限制产生于对人类行为的许多方面、许多重要的关系以及某些严重的不良行为不能适用规则和补救等法律手段。夫妇同居的义务以及每一方对另一方在交往和爱情上的要求,可以说是一个例证”。[2] 家庭关系并不完全属于法律调整的领域,法律对于家庭关系的介入应当是有限度的。而情感性的家庭关系是人类最重要的关系之一,这些关系难以适用强制性的法律手段解决。情感性的家庭关系更多的应当受到道德的调整。正如庞德所说:“一个法院能使一个原告重新取得一方土地,但是它不能使他重新获得名誉。法院可以使一个被告归还一件稀有的动产,但是它不能迫使他恢复一个妻子已经疏远的爱情。法院能强制一个被告履行一项转让土地的契约,但是它不能强制他去恢复一个私人秘密被严重侵犯的人的精神安宁。”[3] 涉及利益的问题可以通过法律手段解决,但是对于情感问题,法律手段是有局限性的,法律的强制手段一般难以修复被破坏的家庭关系。

第三,“限制产生于为了推动和实施法律,必须求助于个人的必要性”。[4] 法律具有被动性,法律的实施需要有人主动提起诉讼。而从《老

---

〔1〕 [美]罗斯科·庞德:《通过法律的社会控制》,沈宗灵译,商务印书馆 2010 年版,第 34 页。

〔2〕 同上。

〔3〕 同上书,第 35 页。

〔4〕 同上书,第 36 页。

年人权益保障法》第18条的实施效果来看,父母起诉子女的情况并不多。孝道作为家庭关系维护的一种方式,应当是情感的维护,父母起诉子女实属无奈。将作为亲情维护方式的孝道义务规定为法律强制,父母起诉子女,启动法律的执行,但是这样的方式并不一定使父母、子女之间的关系得到改善。

3.社会控制手段多样化

在现代社会中,有多种社会控制手段,法律作为主要的社会控制方式,有时却不能调整社会出现的新问题。"在应付许多新问题和力图保障一个正在变化的经济秩序中许多新产生的迫切利益方面,法律不符合人们对它的期望。这种情况产生于公认的理想对今天法院所受理的各种冲突和重叠的利益不能提供满意的调整。"[1]对于新出现的问题,法律难以做到及时调整,法律手段具有滞后性,并不能将之作为社会控制的唯一手段,在新的问题出现时,法律并不能保证完全预见到,因此需要有其他的社会控制方式。庞德在其著作《通过法律的社会控制》一书中指出:"社会控制的主要手段是道德、宗教和法律。"[2]在此,庞德指出社会控制有诸多手段,法律只是其中之一。在我国,社会控制的手段主要是法律和道德。法律具有强制性,但是生活中存在许多运用强制手段难以解决或者不能很好解决的问题。因此,"在我们生活的地上世界里,如果法律在今天是社会控制的主要手段,那么它就需要宗教、道德和教育的支持;而如果它不能再得到有组织的宗教和家庭的支持的话,那么它就更加需要这些方面的支持了"。[3] 法律并不是社会调控的唯一手段,有些领域是法律不能触碰的,需要道德等其他社会控制手段进行调整。例如,在家庭关系中,如前所述,有利益性和情感性的家庭关系,对于利益性的家庭关系,因其可以外化为人的行为,利益关系可以通过法律的调整实现家庭关系的和谐稳定,而且在我国的立法、司法实践中,对利益性的家庭关系作了诸多规定,如民法中对于遗嘱的规定、夫妻财产关系的规定等,这些都是需要法律介入的领域,但是对于情感性的家庭关系,因其是人的内心情感的一种体验,是人的情感的自然流露,属于道德范畴,法律的强制在此难免显得多余。

---

〔1〕［美］罗斯科·庞德:《通过法律的社会控制》,沈宗灵译,商务印书馆2010年版,第9页。

〔2〕同上书,第11页。

〔3〕同上书,第37页。

4.家庭关系与法的变化

布莱克认为:“法律的变化与其他社会控制成反比。”〔1〕“法律本身是一种社会控制,但是还有其他多种社会控制方式存在于社会生活中,存在于家庭、友谊、邻里关系、村落、部落、职业、组织和各种群体中。因此,当其他社会控制的量减少时,法律的量就会增加,反之亦然。”〔2〕在家庭关系中,现代社会家庭成员经济上独立,家长制的作用在减弱,社会中法律的作用在加强,同时,家庭关系也相应在发生变化,家庭关系的形式在现代社会有了新的内涵,情感性的家庭关系并不是依赖法律就能够完全解决问题。布莱克认为:“在几乎所有的社会中,家庭本身的控制都多于其他群体或关系。因此一般来说,家庭纠纷较少可能诉诸法律。”〔3〕家庭关系是人类最亲密的关系之一,情感多于理性,因此法律出现在家庭关系中的概率应当较小,家庭关系应当更多地受制于道德、情感的约束。

布莱克关系距离理论认为:“法律与关系距离之间的关系系曲线型。在关系密切的人们中间,法律是不活跃的;法律随人们的距离的增大而增多,而当增大到人们的生活世界完全相互隔绝的状态时,法律开始减少。”〔4〕在社会的诸多关系中,家庭关系属于最为密切的关系,在家庭关系中以情感为主导,因此法律在家庭关系中出现的频率应当是最少的。布莱克根据此理论得出了结论:“当其他条件不变,一个人指控与之关系密切的亲属的可能性最小,其次是朋友、熟人、邻居、同家族的人、同乡等。”〔5〕法律体现强制性,因此,处理关系最密切的亲属之间的纠纷,较少诉诸法律手段,往往通过当事人之间的沟通、和解等方式进行解决。而且,较之于传统社会,在现代社会中,“血缘关系的解体使陌生人之间是疏远的,但功能上的相互依赖又使他们之间是亲密的。陌生人实际上是群体的有机组成部分。在陌生人之间法达到了它的最高水平”。〔6〕 因此,法在陌生人之间适用最多。但家庭关系是人最亲密的一种关系,因而在他们之间法的适用量应当

---

〔1〕 [美]唐纳德·J.布莱克:《法律的运作行为》,唐越、苏力译,中国政法大学出版社2004年版,第125页。

〔2〕 同上书,第7页。

〔3〕 同上书,第126页。

〔4〕 同上书,第47~48页。

〔5〕 同上书,第49页。

〔6〕 朱景文:《现代西方法社会学》,法律出版社1994年版,第118页。

最少,家庭关系中法律的出现应当慎重。

同时,关系距离的变化会导致法律程序的结果随之变化。“当其他因素不变,则原告指控一个与他关系密切的人而获胜的可能性要小于指控一个陌生人。即使获胜,所得到的也比较少。”〔1〕因此,关系距离越亲密,他们之间出现法律的可能性越小。即使双方将纠纷诉至法院,也会导致法院更倾向于根据关系距离的远近采取不同的方式解决争端。关系距离的远近影响人们的情感变化,关系距离亲密的人之间有更多的情感,更可能适用补救式的法律,而关系距离越远,情感性关系下降,利益性关系明显,更可能适用控告式的法律。正如费孝通先生在研究乡土中国时提出,中国人在处理人与人之间关系时,“好像把一块石头丢在水面上所发生的一圈圈推出去的波纹。每个人都是他社会影响所推出去的圈子的中心。被圈子的波纹所推及的就发生联系。每个人在某一时间某一地点所动用的圈子是不一定相同的”。并且,费孝通先生认为:“我们社会中最重要的亲属关系就是这种丢石头形成同心圆波纹的性质。”〔2〕处于同心圆越是中心的位置,其相互之间的关系越是亲密,在他们之间适用法律的可能性就越小,更多的是通过情感的交流实现。因此,《老年人权益保障法》第18条要求父母控告子女的规定,由于父母、子女之间关系亲密,这种控告式法律不应当过多出现,这与情感性家庭关系的现实不符。

(三)法律限制自由的限度

1. 国家对自由的干预是有限度的

自由是人的最高价值,国家对自由的限制应当是有限度的。密尔认为,关于社会道德问题,要遵循这样的原则:人类之所以有理有权可以个别地或者集体地对其中任何分子的行动自由进行干涉,唯一目的只是自我防卫。这就是说,对于文明群体中的任一成员,所以能够施用一种权力以反其意志而不失为正当,唯一的目的只是要防止对他人的危害。〔3〕在不构成对他人伤害的前提下,个人拥有完全的行动自由,法律对个人自由的限制是有限度的。

密尔的《论自由》一书认为,在个人和社会之间的权力划分可以概括为

---

〔1〕[美]唐纳德·J.布莱克:《法律的运作行为》,唐越、苏力译,中国政法大学出版社2004年版,第51页。

〔2〕费孝通:《乡土中国 生育制度》,北京大学出版社1998年版,第26页。

〔3〕参见[英]约翰·密尔:《论自由》,许宝骙译,商务印书馆2015年版,第10页。

两点："第一，个人的行为只要不涉及他人的利害，个人就有完全的行动自由，不必向社会负责；他人对于这个人的行为不得干涉，至多可以进行忠告、规劝或避而不理。第二，只有当个人的行为危害到他人利益时，个人才应当接受社会的或法律的惩罚。社会只有在这个时候，才对个人的行为有裁判权，也才能对个人施加强制力量。"[1]自由与权力之间应当有合理界限，法律并不是可以任意存在于所有的生活领域，而应当存在于它应当存在的领域中。

在密尔看来，一旦人类获得自行改善的能力，法律的强制只能是以保障他人安全为理由。在其著作《论自由》中，密尔这样论述："一到人类获得了这种能力可以借说服或劝告来引他们去自行改善的时候，强制的办法，无论出以直接的形式或者出以如有不服则加痛惩的形式，就不能再成为为着他们自己的好处而许可使用的手段，就只有以保障他人安全为理由才能算是正当的了。"[2]《老年人权益保障法》第18条规定的"孝"的表达是子女对父母情感的交流方式，父母、子女之间情感的改善是家庭内部的事情，交给法律来解决并不能得到完美的处理，法律强制的孝道也并不是如密尔所说的以安全为目的。

自由就是按照自己的意愿去生活，不受他人的干预。密尔所认为："唯一实称其名的自由，乃是按照我们自己的道路去追求我们自己的好处的自由，只要我们不试图剥夺他人的这种自由，不试图阻碍他们取得这种自由努力。每个人是其自身健康的适当监护者，无论是身体的健康，或者是智力的健康，或者是精神的健康。人类若彼此容忍各照自己所认为好的样子去生活，比强迫每人都照其余的人们所认为的样子去生活，所获是要较多的。"[3]孝道的表达方式有很多，应当根据每个家庭的不同情况、每个子女自己的意愿作出不同的选择。不同的家庭有不同的相处模式，子女对父母表达"孝"也可以通过多种方式，不一定非得是法律规定的经常回家探望，须知对有些子女来说，经常回家探望父母是一种奢侈。

密尔的自由理论认为，在私人道德方面，只服从唯一的标准是错误的，并不能生发出高尚的道德，而是使人产生奴性。"人们在其生活方式中和

---

[1] [英]约翰·密尔：《论自由》，许宝骙译，商务印书馆2015年版，第4页。

[2] 同上书，第12页。

[3] 同上书，第14页。

仅关自身的行为中应当有自己的判断或自己的个性的任何一点痕迹。"[1]因此,现代生活应当给予人自由选择的力量,法律的强制带来的只是一时的成果,而且,作为情感表达的"孝"属于道德的领域,法律的强制并不能带来家庭的和谐。法律是最低限度的道德,是人类道德的维系手段,但是法律强制道德带来的否定后果却使道德行为遭受冲击、人的道德水平下降。

2. 家庭关系的法律强制在压制型法、自治型法和回应型法中的体现

美国著名学者诺内特和塞尔兹尼克在《转变中的法律与社会:迈向回应型法》一书中将法律制度的发展分为三个阶段:压制型法、自治型法和回应型法。法律的这一发展变化也反映了家庭关系法律强制的演变。

(1)古代社会家庭关系的法律强制是压制型法的一种体现

"如果统治政权对被统治者的利益漠不关心,换言之,如果统治政权倾向于不顾被统治者的利益或者否认它们的正统性,那么它就是压制性的。"[2]压制型法的关键问题在于"当权者在多大程度上考虑服从者的利益和为这些利益所约束",[3]而不在于强制本身。压制型法将社会分为两个对立的阶级:统治阶级和被统治阶级。为了维护部分人的利益,压制型法需要依靠外在的强制力保障法律的实施。因此,可以说压制型法集中体现了法的强制性,法律直接受到政治权力的影响,满足政治统治秩序的需要,为了维护公共安宁,法律被作为政治统治的工具,法律官员成为政治的附庸,一切都为了维护统治而被需要。因而,"压制性统治在古代国家和极权国家中极为显著"。[4] 在中央集权的封建专制制度统治下的中国传统社会,为了维护统治的需要,权力集中在君主的手中,压制人的个性发展,抑制人的自由意志,使个人依附于家庭、家庭依附于君主的统治。因此,家庭的地位凸显,家庭的稳定对维护君主统治至关重要,孝道就成为维护家庭稳定的手段。因此,在传统社会,压制型法成为社会的典型特征。

压制型法的另一个特征是法律道德主义的盛行。"也许法律道德主义最肥沃的土壤就是共同体的道德,即,被发展用来维持某种'习惯共同体'的道德。在这种共同体中,群体的同一性由共同坚持某种详尽的行为准则

---

〔1〕［英］约翰·密尔:《论自由》,许宝骙译,商务印书馆2015年版,第68页。

〔2〕［美］P. 诺内特、［美］P. 塞尔兹尼克:《转变中的法律与社会:迈向回应型法》,张志铭译,中国政法大学出版社2004年版,第31页。

〔3〕同上书,第35页。

〔4〕同上书,第39页。

来界定,因为这种行为准则使共同体的成员明确区别于外人,并且起到不断肯定忠诚和团结的作用。不服从就是背叛,是对共同体本身的犯罪。"[1]在传统社会,共有的道德准则为社会提供了凝聚力,社会融为一体,尽孝与忠君一体,不容许其他观念的产生,阻碍了个性的发展,抑制了个人的自由意志。此外,法律道德主义还会导致法律的僵化,使其难以适应社会的变化。诺内特和塞尔兹尼克认为:"法律道德主义的重大代价,就是降低了在变化的社会情势扩大了理想与规定之间的差距时如何解释文化愿望的能力。"[2]《老年人权益保障法》第 18 条规定的"孝道入法"并不必然是道德的向善,反而可能使尽孝变为僵硬性地履行法律的规定。"压制可以是政府涉足太多的结果,也可以是国家不能满足公共需求的结果。"[3]法律如果涉足过多,那就是对公民生活的一种干涉。法律强制孝道不能是毫无限度的,对于情感性的家庭关系法律也不应过度干预。

诺内特和塞尔兹尼克将压制型法的特点归结为两点:"第一个特征是法律与政治紧密结合,其形式是法律制度直接服从于公共的和私人性质的统治精英:法律是柔顺的工具,很容易被利用来巩固权力和丈夫权威,保护特权,以及赢得遵从。原始的工具主义占了主导地位。第二个特征是官方的自由裁量权蔓延,它既是法律柔顺性的结果,又是其首要保证。"[4]在古代社会中,政治与法律密不可分,法律作为维护政治统治的工具,被用于维护君主的权威和特权,法律的解释要迎合统治者的需求,古代社会宣扬的忠君与尽孝是统一的,不孝行为将受到法律的严惩。

(2)以规则为中心的自治型法并非"孝道入法"的理由

随着社会经济、政治和观念的转变,压制型法对人的压制已经不能适应社会的发展需要。因此,为了控制压制,防止权力的过分扩张、腐化和非法干预行为的过度,自治型法随之产生。

自治型法的特征表现为法律与政治的分离,法官坚持法律至上与争端非政治化,"法官自身在寻求正统性时强调和颂扬他们独具特色的法律的、

[1] [美]P. 诺内特、[美]P. 塞尔兹尼克:《转变中的法律与社会:迈向回应型法》,张志铭译,中国政法大学出版社 2004 年版,第 53 页。

[2] 同上书,第 55 页。

[3] 同上书,第 41 页。

[4] 同上书,第 57 页。

非政治的功能。法官至多可能在他们的指导下变更和修改法律”。[1] 并且,法官在坚持法律与政治分离的前提下,强调以规则为中心。诺内特和塞尔兹尼克认为:“规则是使权力合法化的一种有效手段。如果法官被认为是受规则约束的,那么他们的自由裁量权的外在范围就受到限制。规则骤增导致了复杂性并提出了连贯性方面的一些问题。以规则为指向有助于限制法律制度的责任。虽然自治型法控制压制,但是它仍然信奉法律主要是一种社会控制工具的观念。”[2] 自治型法注重规则的作用,构建法律的形式主义和规则模型。自治型法以规则为中心,而程序的正当则有利于规则治理的实现。有了程序的保障,规则的行使就会更规范合理,但是严格依照规则办事,形成对规则的绝对服从,对法律的绝对忠诚,就缩小了自由裁量权范围。

此外,自治型法以规则为中心,也容易陷入法条主义的困境中。“对规则的关注有助于缩小法律上相关事实的范围,从而使法律思维与社会现实分离。结果则是法条主义,即一种依靠法律权威而不利于实际问题解决的倾向。规则的适用不再充满对目的、需要和结果的注重。”[3] 将孝道写进法律也是一种对规则的关注,侧重于用规则来解决问题。但是在现实生活中,并不是所有的问题都能通过法律途径加以解决,过分关注法条本身的规定,可能会忽视立法原意,导致法律的僵化,在具体实施中出现问题。

《老年人权益保障法》第18条的规定反映了立法者希冀子女对父母尽孝,形成社会良好道德风尚。但是法律不是万能的,法律并不能完全保证社会道德风尚的改善,对父母尽孝是每个人应尽的道德义务,但是从法律层面来说,该法条规定的“尽孝”属于情感性的家庭关系,而法律一般而言难以强制人的情感。

(3)回应型法关注法律目的,适应社会现实需求

回应型法是因压制型法和自治型法不能适应社会发展需要而产生的,弥补了压制型法和自治型法的缺陷。压制型法当权者的权力过大,压制人民的意愿,忽视人民的利益。而自治型法则追求形式主义法律,追求规则模型,所带来的后果是对法律的过分重视和对社会现实的忽略。回应型法就

---

[1] [美]P.诺内特、[美]P.塞尔兹尼克:《转变中的法律与社会:迈向回应型法》,张志铭译,中国政法大学出版社2004年版,第65页。

[2] 同上书,第68~70页。

[3] 同上书,第71页。

是为了解决这两者存在的问题而出现的。回应型法是在克服自治型法的僵化,特别是严格规则原则的僵化基础上产生的,在合理的目的下克服严格规则的局限性,重新扩大了官员的自由裁量权。[1] 回应型法实现了规则与自由裁量权的结合,形成了法律与社会的良性互动关系。回应型法注重法律目的,"对法律中的目的的关注根源于自治型法的发展。恰恰在一种以规则为中心的法律秩序中,为了减少对条文解释的恣意,或者制止官员越权行事——超出授权范围行事,推论必须经常要求离开规则而求助于目的"。[2] 对法律目的的关注,一方面,扩大了自由裁量权在法律适用中的范围;另一方面,由于法律目的的指引,法律推理更具有合理性,规则的作用被削弱。而规则的削弱带来了文明的协商,压制手段导致对法律的服从及规则中心主义使人无条件服从的情况得到改变。回应型法在两个方面促进了社会的文明:第一,"克服共同体道德的地方观念。目的型法要求习惯道德在它们所主张的法律权威的范围内,由一种成本和收益的合理评估证明为正当。随之而来的一个结果就是迫使人们将违反通行的道德准则的行为非刑事化"。[3] 第二,"鼓励对公共秩序的危机采取一种以问题为中心的、社会一体化的态度。一种鼓励对规则的批判,甚至使某种检验和变更规则的合法手段得不到遵守的法,更适宜于缓和那些对权威构成不仅是象征性威胁的斗争"。[4] 通过文明协商确定的法律秩序充分肯定了个体价值,承认了多样性。

同时,回应型法扩大了法律参与的范围,将法律参与扩大到了法律政策的制定和解释上。法律参与的扩大必然带来法律多元主义,"法律舞台成了一种特殊的政治论坛,法律参与具有了政治的一面"。[5] 回应型法对法律参与和政治参与的融合,促进了政府的管理能力的提升,使不同社会群体的利益得到维护,有助于实现社会的民主化。

回应型法并不是将规则视为社会的全部,法律只是社会治理的一种手段,因此并不是所有问题都可以由法律来调整,对于一些法律不能调整的领

---

[1] 参见朱景文:《现代西方法社会学》,法律出版社 1994 年版,第 136 页。

[2] [美]P. 诺内特、[美]P. 塞尔兹尼克:《转变中的法律与社会:迈向回应型法》,张志铭译,中国政法大学出版社 2004 年版,第 89 页。

[3] 同上书,第 102 页。

[4] 同上书,第 103 页。

[5] 同上书,第 107 页。

域,交由社会的其他调整手段来调整,是对社会发展的更好选择。

诺内特和塞尔兹尼克在其著作中明确说明:“我们的定义不承认下述事物是法律:行为的某种纯粹的规律性,相互人身义务的某种模式,任何一种解决纠纷的方式,或者某种非正式的社会控制网络。”[1]父母子女关系是家庭关系中的重要一环,如果将子女对父母尽孝的道德义务规定为法律义务,详尽规定子女对父母尽孝的方式,这样并不能起到很好的效果。如果子女没有孝心,一份判决不能解决家庭关系问题。“并非所有的社会控制都是法律性的,法律在它对各种社会规范的承认过程中是有选择的。”[2]在一些道德情感领域中,法律不适宜介入,法律介入甚至可能导致情感的破裂。中国的传统观念讲求情感,家庭关系更是如此。对于身处家庭关系中的父母、子女来说,如果子女只是服从法律的判决履行回家探望父母的义务,但是对父母却没有应有的关怀,那么这样的一份判决又有何意义?

四、情感性家庭关系的调控

(一)利益性家庭关系和情感性家庭关系

家庭关系可以分为情感性家庭关系和利益性家庭关系。美国著名心理学家亚伯拉罕·马斯洛的需求层次理论认为,当人的某一级需求得到最大限度的满足后,才会追求更高一级的需求。与此需求理论相对应,现代社会人们的物质生活需求基本得到满足,开始追求更高层级的精神需求的满足。因此,赡养应当也包含物质性赡养和精神情感的赡养两方面。

“利益性家庭是一种以利益获得和利益积累为目标的功能性家庭形态。它是家庭的市场化转型的产物,反映了家庭转型的复杂性,表现为家庭伦理的弱化和家庭结构的共存。”[3]利益性家庭关系体现了诸多利益性关系,涉及利益就可能产生纷争,因而法律有必要介入其中,对利益纠纷进行规制。在现今的法律规定中,有诸多对利益性家庭关系的规定,如《民法典》第1067条第2款规定:“成年子女不履行赡养义务的,缺乏劳动能力或生活困难的父母,有要求成年子女给付赡养费的权利。”该法条将子女对父

---

〔1〕 [美]P. 诺内特、[美]P. 塞尔兹尼克:《转变中的法律与社会:迈向回应型法》,张志铭译,中国政法大学出版社2004年版,第14页。

〔2〕 同上书,第15页。

〔3〕 杜鹏:《嵌入与再造:利益性家庭的生成机制——基于浙江J村家庭作坊的社会学考察》,载《湖南农业大学学报》(社会科学版)2015年第6期。

母的赡养义务限于财产,是对家庭关系中的利益关系进行调整,子女给付赡养费,满足老年人的物质生活需求。

"情感"指的是,"第一,情感是人的一种内心体验,它表达着主观对客观事物的反映与评价,是作为主体的人对外在环境的一种心灵意识。第二,情感是人们内心的一种感情积淀。第三,情感不仅是主观的思想、感情和态度,它还必然会影响着情感主体的行为。第四,情感不仅仅是个人的主观体验,同时它还可以通过人的交往及价值观念的传播,而形成为一种集体情感"。[1] 情感性家庭关系,更多地体现个人的情感问题,没有情感的基础就没有行为的可能性。而情感的问题是人的内心感受,法律只能规制人的行为,无法规制人的内心情感。

家庭情感是伦理的体现,表现为爱的价值。在舍勒看来,"一个个体、一个家庭、一个历史时代、一个民族和国家,都拥有其内在的精神本质,亦即精神气质。精神气质的根基'首先是爱与恨的秩序'。爱的秩序是个人生活的支柱,也是社会组织或历史时代的精神范型。它'给主体指明道路,使之看清其世界和其行动与活动的作用'。它也支配着社会历史的发展方向。因此,对爱的价值及其结构秩序的认识,就构成了一种具有根本意义的价值知识,而'这种知识乃是一切伦理学的中心问题'"。[2] 子女对父母的情感关怀是对父母的"孝",是爱父母的一种表现。

同时,罗尔斯根据其总结的道德心理学法则系统,认为:"假定家庭制度是正义的,且父母爱孩子并明显地通过对孩子的善的关心表现出他们的爱,那么,孩子通过不断认识父母对他们的爱,就会渐渐地爱自己的父母。"[3]在罗尔斯看来,这样的家庭关系是人类道德情感的正常发展,并且需要有正义的制度保证父母与子女忠实地履行自己的职责,认可对方的行为。罗尔斯的理论也说明了子女对父母尽孝的前提在于父母对于子女从小的爱,只有在爱里长大的孩子,在成年后才会更孝敬父母,关心、体贴自己的父母。基于权利义务的相对性,父母应当从小对子女进行爱的教育,这样父

---

[1] 胡玉鸿:《法律与自然情感——以家庭关系和隐私权为例》,载《法商研究》2005 年第 6 期。

[2] [德]马克斯·舍勒:《爱的秩序》,载《马克斯·舍勒哲学论文选》,英译本,美国西北大学出版社 1973 年版,第 101 ~ 102 页。转引自万俊人:《现代西方伦理学史》,中国人民大学出版社 2011 年版,第 445 页。

[3] 万俊人:《现代西方伦理学史》,中国人民大学出版社 2011 年版,第 960 页。

母在年老时才更可能受到子女的爱护,在这种互惠模式中才更有可能出现子女对父母养育之恩的报答。

当父母年老时,父母的身体和精神回归到“小孩”的状态,此时父母需要子女的照顾,就像从小父母照顾子女一样,子女也应当承担起这份责任。阿克塞尔·霍耐特在其著作《自由的权利》中认为:“在今天,家庭成员承担彼此间援助和照顾的责任,仍取决于他们间相互情感的关系,这在历史上并不是什么新的现象;自从家庭主要被解释为是一种在相互爱的基础上建立的社会关系以后,承担家庭义务的方式方法,就总是不免按相互间情感的事实感受来衡量——人们只要想一下,在现代的经典家庭小说中,家庭成员在实施他们的义务时,就已经有着不同程度的情感差别。”[1]情感是家庭成员之间相处的主要力量,没有情感的家庭会矛盾重重,因此,不能希冀法律仅仅通过简单的一项硬性规定就可以解决家庭的情感问题。

《老年人权益保障法》第18条规定正是在面对当前社会中子女不经常看望父母,难以满足父母情感需求的情况下出台的。笔者认为,并不是所有的家庭关系都可通过法律强制来实现,利益性的家庭关系可以通过法律强制实现,而情感性的家庭成员关系无法通过法律强制来实现,情感性家庭关系应依靠情感、道德、伦理来维系。“孝”属于情感性家庭关系,因此,应当依靠爱的教育、情感、道德来维系,法律并不能保证孝道回归理性。

(二)情感性家庭关系的维系应当主要依靠教育的力量

在现代家庭中,父母给予子女更多的是情感的教育,而不再是强制性的服从和压制,父母、子女之间需要的是情感的交流。弗罗姆的权力主义伦理学理论认为,人从小便对父母形成了一种“家长情结”:“年幼的他既想挣脱父母赋予自己的义务,成为独立自主的自己。又因为自己难以满足父母的‘期待’而感到有罪。这种建立在家长情结之心理基础上的父母良心就是一种不公开的或‘隐秘的’道德权力。”[2]并且,基于父母不同的角色,子女对父母会形成不同的情感,父亲的形象往往是严厉、公正、富有智慧,因而教会子女正确的处事方式,形成正确的价值观,对子女的人生具有方向性的指导;母亲的形象则是慈爱、温柔、用心照顾子女。在弗罗姆看来,子女对父母

---

〔1〕[德]阿克塞尔·霍耐特:《自由的权利》,王旭译,社会科学文献出版社2013年版,第263页。

〔2〕万俊人:《现代西方伦理学史》,中国人民大学出版社2011年版,第580页。

的情感是一种道德权力的内化。这样一种道德权力的内化,在笔者看来,是父母在家庭中言传身教所起的作用。当父母对子女的爱深入子女的内心,作为一种对父母之爱的回报,子女自然会在具备能力时承担起照顾父母的责任,这是基于人伦常情的行为,是子女对父母养育之恩的报答。因此,作为情感性的“孝”行为,自然应当属于道德的领域,法律的强制使原本为道德的力量减弱,“孝”应当是家庭教育所带来的必然结果。

杜威所认为,“人的行为首先受制于人的本性发展,因而对人的行为的控制和调节也就是且首先是对人的本性的调控或引导。故而,‘道德在很大程度上就是研究控制人的本性’”。[1] 而人的本性的控制,需要后天的培养,这种培养的方式就在于教育,人性都是经过后天教育和改造形成的。因而“孝”的教育是至关重要的,需要从小熏陶和教育。

父母对子女的教育,应当以情感为主导,注重对子女的言传身教。情感主义伦理学“把伦理学作为一种非事实描述的情感、态度或信念的表达,认为它不具备逻辑与科学那样的普遍确定性和逻辑必然性”。[2] 伦理是一种情感的表现,不能用科学的标准来衡量,“孝”作为子女向父母情感的倾诉,是人的情感和道德的作用,“从‘自行其是’的自然状态进入‘自我约束’的社会伦理状态的重要条件之一,是人类道德同情感的作用”。[3] 从小子女就与父母产生血缘感情,随着人类的发展,每个人都会在有意识或无意识中学习他人的行为来管理自己的情感与行为,并表现出与他人行为的相似性。这种“模仿”可以通过教育实现,从小开始对子女的家庭教育、学校教育和社会教育,从而使子女学会对父母尽孝。单纯的法律强制并不能保证子女在心底里孝敬父母。法律保证的孝道体现的是法律的强制性,是义务人必须履行的,而以亲情为纽带的传统伦理要求的是情感的交流,这二者之间存在一定的冲突和矛盾。

总之,“孝道入法”反映的是法律对道德的强制,对孝伦理的强制。而“孝”更多的是一种从小的教育,需要后天培养子女对父母的爱,从而才能使子女在父母年老时懂得对父母的关心和爱护,自觉承担起照顾父母的责任。

---

〔1〕 万俊人:《现代西方伦理学史》,中国人民大学出版社2011年版,第639页。

〔2〕 同上书,第266页。

〔3〕 同上书,第115页。

《老年人权益保障法》第18条规定的孝道是一种情感性家庭关系,法律的强制不能保证情感的回归。家庭成员相处模式是不同的,因此,子女对父母表达爱的方式也是不同的,法律强制的规定会限制子女对父母情感的表达。并且现代通信设备发达,不一定非得要求子女经常回家探望时,当子女由于客观原因确实无法回家探望,打电话、视频聊天等方式可作为替代性的手段,同样可以实现子女与父母的情感交流。

结　语

本文以"孝道入法"为研究对象来分析家庭关系的法律强制,家庭关系可以分为情感性家庭关系和利益性家庭关系。从传统社会与现代社会的角度来分析,在传统社会中,一家一户的小农经济的发展,促成相对固定的小型家庭结构,并且形成相对固定的生活交际范围,形成"熟人社会",在这种环境下,人们形成相同的价值观念和道德理念,统治者利用这一社会特征,实现孝与忠君的结合。而到了现代社会,由于分工的变化,在家庭关系中,父母的权威不再是维系家庭关系的主要因素,情感成为家庭关系和谐的重要一环,因此,强制性的法律对家庭关系的介入应当是有限度的。涉及利益性的家庭关系,法律是可以强制的,但是由于情感是家庭维系的中心,没有情感的家庭就只是一个空壳,情感性的家庭关系涉及法律无法触及的领域,法律只是社会控制手段之一种,因此,法律的过度介入或许会使原本就已出现问题的家庭关系变得更僵化。同时,家庭应当是人最为自由的领域,对于情感性家庭关系和利益性家庭关系,法律的干预程度应当是不同的。情感性家庭关系的维系依靠的是情感,而法律是僵硬性的规定,冰冷的法律介入,对于依靠情感来维系的家庭关系来说,并不能起到良好的促进作用。情感的维系更多应当依靠从小的教育,父母爱子女,教会子女感恩,懂得感恩父母的养育之恩,子女在父母需要自己时,会竭尽所能地孝敬自己的父母,满足父母的需求。因此,《老年人权益保障法》第18条规定带来的不一定是情感的交流,相反,可能因为法律的强制而使家庭成员间的感情变得更僵化,反而不利于家庭的和谐,情感的问题应当主要交由家庭自己去解决,法律不应过度干预。

韦伯社会科学方法论对制度理性的启示

——以第三方立法评估制度为例

张 琼*

引 言

制度理性作为制度经济学中一个经典命题激发了诸多学者创造经典理论的热情,从古德里叶提出制度理性到朗格对"软理性"的研究,经济学家总是试图从公式演算中计算理性的可能性。在社会科学中,韦伯毕生都致力于理性化的研究。他在资本主义仅诞生于西方的命题研究中,系统地研究了影响社会形态的各个要素,法律制度亦在其中。韦伯从社会科学的视角为制度理性提供了一种有别于经济学的可能性。其中,客观性作为韦伯社会科学方法论中的重要论述固然经典,但与实证研究所要求的实事求是客观研究态度存在差异。这并非对韦伯方法论应用于实证研究的否定,相反,同鲍博克(Bauböck)所认为的那样,实证研究受到规范理论的引导,规范理论通过实证研究得到提升。[1] 从实证研究角度出发,因果解释论能够对立法评估制度的结果差异性现象作出回应;从规范理论层面来看,法律的形式理性化特征可为第三方立法评估制度提供制度理性化样本。

一、韦伯之客观性的含义

立法评估制度的总目标是提升立法质量,其中内含分目标之一,是规范评估主体的行为。然而,有时,制度实施结果却与立法者意图相背离:立法部门利益和地方利益倾向严重、公众参与立法不足、立法公开程度不够、立

---

* 西南政法大学行政法学院讲师。

〔1〕 See Donatella Della Porta & Michael Keating, *Approaches and Methodologies in the Social Science*, *Normative Political Theory and Empirical Research*, Rainer Bauböck, Cambridge University Press, 2008, p. 40.

法成本缺乏收益分析方法,缺乏科学完善的立法监督制度。[1] 立法评估开展已10年有余,最早的制度实施也已有5年之久,但仍未攻克立法常见难题,评估目标达成的方式较为局限。了解制度目标与现实效果之间的差距必须回到实证分析的路径。韦伯强调每一种关于人类文化制度和事件的科学兴起首先是与实在面向(Praktischen Gesichtspunkten)相关联,[2]从历史视角评价既有制度的发展形态。《社会科学和社会政策文献》(*Archive für Sozialwissenshaft und Socialpolitik*)这一期刊的研究首先聚焦于经济现象背后的因果联系,而后韦伯将研究对象拓展至整个文化领域。本文将延续韦伯的研究视角解释我国立法评估制度呈现现有样态的可能原因。

(一)韦伯客观性理论应用之误

本文并非首次将韦伯的社会科学方法论用于指导法治评估相关研究。在此之前,钱弘道教授等的《中国法学实证研究客观性难题求解——韦伯社会科学方法论的启示》(以下简称钱文)一文选择运用韦伯"客观性"(die Objectivität)理论作为解答实证研究"客观性"问题的方法论。[3] 研究者积极为新生法学实证研究方法寻求正当性和合理性的迫切心情可被理解,但方法论谬用比方法论缺失引起的后果更严重。因为首创性地建立法治评估方法论极易被后来人效仿或者不加思考地应用,从而导致误用的加剧。

虽然韦伯在社会科学和社会政策中使用的是"客观性"一词,该词中文翻译与钱文所欲证实的客观性确是相同词汇,但是韦伯言下的客观性在社会科学方法论的语境下蕴含特殊意义,而非钱文所要论证的实事求是、不偏不倚的实证态度。与之相似的是,钱文中一再提出的价值关联与价值中立原则亦存在形似神不似的嫁接式谬误。运用韦伯提出的概念或者方法论之前必须熟知其研究语境和所欲解决的问题。

首要明确的是,韦伯提出的社会科学方法论是为了解决如何做研究的问题,属于规范问题。其提出社会科学研究的客观性是相对于自然科学研究的客观性而言的。虽然社会科学研究没有自然科学研究所具备的精确性

---

[1] 参见《我国立法的现状、问题与原因分析》,载人民网:http://theory.people.com.cn/GB/68294/120979/124345/7481139.html,最后访问日期:2021年1月19日。

[2] See Max Weber, Gesammelte Aufsätze zur Wissenschaftslehre, Verlag von J. C. B. Morh (1992), S. 148.

[3] 参见钱弘道、崔鹤:《中国法学实证研究客观性难题求解——韦伯社会科学方法论的启示》,载《浙江大学学报》(人文社会科学版)2014年第5期。

和标准性的公式逻辑,但面对庞杂的社会现象,如何选择研究对象或者如何选择现象的构成要素才能有效地理解现象的存在,以及解释社会现象背后的因果关系,这需要研究者的价值判断和价值选择。通过研究者的评价,他会选择其认为对解释社会选项具有决定性的元素进行研究。那么,什么样的元素具有决定性?韦伯的回答是,能够反映事件性质、符合规律的重复的要素,而这些要素必须能够反映经验实在的客观有效性。通过经验真理推导出来的结果应适用于不同文化社会才被认为是客观有效的。韦伯批判将社会现象的解释限定在个别原因的单一因果解释方法,他认为,即使是经济现象也不仅仅在经济方面起作用。孤立地选择与现象关联的要素作为分析对象是片面的、有违客观性的。由此可知,韦伯将客观性的研究限定在社会科学和社会政策这一语境下是为了解决在社会科学研究中如何选择具有价值的决定性要素的问题,进而理解和解释社会现象,其批判预设经济要素作为仅有的研究对象,主张非经济要素与经济要素之间的相互依赖和共同作用下才可提炼出具有普适性的原则。

在理解韦伯社会科学方法论语境下的客观性含义后再来审视钱文。该文试图解答:“法学实证研究中的客观性的可信度有多少?法学实证研究能否因其主张客观性而取代传统法学研究?如果不能,其范围限度又在哪里?法律的规范特性要求研究具有应然性,那么法学实证研究如何实现实然的客观?”[1]该文选择韦伯价值无涉理论来论证中国法治实践学派所运用的实证方法的客观性,并将客观性分为三方面置于法学实证研究中进行探讨。

首先,研究主体学术态度的客观化。该文提出研究主体无法详尽地呈现研究的全部事实符合韦伯对社会现象广泛性的认识。韦伯提出,研究者在选择研究要素时离不开价值指导,但所选的要素应符合客观有效的规律。而钱文后续论述则严重偏离韦伯的探讨范围,该文笔锋陡然转向探讨研究者的态度问题,即研究者如何面对道德问题和学术良知的抉择,且提出研究主体寻求自身利益将导致社会科学丧失自主独立性,已然跳脱韦伯客观性的范畴而转至探讨研究者如何对待学术或者说在实证过程中的态度。此处客观性应理解为研究者在实证调查中实事求是、不偏不倚的态度,与主观性

[1] 钱弘道、崔鹤:《中国法学实证研究客观性难题求解——韦伯社会科学方法论的启示》,载《浙江大学学报》(人文社会科学版)2014 年第 5 期。

相对立,要求研究者不应受到主观意志干扰。

其次,被研究者的复杂性对主体客观性的影响。韦伯正是基于社会现象的庞杂性提出研究者在选择研究对象时固然需要依靠价值引导,却也应该能反映事物本质现象的元素,即尊重事物的客观性,落脚点在于如何选择研究要素。可以明确的是,韦伯认可实证研究客观性是建立在研究者价值关联基础上的。然而,钱文探讨的则是研究对象的复杂性对实证研究客观性的影响,即研究对象自身携带的价值观反作用于研究主体,从而可能影响研究结果客观性的呈现,这并非韦伯客观性研究所指涉内涵。

最后,研究方法对实证研究客观性的影响。钱文提出的定性和定量方法在法学研究中都存在不尽如人意的地方,也对实证研究的客观性形成了冲击。韦伯所言,客观性属于社会科学研究的方法论范畴,作为理论基础可以指导研究者为什么要研究、研究什么及如何研究。方法则是具体的研究方式或途径。例如,"采集样本受到客观条件限制"属于方法中存在的具体问题,而非方法论问题。

钱文在三个方面对客观性的指涉都与韦伯所言客观性具有根本性出入,前者欲解决的是研究分析中应尊重和还原事实的实证态度,后者则探讨研究开始前研究者如何选择研究对象。尽管其后文对韦伯社会科学方法论的阐释是合理的,但其却建立在错误的前提下。

(二)社会科学中因果关系的解释

韦伯提出:"我们欲从事的社会科学是一门事实科学(die Wirklichkeitswissen schaft)。"[1]因果解释揭示的是研究者对那些对他有价值的现实成分,如原因、意义的理解。[2] 韦伯在《社会科学认识和社会政策认识中的"客观性"》一文中以经济因素作为分析对象指出,即使按照两种相同经济观点发展出的相同状况也会产生不同的反应,因为政治的、宗教的等非经济因素也在产生影响,而这些因素对社会的作用绝非偶然因素。[3] 无论如何拔高经济因素的作用,单一的经济因素对文化解释都不是万能的。也就

---

〔1〕 Max Weber, Gesammelte Aufsätze zur Wissenschaftslehre, Verlag von J. C. B. Morh(1992), S. 170.

〔2〕 参见侯钧生:《"价值关联"与"价值中立"——评 M. 韦伯社会学的价值思想》,载《社会学研究》1995 年第 3 期。

〔3〕 See Max Weber, *The Methodology of Social Sciences*, trans. by Edward A. Shils & Henry A. Finch, the Free Press of Glengoe Illinois, 1949, pp. 70 – 71.

是说，追求客观的解释不能仅关注社会现象的某一方面，尤其是经济发展，还需进行全面、综合的考察。

在多个因素作用下产生的社会现象只是事物表征的反映，通过现象的不断叠加与反复，我们可以发现事物表象下发展的规律——一种合乎科学的本质内容。在通过个别形态的累积形成普遍的文化现象过程中，研究者可探索其间所存在的因果关系，而后根据这样的因果关系解释相似的社会现象。在韦伯看来，社会学本身就是一门试图说明性地理解社会现象，并由此作出因果解释的科学。[1] 帕森斯也认为，"韦伯几乎完全是在对行动进行因果分析的语境中来处理'理解'的问题"。[2] 我们的目标是理解我们研究的事实所具有的独特特征。[3] 其中，了解事实在历史上为什么呈现此种样态而非其他样态的原因是韦伯所欲解答的问题。影响事实存在的原因是无法穷尽的，但只有有限的部分能够被作为研究对象，因此，我们需要对事实进行分解，选择出具有根本性影响的部分。在这一选择过程中，研究者对不同要素进行比较并加以判断皆建立在研究者价值基础上，谓之价值关联。韦伯明确回答了应根据什么原则选择这些决定性要素：某些因果关系的规律性重复。[4] 研究者选择的要素对研究结果的形成具有决定性影响，对于同一社会现象，选择不同研究要素所呈现的现象结果也极可能不同。

二、立法评估制度中决定性因素的解释

从因果关系解释来看，对社会现象进行绝对的客观分析是不存在的，研究者的价值判断亦影响经验资料的选择。为了无限接近社会现象的本源，选择关键性要素进行分析是极有必要的。对立法评估制度进行分析必须重视人的行为这一要素。因此，本文将立法机关、评估主体和立法利益关联者选取为研究对象。根据因果关系理论可知，由于立场的差别，不同身份者担任评估主体可能会导致不同的评估结果。与立法具有利害关系者担任评估

---

〔1〕 参见[德]马克斯·韦伯：《社会学的基本概念》，胡景北译，上海人民出版社 2000 年版，第 1 页。

〔2〕 [美]T. 帕森斯：《社会行动的结构》，张明德等译，译林出版社 2003 年版，第 711 页。

〔3〕 See Max Weber, *The Methodology of Social Sciences*, trans. by Edward A. Shils & Henry A. Finch, the Free Press of Glengoe Illinois, 1949, p. 72.

〔4〕 See Max Weber, Gesammelte Aufsätze zur Wissenschaftslehre, Verlag von J. C. B. Morh (1992), S. 171.

主体极易受到价值或者个人情绪的影响而罔顾最终评估目标的实现。虽然以评估作为科学的手段,但立法利害关系者自身所携带的"东西"[1]将成为实现科学结果的羁绊。与此不同的是,与立法无利益关联者则能跳脱立法系统,相对不易受到价值或者情绪化因素的影响而能在更关键的问题上反映立法状况,从而推动以因果解释方式认识社会现象的发生并理解其规律,以实现评估的真正目的。

在阐明评估主体具体如何影响立法评估制度客观性前,首先需要清晰地梳理立法评估相关主体间的逻辑关系。如图1所示,A代表被评估法律的立法机关,B代表评估主体,C代表制定评估制度的立法机关。评估主体行为是评估制度中主要被规范的对象,评估制度的创立者和被评估法律的制定者通常可能为同一立法机关。那么可能存在以下三种耦合性:第一,A、B、C是否完全重合;第二,A与B是否重合;第三,A与C是否重合。其中,B与C的重合情况只可能发生在第一种肯定性情况中,因评估主体不具备立法权,除非评估主体本身就由立法机关担任。因此,在第二种、第三种重合情况下,B与C不可能重合,否则违背立法权的划分。

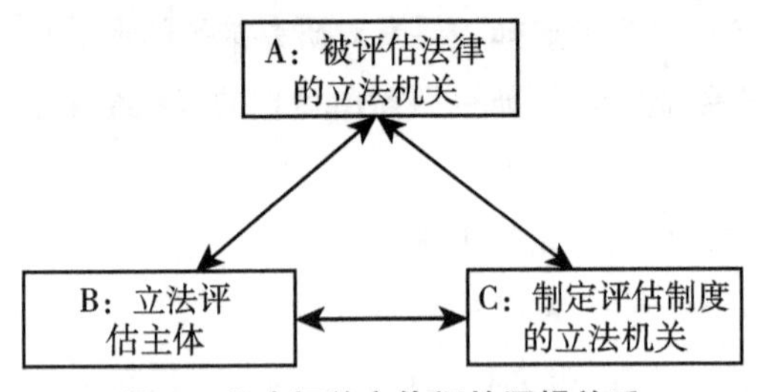

图1　立法相关主体间的逻辑关系

根据上述关系,存在如下假设且每一种假设都存在肯定与否定的关系。假设一:A、B、C三主体合一。这属于典型的"既当裁判又当运动员"的情况——自己制定规定并自己执行评估工作来评判自己的立法效果,利益具备高度重合性。评估制度的客观性将受影响,这也是立法评估前期惯用的形式。由于我国立法评估的发展受到早期权力机关内部开展的自查自纠活动的影响,逐步形成了立法机关内部评估的模式。在第一种情况的否定面上,三个主体完全不一致,互相独立,这是最有利于评估监督的组合,但也是

[1] 韦伯认为,有些东西不应该被看作属于科学:(1)"偶然的因素";(2)具体人物的"随意"决定;(3)观念对于个人行动的影响——或者相反的论断。

一种理想状态。换言之,这一状态却并不绝对利于立法评估制度的制定。因为立法具有地方特色,上级立法机构不能有效把握下级立法区域内的实际情况,且由具有较高立法权的机关替下级地方立法的现象极为罕见。但上级立法机构颁布一部广泛适用性的制度是可能发生的,如“立法评估法”可适用于全国,各省的立法评估法或立法评估规章则只能在各省适用。假设二:A 与 B 重合。在此种情况下,评估主体属于立法利害关联者。被评估法律的制定者通常也是立法评估结果的承担者,与评估结果具有最直接且最重要的联系。评估发现的问题是对立法者立法行为的检验。如果立法者担任评估主体,则可能为了掩盖自身可能存在的过错或者夸大立法的完善程度而对立法进行选择性评估,违反价值无涉的基本要求。在 A 与 B 不重合的情况下,不论 C 是否与 A 重合,都可保障评估主体的独立性。进一步假设,A 与 B 不重合而 A 与 C 重合则是对评估活动和评估制度制定都较为有利。因为立法者最了解当地法律实施情况和社会需求,能够有效把握立法评估制度的设计,而评估制度所规范的行为主体 B 与立法者 A、C 都无关系,甚至 B 处于未知状态。在这一情况下,C 可以根据评估规律和立法经验牢牢坚守客观性原则,抓取评估要素进行制度设计,且不实际参与评估活动。因此,B 独立于 A、C 而 A、C 可重合的组合是最为有利的评估主体组合。假设三:A 与 C 重合。对于第三种重合的情况,根据立法权的划分,被评估法律的制定者与评估制度的制定者通常具有高度重合性,因为规章制定者无权审查法律制定者,而法律制定者通常以备案的方式审查规章的制定,极少运用评估手段,但不排除这可能成为未来立法审查的一种科学方式。当前较惯常的做法是,立法者制定评估制度对所立之法负责,即 A 与 C 重合,规章制定者也负责制定评估规章,法律制定者负责制定评估法(我国目前尚无立法评估法)。关键问题在于 A 与 C 是在何种情况下重合。如果 A、C 重合是建立在 A 与 B 重合的基础上,则属于内部评估模式,不可取;如果 A、C 重合是建立在 A 与 B 分离的情况下,则如假设二的情况分析,可采纳。从上述所有关系的分解中可知,A 与 B 是否重合是整个评估关系中的核心所在,唯有 B 获得独立性方可保证评估主体对评估现象研究的客观性。A 与 C 重合的利弊也是建立在 B 是否获得独立性的基础上。

综上所述,在立法评估中引入第三方评估主体有利于加强立法质量表达的客观性成分。就第三方评估主体的性质而言,其本身被要求独立于立法关联者,以技术作为手段,关注评估的最终目的。评估结果与第三方评估主体毫无利益关联,第三方仅负责据实反映实在的状况。以第三方为评估主体的制度也将在法律文本中突出中立与客观性的制度创立原则,确保评估目的实现。

三、第三方评估的理性特征

查尔默斯在回答“科学究竟是什么”这一深奥命题时指出,如果对世界进行仔细的、没有偏见的观察,那么用这种方式确立的事实就构成科学的可靠的、客观的基础。[1] 实证研究作为社会科学常用的研究方法是建立在研究者对研究对象的观察、思考与归纳基础之上,从而获得抽象性理论的。在承认个体价值多样化的前提下,筛选评估主体的价值以保障其理性应得到明确。第三方被赋予的独立、客观立场,相比于利益关联主体更有利于实现评估目的。

(一)第三方评估主体的工具理性程度

在我国实践中,第三方评估主体主要有受委托第三方和无委托第三方两种情况,二者理性程度不同,受价值影响的方向也不一样。前者在委托主体选定评估对象的前提下,只需在评估规则内忠于评估目标,无须进行过多价值判断,但可能受到委托主体的价值影响;后者独立于立法利益关联者,也以评估目标为行动导向,但在选择评估对象时仍需依赖价值判断。囿于立法评估主体理性化程度差异,有必要对二者作出区分。

第一,受委托第三方评估。在此情况中存在两类主体:委托者担任评估组织主体和受托者担任评估实施主体。评估实施主体是真正贯穿于整个评估活动的主体。评估组织主体成立于正式立法评估程序开启前,负责选择评估对象,但不实际参与评估活动。在这一过程中,评估组织者的决定离不开价值的影响,即对问题的预设。当评估组织者选择了评估对象后,将确定受委托者(第三方评估机构)完成评估活动。此时,通过委托关系进入评估活动中的实施主体在评估原则的约束下,须忠于评估目标,保持价值中立。然而,委托关系可能成为制约第三方评估主体保持中立态度的最大阻碍。这就要求委托主体在履行完应尽责任后完全脱离与评估有关的任何人、事,防止越权干扰评估活动的进行。在这一前提下,第三方评估主体才具备保

---

〔1〕 参见[澳]艾伦·查尔默斯:《科学究竟是什么》(第3版),邱仁宗译,河北科学技术出版社2010年版,第18页。

持独立性的客观条件，从而在主观上进行合理的价值关联。委托关系中的客观成分主要取决于委托者，受托者如同委托者手中的工具，即使具备逻辑理性，但仍受制于工具使用者。

第二，无委托关系评估，即独立第三方立法评估。出于学术、公益等目的，部分独立研究机构能够自负经费而不受其他主体委托、独自开展立法评估活动。在此情况下，第三方评估主体肩负双重任务，既要确定评估对象又要实际开展评估活动。这就意味着，评估主体既要受价值驱使又要保持价值中立。第三方评估主体在开启评估活动前需在价值引导下选择所要研究的现象，继而提出一个研究命题。鉴于无委托第三方评估主体所具有的学术或公益目的，这一主体最大的优势即是独立性与中立性，无须倾向于任何关联主体，仅反映立法规律发展下的运行情况。因此，具备充足工具理性的评估主体最有利于获得较真实的立法评估结果，这也是我国未来第三方立法评估制度化的可取发展方向之一。

相较于内部评估主体无可预测的价值主导程度，第三方评估主体的工具理性是保障评估活动合理性的前提，如何最大化不同类型评估主体的客观态度是后文将探讨的主题。

（二）中立第三方利于程序正义

具有高度逻辑理性的制度并不等同于绝对达到客观的法律效果。毋庸置疑的是，理性化法律体系是保障法律效果客观性的前提。同时，制度实施的理性程度也对评估结果的有效性发挥着巨大的影响作用。第三方评估主体作为立法评估活动的实施主体主宰着整个评估活动的过程，评估程序在实施过程中也可能形成不同理性程度的走向，程序不公不仅影响评估结果的实现，还可能引发公信力危机，偏离评估预设目的。就此问题，贾留战、刘晓庆采用情景模拟实验方法，研究法律程序公正对群体性事件意愿的影响和愤怒情绪的中介作用，最终研究结论表明，在程序不公正情景下被试的群体性事件意愿和愤怒情绪显著高于法律程序公正情景下的被试。[1] 程序公正是实体公正的前提，实体公正是程序公正的结果。程序是将制度转化为法律结果的过程。这一过程的发生能否严谨地遵从立法者本意则取决于

---

〔1〕 参见贾留战、刘晓庆：《法律程序公正对群体性事件意愿的影响分析》，载《求索》2012 年第 5 期。

实施者。所谓"天下大事,不难于立法,而难以法之必行"。[1] 在抽象的规范与具体的案件之间存在的鸿沟,是由有效地选择程序来填充弥合的。[2] 因此,最终影响程序理性化走向的仍是评估实施者。

从我国立法评估实践发展经验来看,立法评估最终目的是为立法机关在立法决策时提供参考,并非向社会展示一张成绩表。与此不同的是,第三方评估主体对评估目标的实现具有保持中立性的可能性。第三方立法评估制度化是创造第三方评估主体中立性条件的一条有效途径。通过制度条文固定评估程序能够减少评估过程中过大的自由裁量权,促使实施主体严格按照制度规定操作评估。运用制度确定第三方评估主体的权利和义务能够更进一步提高评估实施者的实操能力,作出理性引导。正如韦伯所言,权威的组织达到了多大程度的合理性,就会在多大程度上消除程序的无理性形式,并使实体法系统化。[3] 作为组织中的组成部分,实施者的理性程度也在反向影响法律活动的理性化程度。制度化是限制实施者主观主导,趋向中立性的最佳途径。

(三)中立的第三方评估主体对评估结果客观性的尊重

只有实施者的社会行动取向理性化、自我机器化,坚持非人格化,严格遵守法律程序,才能保障结果的有效性。作为社会成员的一部分,受社会环境及个人教育背景影响,没有一个实施者能够保持绝对的理性化,但这并不意味着放弃理性化。我们所提倡的是个人法律思想的高度理性化。显然,基于第三方主体的无利益关联的立场可提高评估运行的理性程度:第三方评估主体不直接承担评估结果及相应责任。评估结果最终的呈现并不影响第三方评估主体利害关系,第三方评估主体能够恰如地看待评估结果,不必从中干扰评估活动的走向从而引导评估结果有利于当事任何一方。第三方评估主体的存在即被赋予了中立性:不偏不倚地执行评估程序,还原立法对社会、经济和环境的真实影响,并强化自身抵抗外界干扰的能力。培养第三方评估主体非人格化的方法莫过于制度化,设定评估主体的权责及监督方式,通过制度设定这一"不信任"的方式建立牢固的信任关系,实现评估结

---

〔1〕 张居正:《请稽查章奏随事考成以修实政疏》,载《张太岳集》卷三十八,上海古籍出版社1984年版,第482页。

〔2〕 参见季卫东:《法律程序的意义》,中国法制出版社2011年版,第27页。

〔3〕 参见[德]马克斯·韦伯:《经济与社会》(第2卷),阎克文译,上海人民出版社2010年版,第945页。

果客观性最大化。

四、第三方立法评估制度的形式理性化

在确立制度正当性基础上,如何制定逻辑严密的法律体系是又一现实难题。早在百年前,韦伯已对此作出解答。法律具有建构性,法律的理性化具有多种意义,法律思想发展方向决定了理性化程度。法律思维的普遍化(die Generalisierung)、综合(die synthetische Arbeit)和体系化(die Systematisierung)特征是严密且高度理性化的法律形成方向。

(一)第三方立法评估制度理性化的必要性

相较实质理性法对个案正义的坚持,形式理性法律体系注重的是普遍性正义。由于实质理性法中司法人员更关注案件以外的影响因素,审判者每一次都需要根据案情进行全新的考量,个案正义不具有重复性与借鉴性,且司法成本较高。即使对于相似案件,出于对案件外不同因素的考虑,也会出现不同的审判结果,这将导致相关参与人无法判断审判者行为的合法性与合理性,也无法对结果进行预测。在实质理性的对立面,形式理性意味着以下三个特点的结合:形式化的符号体系、逻辑一致的运算(广义的运算,包括一切形式的推理)规则、运算结果(结论)的精确性和可重复性。[1] 不同案件中,参与人皆可根据形式理性的法律对案件作出预判,乃至对法官行为的合理性作出判断。从法经济学角度来看,制度的运行需要成本,且这种成本不仅需要司法者与执法者承担,还需社会公众共同担负。显然,形式理性制度的可计算性特征更符合制度经济学对制度效率的要求。此外,形式理性制度还是法律实现正义与公平目标的有力保障。法治作为现代社会选定的一种社会治理手段并非万能,法律终究是出于立法者之手,离不开人们的价值取舍。然而,形式理性法律制度建立在祛魅价值化基础上,可以约束法律人在法律活动中的主观价值偏向,引导法律人遵循法律程序,以目的理性为终极追求。诸如为部门或地方利益立法、倾向性司法审判、选择性执法等价值选择行为是与形式理性制度以目的为导向的行动准则相悖的。只有形式理性制度才能最大限度地实现正义与公平。

(二)普遍化

法律思想的普遍化实则是法律命题提炼的过程。法律规则从来不是天

---

〔1〕 参见何柏生:《西方法律形式合理性形成中的数学因素》,载《法制与社会发展》2007年第6期。

然地为人所明白和遵从,而需要通过人的主观能动性进行反映和表达,通过对不同案例的归纳,并从无数事件中凝练出对大多数个案具有适用性的规则。把法律规则从纷繁的事实中抽象出来也可反作用于指导更多案例的判决。决疑术(legal casuistry)即是法律思想普遍化过程中常见的一种方式。决疑术是"基于原理或规则的推理"解决道德原则(或规则)应用于具体情境(个案情况)所产生的道德困境的一个过程。[1] 在同一法律规则指导下的相似案例应得到相似的判决结果,而不可根据审判者的意志随意改变。例如,法律规定了抢劫罪的具体构成要件,符合犯罪要件的行为都适用于抢劫罪的审判,而不能对嫌疑人处以其他较轻或者较重的罪行。决疑术的适用可以约束审判者的自由裁量意志,减少非法律因素的干扰,保证"同案同判"的结果。普遍化过程是一个将零散个案中蕴含的普遍规则转化成抽象法律规则的过程,是制定法律的表现,也是制定理性化制度的第一步。虽然韦伯并未清晰、完整地阐述理性化的内涵,但施路赫特教授对此进行了总结并提出3种意涵,其中一种意涵意味着通过计算来支配事务的能力,这种理性主义是经验知识及技能的成果,属于广义的科学—技术的理性主义。[2] 毫无疑问,立法是一门富有技术的学问,立法者的技术更是影响立法结果形成的推动者。因此,立法者必须具有非常人的通过计算来支配事务的能力,并在此能力引导下制定出具有可计算性的制度。具有可计算性的制度必然也具备可预测性的特质,能够引导普通公众了解法律关系并从法律规定中预测法律结果。对立法者专业技能的培养能够提升法律规则的逻辑理性程度,但是,在这一过程中,立法者的决疑术和立法者技能并非决定法律规则逻辑性高度的唯一因素,还需考虑法律思维的综合过程。

(三)综合

与普遍化不同的是,法律思维的综合(die synthetische Arbeit)发生在法律体系内部,目的是提炼与法律相关的内容或者能够为法律所规制而形成法律关系(Rechtsverhältnissen)。

在明确法律行为引起法律关系的前提下,法律关系与法律制度的融合是综合过程的核心。法律规则的高度凝练可以促进法律制度的形成。相

---

[1] 参见舒国滢:《决疑术:方法、渊源与盛衰》,载《中国政法大学学报》2012年第2期。

[2] 参见[德]施路赫特:《理性化与官僚化:对韦伯之研究与诠释》,顾忠华译,广西师范大学出版社2004年版,第5页。

反,模棱两可的法律规则是充满漏洞且相互冲突的,且会模糊社会公众对法律制度的理解,加剧法律运行的成本。通过对法律规则的相关联、相融合及不同法律规则的区分可建构一项完整的且无漏洞的法律制度。臻于绝对理性化的法律制度是一种理想状态,不可能在现实中完美呈现。因为无可避免的是,具有个人意志的立法者在综合过程中也在进行价值选择,削弱法律制度的理性化程度。然而,如果立法者的价值选择或者偏失保持在合理范围内,在根本上可以保障立法对社会纠纷的解决即是被认可的法律制度。如果立法者个人价值成为法律制度的绝对主宰,法律规则向法律制度综合过程的理性成分将大大减少。

(四)体系化

法律制度的体系化是较成熟的、具有逻辑性的一个阶段。通过对普遍化提炼出的法律命题和法律规则,以及通过综合建构出的法律制度加以整合可形成一个内部逻辑无漏洞且结构完整的规则体系。简言之,法律体系的理性化须经历这样一个发展方向:推导法律命题、综合法律关系能够建构法律制度,不同领域的法律制度则组成一个完整的规则体系。然而,绝对理性化的规则体系在现实中并不存在,没有一种法律体系能够无所不包、一劳永逸。因此,韦伯提出体系主要是一个为法律素材建立秩序的外在架构,它对普遍化与综合的意义是次要的。[1] 相反,体系化是普遍化与综合达到一定理性程度的必然结果。

法律思维的形式决定了立法技术手段的理性程度。无理性方式,如巫师制定规则或对规则进行解释乃至惩罚违规者,或者具有强权的领袖基于个人权威可在传统限制内任意行使自己的权力——解释法律或创设法律,也是立法的可能状态。相反地,形式理性法律体系的制定要求严格遵照立法程序进行。立法者制定法律必须无关个人情感、严格依照规则且只能在规则赋予的范围内客观地行使权力。只有严格遵循法律制度的理性化路径,才可制定出高度理性逻辑的规则体系。

---

〔1〕 参见[德]马克斯·韦伯:《经济与社会》(第2卷),阎克文译,上海人民出版社2010年版,第798页。

图书在版编目(CIP)数据

社会中的法理. 第12卷 / 张永和主编. -- 北京 : 法律出版社, 2020
ISBN 978-7-5197-5117-3

Ⅰ. ①社… Ⅱ. ①张… Ⅲ. ①法理学-研究 Ⅳ. ①D90

中国版本图书馆 CIP 数据核字(2020)第219771号

社会中的法理(第12卷)
SHEHUI ZHONG DE FALI (DI-12 JUAN)

张永和 主编

策划编辑 沈小英
责任编辑 沈小英 毛镜澄 单 洁
装帧设计 汪奇峰

出版 法律出版社
总发行 中国法律图书有限公司
经销 新华书店
印刷 北京虎彩文化传播有限公司
责任校对 晁明慧
责任印制 吕亚莉

编辑统筹 法治与经济出版分社
开本 710毫米×1000毫米 1/16
印张 12.75
字数 232千
版本 2020年12月第1版
印次 2020年12月第1次印刷

法律出版社/北京市丰台区莲花池西里7号(100073)
网址/www.lawpress.com.cn
投稿邮箱/info@lawpress.com.cn
举报维权邮箱/jbwq@lawpress.com.cn
销售热线/400-660-8393
咨询电话/010-63939796

中国法律图书有限公司/北京市丰台区莲花池西里7号(100073)
全国各地中法图分、子公司销售电话:
统一销售客服/400-660-8393/6393
第一法律书店/010-83938432/8433 西安分公司/029-85330678 重庆分公司/023-67453036
上海分公司/021-62071639/1636 深圳分公司/0755-83072995

书号:ISBN 978-7-5197-5117-3 定价:88.00元